The Formation and Dynamic Evolution of
Informal Sector in the Process of Urbanization

国家自然科学基金项目成果·管理科学文库

城市化进程中的非正规部门形成与动态演化

徐蔼婷 著

中国财经出版传媒集团
经济科学出版社
Economic Science Press

图书在版编目（CIP）数据

城市化进程中的非正规部门形成与动态演化/徐蔼婷著.—北京：经济科学出版社，2019.11
（管理科学文库）
国家自然科学基金项目成果
ISBN 978-7-5218-0923-7

Ⅰ.①城⋯　Ⅱ.①徐⋯　Ⅲ.①私营企业－研究－中国　Ⅳ.①F279.245

中国版本图书馆 CIP 数据核字（2019）第 199835 号

责任编辑：崔新艳
责任校对：蒋子明
责任印制：李　鹏

城市化进程中的非正规部门形成与动态演化
徐蔼婷　著
经济科学出版社出版、发行　新华书店经销
社址：北京市海淀区阜成路甲 28 号　邮编：100142
经管中心电话：010-88191335　发行部电话：010-88191522
网址：www.esp.com.cn
电子邮件：espcxy@126.com
天猫网店：经济科学出版社旗舰店
网址：http://jjkxcbs.tmall.com
北京季蜂印刷有限公司印装
710×1000　16 开　19 印张　340000 字
2019 年 11 月第 1 版　2019 年 11 月第 1 次印刷
ISBN 978-7-5218-0923-7　定价：76.00 元
（图书出现印装问题，本社负责调换。电话：010-88191510）
（版权所有　侵权必究　打击盗版　举报热线：010-88191661
QQ：2242791300　营销中心电话：010-88191537
电子邮箱：dbts@esp.com.cn）

国家自然科学基金项目成果·管理科学文库
出版说明

我社自1983年建社以来一直重视集纳国内外优秀学术成果予以出版。诞生于改革开放发轫时期的经济科学出版社，天然地与改革开放脉搏相通，天然地具有密切关注经济、管理领域前沿成果、倾心展示学界翘楚深刻思想的基因。

改革开放40年来，我国不仅在经济建设领域取得了举世瞩目的成就，而且在科研领域也有了长足发展。国家社会科学基金和国家自然科学基金的资助无疑在各学科的基础研究与纵深研究方面发挥了重要作用。

为体系化地展示国家社会科学基金项目取得的成果，在2018年改革开放40周年之际，我们推出了"国家社科基金项目成果经管文库"，已经并将继续组织相关成果纳入，希望各成果相得益彰，既服务于学科成果的积累传承，又服务于研究者的研读查考。

国家自然科学基金在聚焦基础研究的同时，重视学科的交叉融通，强化知识与应用的融合，"管理科学部"的成果亦体现了相应特点。从2019年开始，我们推出"国家自然科学基金项目成果·管理科学文库"，一来向躬耕于管理科学及相关交叉学科的专家致敬，二来完成我们"尽可能全面展示我国管理学前沿成果"的夙愿。

本文库中的图书将陆续与读者见面，欢迎国家自然科学基金管理科学部的项目成果在此文库中呈现，亦仰赖学界前辈、专家学者大力推荐，并敬请给予我们批评、建议，帮助我们出好这套文库。

经济科学出版社经管编辑中心

2019年9月

本书是国家自然科学基金项目"城市化进程中的非正规部门形成与动态演化：中国经验（71173190）"的最终成果。2018年3月，该项目在国家自然科学基金委员会管理科学部组织的结题绩效评估会上被评为优秀。本书出版同时受浙江省"万人计划"青年拔尖人才项目（ZJWR0108041）、浙江省一流学科A类（浙江工商大学统计学）和浙江省重点建设高校优势特色学科（浙江工商大学统计学）联合资助。

前言

PREFACE

本书旨在对城市化进程中非正规部门的形成机制、城市化与非正规部门关系的动态演化特征、非正规部门对居民收入的影响路径进行系统性的专题研究，从而为合理引导非正规部门发展、加快城市化进程和促进居民收入提升提供政策依据，为开展非正规部门问题、居民收入分配问题等学术研究提供新思路。本书共分为五大部分内容：（1）"非正规部门"多元释义与形成机制理论阐释；（2）城市化进程中的非正规部门形成机制的微观探索；（3）城市化与非正规部门关系的实证研究；（4）城镇非正规部门就业规模分布动态演化特征研究；（5）非正规部门影响居民收入的理论机制与传导路径识别。本书各部分内容不但注重对相关方法的细致阐述，更注重对实证过程、实证结果的充分探讨，对相关领域研究者具有重要的参考价值。

目录

contents

第一章　导论 / 1

第二章　"非正规部门"多元释义与形成机制理论阐释 / 10
　　第一节　"非正规部门"的缘起与传承 / 10
　　第二节　诠释非正规部门：基于中国 SNA 标准 / 21
　　第三节　城市化进程中的非正规部门形成机制基本理论 / 39

第三章　城市化进程中的非正规部门特征基本考察 / 44
　　第一节　非正规就业者专项调查设计 / 44
　　第二节　非正规就业者个体特征基本考察 / 51
　　第三节　非正规就业者工作特征基本考察 / 57
　　第四节　非正规部门单位经营特征基本考察 / 68

第四章　非正规部门形成机制：基于就业者满意度评价的探究 / 73
　　第一节　非正规部门就业者满意度基本理论探讨 / 73
　　第二节　非正规部门就业者满意度综合评价 / 81
　　第三节　基于不同特征的非正规部门就业者满意度比较分析 / 91

第五章　非正规部门形成机制：基于就业者职业选择
　　　　因素的探究 / 98
　　第一节　非正规就业者职业选择因素初步考察 / 98
　　第二节　非正规就业者职业稳定性选择影响因素探究 / 102
　　第三节　非正规就业者部门选择和职业身份选择的影响因素探究 / 106

第四节　非正规就业者行业选择的影响因素探究 / 113

第六章　城市化进程与非正规部门规模关系的理论阐释与实证研究 / 126
　　第一节　城市化进程与非正规部门规模关系的理论研究 / 126
　　第二节　城市化进程与非正规部门规模关系初步考察 / 132
　　第三节　城市化进程与城镇非正规部门规模关系的实证研究 / 153

第七章　城镇非正规部门就业规模分布动态演化特征研究 / 167
　　第一节　城镇非正规部门就业规模分布动态演化特征：全国视角 / 167
　　第二节　城镇非正规部门就业规模分布动态演化特征：地区视角 / 172
　　第三节　城镇非正规部门就业规模分布空间集聚特征演化分析 / 184

第八章　非正规部门影响居民收入的理论机制与乘数效应研究 / 197
　　第一节　非正规部门影响居民收入的理论机制考察 / 197
　　第二节　包含非正规部门的宏观社会核算矩阵设计与编制 / 200
　　第三节　非正规部门影响居民收入的乘数效应分析 / 238

第九章　非正规部门影响居民收入的传导路径识别 / 248
　　第一节　非正规部门影响居民收入的路径定义与分类 / 248
　　第二节　非正规部门影响城镇居民收入的传导路径识别 / 251
　　第三节　非正规部门影响农村居民收入的传导路径识别 / 259

第十章　研究结论与研究拓展 / 266
　　第一节　研究总结 / 266
　　第二节　研究不足及未来展望 / 272

参考文献 / 276
后记 / 293

第一章 导 论

一、问题的提出

改革开放以来，中国的城市化率从 1978 年的 17.92% 迅速提升至 2017 年的 58.52%，特别是 1996 年首次超过 30% 之后连续保持 1.34% 的增长速度，步入了快速城市化的时代①。城市化必然带来产业分布由农业向非农产业的跨越以及农村劳动者由乡村生活向城镇生活的空间变迁。与之相伴，非正规部门迅速扩增。国际劳工组织一再强调，发展中国家城市化的一个显著特征就是存在一个庞大的非正规部门（ILO, 2004）。

作为国民经济机构部门分类的重要组成部分，非正规部门（informal sector）是所有具有市场行为的住户非法人企业的合称，包括非正规自给性企业（informal own-account enterprise）和非正规雇主企业（informal employer enterprise）两种类型（EC、WB、OECD, 2009）。我国的非正规部门以个体经营户、独立劳动者、自由职业者等为主要表现形式，其单位数从 1992 年的 1534 万户快速增长至 2016 年的 5930 万户，就业人数更是增长了 4.21 倍，俨然是吸纳劳动力的主要源泉之一②。可见，单以就业创造能力而言，非正规部门已为城市化做出了重大贡献，成为我国城市化进程的关键推手。

然而，由于对中国城市化主要途径——"农村剩余劳动力进城务工"的过度关注，国内学者对非正规部门的定位已在无形之中与"无法进入正规部门的农村劳动力从事的生计活动"画上等号，对非正规部门的探究也几乎成为农村劳动力转移问题的进一步延伸。这不仅忽视了作为国民经济机构部门的非正规部门具有清晰的内涵界定和严格的主体分类，忽视了中国城市化进程和体制转型的特殊性赋予其形成及发展的"多元动力"，更忽视了部门内部呈现

---

① 中华人民共和国国家统计局. 中国统计年鉴 2018 [M]. 北京：中国统计出版社, 2018.

② 中华人民共和国国家统计局. 中国统计年鉴 1993 [M]. 北京：中国统计出版社, 1993. 中国统计年鉴 2017 [M]. 北京：中国统计出版社, 2017.

的"二次分化"所引致的部门结构和整体规模的动态变迁。尽管也有不少人试图探究我国非正规部门的主体特征、类型构成、产出规模与就业吸纳能力等,但鉴于切入的角度所限,大多以定性分析和简单描述为主,缺乏强有力的、系统而深入的定量分析。因此,对我国非正规部门的整体认识,包括形成机理、与城市化进程的关系、动态演化特征、对居民收入的影响效应等都还十分有限,所归纳梳理的引导政策也缺乏针对性。

基于此,本书基于国民经济核算视角,以国民经济机构部门分类为基础,从微观层面探究我国城市化进程中的非正规部门形成机制,从宏观层面考察我国城市化进程中城镇非正规部门就业规模的动态演化特征和空间分布集聚模式演变趋势,同时编制包含非正规部门的宏观社会核算矩阵,定量刻画非正规部门影响城镇居民收入和农村居民收入的力度与传导路径,为政府制定经济政策合理引导非正规部门发展以及推进城市化提供有效依据。本书具有十分重要的理论意义和现实意义。

第一,以国民经济核算为视角将有利于拓展同类问题的研究视野。尽管探讨城市化问题的文献已汗牛充栋,但大多单一地基于经济学、地理学、人口学或社会学的视角,都具有一定的专业局限性。国民经济核算是集经济学、统计学、人口社会学等为一体的综合性体系,从国民经济机构部门联系的角度来探讨城市化问题,无疑具有更强的系统性和覆盖性。与此同时,基于国民经济机构部门视角开展非正规部门问题的研究,不仅可以明确非正规部门与一般居民部门和正规部门(由政府、企业、金融机构构成)之间的联系与区别,更可为量化研究奠定基础,也将具有更宽广的研究视野。

第二,立足国民经济机构部门分类将有利于推进我国国民经济核算工作的进展。2009 年 12 月,由联合国、世界银行、经合组织等五个国际组织共同编制发布的《国民账户体系 2008》(system of national accounts 2008,2008 年版 SNA)在经过多国核算专家及国际组织大量研究和实证的基础上对 1993 年版 SNA 进行了修订。其第 25 章以"经济的非正规方面"(informal aspects of the economy)为题,对非正规部门及相关概念进行了专门探讨(EC,2009),将其归为住户部门下属子部门。在 2017 年 7 月发布的《中国国民经济核算体系(2016)》中,肯定了住户部门中以"农户""个体经营户"等为代表的生产者身份,使之与新的国际标准相衔接。从 1993 年版 SNA 到 2008 年版 SNA,再到 2016 年版 CSNA,我国国民经济核算经历着"转变→适应→完善→发展"的轨迹。可以预见,我国必将开展一系列结合本国国情的研究工作。将非正规部门纳入新版 SNA 框架进行研究,可以检验最新 SNA 的修订意义,更加准确地估算非正规部门规模，还可以为我国进一步推进国民经济核算工作积累经验。

第三，从微观层面探究非正规部门形成机制将有利于深化同类研究。我国已有的相关研究大多止于探讨非正规部门的概念、非正规部门普遍存在的原因和非正规部门的作用等，而对于中国城市化进程中"多元动力"背景下的非正规部门形成机制缺少系统而深入的探讨，尤其是缺少定量分析与研究。为弥补这方面的不足，本研究中开展了基于非正规就业者的专项调查，深入探讨我国非正规部门的形成机制，开展专项调查以考察非正规部门特征，采用综合评价法探究非正规就业者满意度及其影响因素，构建 Logit 模型解析非正规就业者职业选择因素，这无疑有利于在已有成果基础上深化同类研究。

第四，从宏观层面考察非正规部门的动态演化规律将有利于开展全局性研究。从目前国内外已有研究来看，关于非正规部门的研究主要集中在微观层面，涉及城市化进程中非正规部门规模发展规律的全局性研究甚是少见。基于此，本书采用大量模型与图表定量刻画我国非正规部门的形成机制和演化规律，即结合"城市化进程的阶段性"和"非正规部门规模发展"，初步考察城市化与非正规部门规模的关系，构建面板模型有力论证城市化与非正规部门规模倒"U"型关系，使用"核密度模型"和"ESDA 技术"清晰呈现城镇非正规部门的时空演化特征，以从全局层面把控非正规部门发展态势。

第五，编制包含非正规部门的宏观社会核算矩阵将有利于丰富居民收入分配研究。收入分配问题一直是学术界的研究热点之一，而在诸多探讨收入分配相关问题的文献中尚未有基于非正规部门视角的研究。事实上，作为一个提供居民就业机会的生产部门，非正规部门的存在和发展对居民收入的影响越来越显著。本书基于非正规部门视角开展居民收入分配问题研究，在编制 ISAM-2015 的基础上采用乘数分解法和结构化路径分析法，系统探究非正规部门影响城镇和农村各阶层居民收入的实际力度和传导路径，有利于丰富现有的收入分配研究，同时将获得对就业和收入之间关系更深刻的规律性认识，为政府决策提供坚实的理论依据和事实佐证。

二、研究目标与整体框架

（一）研究目标

本书的研究目标主要有三个：
(1) 从微观层面探究我国非正规部门的主体特征、类型构成、产出规模与就业吸纳能力，解析城市化进程中的非正规部门形成机制；

（2）从宏观层面考察我国城市化与非正规部门的协同发展关系，揭示城镇非正规部门就业规模的动态演化特征和空间分布集聚模式演变趋势；

（3）编制包含非正规部门的宏观社会核算矩阵，探索非正规部门影响城镇居民收入和农村居民收入的力度与传导路径。

（二）整体框架

本书的整体研究框架如图1-1所示。

三、主要研究内容

第一章为导论。本章主要阐述问题提出的背景与研究意义、研究目标与整体框架、主要研究内容、本书的特色与可能的创新。

第二章为"非正规部门"多元释义与形成机制理论阐释。本章致力于明晰研究对象，明晰非正规部门的统计内涵以及城市化进程中非正规部门的形成机制。首先，基于ICLS视角和SNA视角对非正规部门概念进行梳理，厘清了两者的分歧。其次，基于中国SNA框架对非正规部门生产范围、判断标准、部门归类和表现形式展开了系统阐述。同时，为澄清相关研究对相关术语的混淆和误解，本章还阐明了非正规部门与非正规就业的区别与联系。最后，本章基于劳动力市场分割假说、比较优势假说、内部分化假说和我国主流观点四个视角，论述和比较城市化进程中非正规部门的形成机理，为后续研究提供理论基础。

第三章为城市化进程中的非正规部门特征基本考察。本章根据专项调查数据，从非正规部门就业者特征和非正规部门单位特征角度来验证基于主流观点的非正规部门形成机制。首先，详细阐述了此次专项调查的调查目的、调查对象、调查范围和调查内容。同时，合理设计了调查方法，科学设定样本容量及样本分配，对非正规部门就业者采取"城区→街道→非正规部门→非正规部门就业者"四阶段抽样，对正规部门非正规就业者采取划类选典调查，充分展现了此次调查的可行性与严谨性。最后，基于对专项调查数据的整理，本章采用描述性统计分析方法，一方面对非正规就业者的个体特征（性别、年龄、婚姻、户籍、生活时间、工作年限）和工作特征（收入、工作时长、工作时间灵活度、产业分布、产业转换特征、劳动合同签订、社会保障办理、接受培训情况）进行初步分析；另一方面对非正规部门单位的经营特征（用人规模、

第一章 导 论

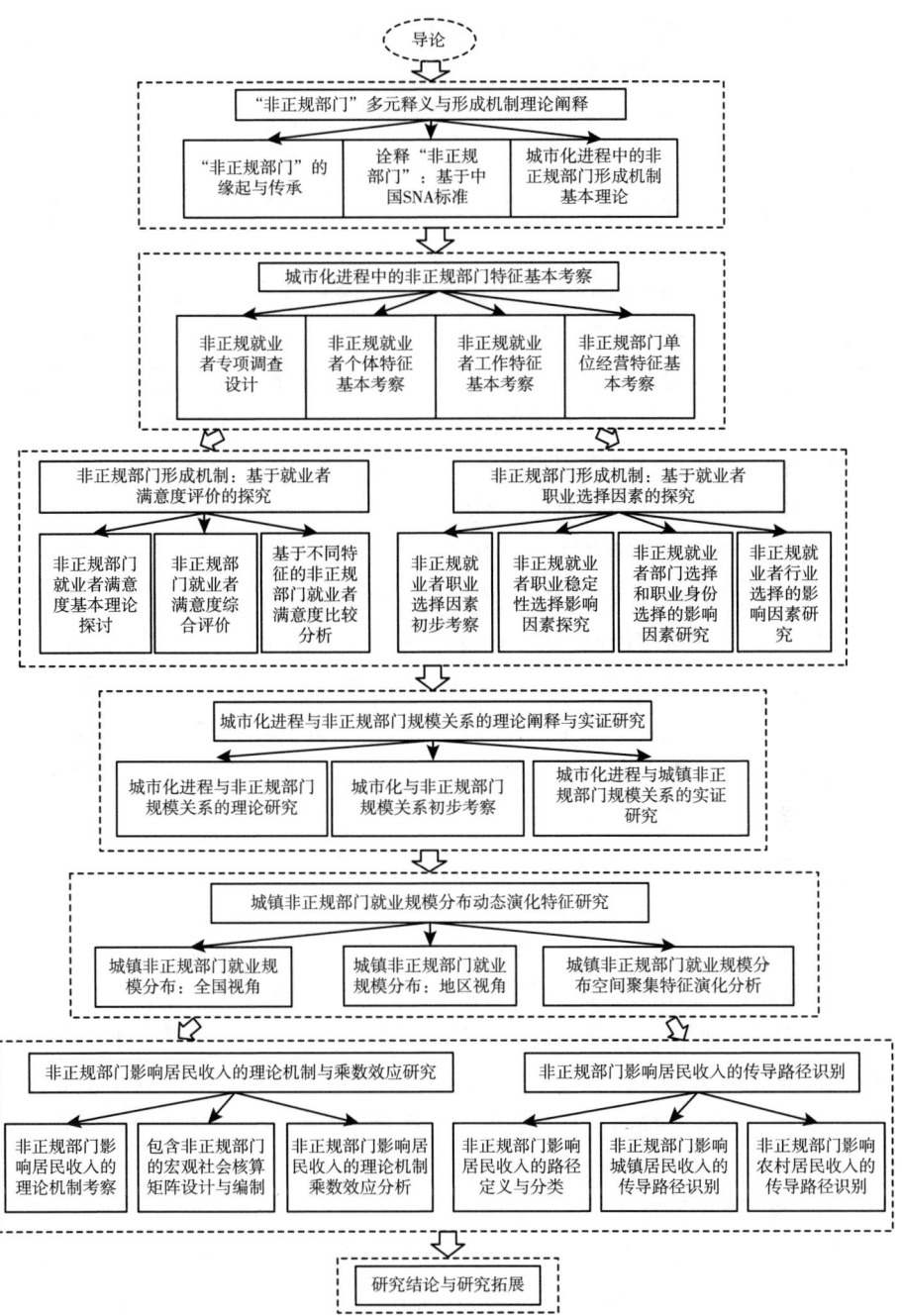

图1-1 本书整体研究框架

投资规模、经营效益、发展瓶颈）进行了基本考察。

第四章为非正规部门形成机制：基于就业者满意度评价的探究。本章通过对非正规部门就业者满意度的综合评价来验证基于主流观点的非正规部门形成机制。首先，根据对就业满意度概念、影响因素、评价方法、评价工具的理论归纳，本章选择"参考架构性"的定义方式来界定非正规部门就业者满意度，将其特殊构面分解为9项，设计出满意度量表，并选择要素综合评分法开展非正规部门就业者满意度评价。其次，本章选择主成分分析法进行汇总和计算满意度各构成维度的调查结果，分别采用克朗巴哈系数检验满意度量表的信度，采用斯皮尔曼等级相关系数、巴特利特球形检验统计量、采用KMO值和变量共同度检验满意度量表的因子分析适应性。而后，根据变量初始特征值与解释的总方差选择合适数量的因子构造因子模型，并通过主成分分析法进行方差最大正交旋转，提取出就业者主观因子、工作单位客观因子、就业者心理反馈因子这三个公共因子，并顺利通过聚类检验。最后，构建非正规部门就业者满意度指数模型应用于实际满意度评价中，并基于性别、年龄、户口性质等八大特征对非正规部门就业者满意度评价结果进行比较分析。

第五章为非正规部门形成机制：基于非正规就业者职业选择因素的探究。本章通过对非正规部门就业者职业选择因素的考察和比较来验证基于主流观点的非正规部门形成机制。首先，针对影响非正规部门就业者和正规部门非正规就业者职业选择的"收入水平较高、工作时间较为自由灵活、个人兴趣爱好、进入门槛比较低、晋升机会比较大、规章制度约束少"等积极因素，以及"学历达不到要求、工作经验不足、没有较强的社会关系、年龄偏大、招工地域歧视、招工性别歧视"等消极因素进行初步考察。其次，分"非正规部门雇佣者职业预期""非正规部门被雇佣者职业预期"和"正规部门非正规就业者职业预期"三个角度对非正规就业者的职业预期进行调查分析。最后，为进一步探究主客观因素对非正规就业者做出各类职业选择概率的影响，本章充分运用专项调查数据构建了九个Logit模型，分别考察和归纳影响非正规就业者职业选择稳定性、部门选择、职业身份选择以及影响稳定非正规就业者、潜在正规就业者、不同职业身份非正规部门就业者、不同生产部门非正规就业者行业选择的主客观因素。

第六章为城市化与非正规部门规模关系的理论阐释与实证研究。首先，本章围绕"城市化进程"与"非正规部门规模"两者的关系，对目前国际上流行的刘易斯模型蕴含的负向关系、托达罗模型蕴含的正向关系、倒"U"型关系、工业化与城市化协调决定四大主流观点进行梳理。其次，对我国城市化进程进行三阶段特征考察与五阶段特征考察，对我国非正规部门规模发展进行名义维度和实际维度上的发展趋势和阶段特征考察，并对全国层面的城市化进程与城镇非正规部门规模之间的数量关系进行初步判断。考虑到我国不同省份的区域差异及城市化进程阶段特征的不同，本章还选取北京市以及我国东、中、西部各一省份的数据，开展省级层面城市化进程与城镇实际非正规部门规模数量关系的初步考察。最后，为提升研究的严谨性，本章构建了涵盖我国29个省（区、市）层面宽口径面板模型进行实证考察，并以该层面窄口径面板模型和区域层面宽窄口径面板模型进行稳健性检验，结果显示，非正规部门就业比重和城市化水平之间的确存在显著的倒"U"型关系。

第七章为城镇非正规部门就业规模分布动态演化特征研究。本章基于1990~2017年我国各省份宽、窄口径城镇非正规部门就业规模数据，一方面从全国、地区两大视角着手构建了1990年、1995年、2000年、2005年、2010年、2015年、2017年非正规部门就业规模标准核密度模型，以探究全国范围、沿海地区、内陆地区城镇非正规部门就业规模在时间维度上的动态演化特征。另一方面，运用ESDA技术绘制了1990年、1995年、2000年、2005年、2010年、2015年包含我国29个省（区、市）的非正规部门就业规模五分位图，以探究我国城镇非正规部门就业规模空间结构分布特征，同时计算各年份Moran's I 系数并辅以 Moran 散点图、我国29个省（区、市）局部 Moran's I 系数值五分位图，以探讨我国各省（区、市）非正规部门就业规模之间存在的空间聚集模式。研究表明，我国城镇非正规部门就业规模结构的变迁不但具有时间维度上的阶段性特征，而且具有空间上的阶梯性特征。

第八章为非正规部门影响居民收入的理论机制与乘数效应研究。本章致力于编制包含非正规部门的宏观社会核算矩阵，测度非正规部门影响居民收入的力度。首先，基于直接、间接两种途径系统阐述非正规部门影响居民收入的理论机制，为实证研究奠定理论基础。接着，基于国民经济核算框架，在SAM编制流程指导下，设计宏观社会核算矩阵的基本框架，尝试编制了包含10个实体账户和1个汇总账户的2015年宏观社会核算矩阵（SAM）。在SAM-2015的基础上，本章继续细化其商品/活动账户、生产要素账户和居民账户，编制出包含非正规部门的社会核算矩阵（ISAM），直观地刻画出非正规部门与其他部门的各种联系，为立足于生产部门探究非正规部门对居民收入的影响力度和影响路径提供了基础的分析框架。本章的最后一部分则是基于所编ISAM-2015的乘数分析应用，通过账户乘数矩阵的计算与有效分解，测度非正规部门对整体居民收入水平和不同特征居民群体收入水平的影响力度。

第九章为非正规部门影响居民收入的传导路径识别。尽管理论分析为我们阐释了非正规部门影响居民收入的可能途径，乘数分析亦给我们提供了了解非正规部门影响居民收入力度的数量参照，然而 ISAM-2015 账户之间的作用过程仍然是一个"黑箱"。因此，本章致力于揭示非正规部门账户对其他内生账户的影响传导路径，进一步识别有效率的非正规部门对居民收入的影响传导路径。首先，本章基于 ISAM-2015 框架，明确非正规部门影响居民收入的路径定义与分类；其次，基于 ISAM-2015 数据，采用结构化路径分解技术开展我国非正规部门影响城乡各阶层居民收入的机制研究，试图打开非正规部门影响居民收入传导路径的"黑箱"。

第十章为研究结论与研究拓展。本章概括了全书的结论，基于官方统计机构和经济政策制定者两方面，探讨了本书研究的政策启示，并从数据和方法两方面对此次研究的不足进行了总结，对后续研究方向进行了探讨。

四、本书特色与创新之处

（一）本书特色

（1）研究内容具有前沿性，涉及国内相关领域研究的空白。国内相关研究大多止于探讨非正规部门的概念、存在原因、作用影响等，而对于中国城市化背景下的非正规部门形成机制和动态演化规律缺少定量分析与研究。本书基于国民经济机构部门视角，采用专项调查探讨城市化进程中非正规部门形成机制，定量刻画中国非正规部门的实际就业吸纳能力、时空演化特征，研究内容将触及目前国内研究领域的空白，颇具前沿性。

（2）研究主题实现了基础性研究和应用性研究的有效结合。基于新 SNA 框架阐释非正规部门的统计含义，探究非正规部门影响居民收入的理论机制，编制包含非正规部门的宏观社会核算矩阵属于基础性研究范畴；根据包含非正规部门的宏观社会核算矩阵，运用乘数分析和路径分析开展非正规部门对居民收入的影响力度测度及影响路径探索则属于应用性研究范畴，项目研究主题将基础性研究和应用性研究结合起来，具有一定特色。

（3）研究过程置于科学合理的量化分析框架。国内研究对非正规部门相关问题的论证仍以定性分析为主，提出的政策建议往往较为笼统。无论是考察城市化与非正规部门规模的关系，探究非正规部门的形成机制与时空演化特征，还是编制包含非正规部门的 ISAM-2015，用以刻画非正规部门对各阶层居民收入的影响力度与路径，本书都依赖量化分析技术，使用了大量的计量模型和图表。尤其通过包含非正规部门的宏观社会核算矩阵的设计和编制，SAM良好的可分性及可以根据问题需要而设计分析账户的灵活性为项目研究提供了一个较完美的分析框架。

（二）创新之处

（1）基于国民经济核算框架来探讨城市化进程中的非正规部门问题，定量刻画我国城市化进程中的非正规部门的时空演化特征，开启了一个量化研究城市化与非正规部门动态关系的新视角。

（2）首次开展较大规模的非正规部门专项调查，基于非正规就业者特征考察、满意度评价、职业选择因素实际调查结果，从非正规就业者实际感知角度探讨我国城市化进程中非正规部门的形成机制。

（3）首次从宏观与微观相结合的视角出发，对我国非正规部门形成机制和演变特征进行实证研究。研究结果既从微观层面揭示了非正规就业者的基本特征、就业满意度和职业选择因素，又从宏观层面上揭示了城市化进程中非正规部门规模的倒"U"型走势以及时空演化特征，为学术界深入探讨此类问题提供了一定的实证依据。

（4）根据我国非正规部门研究现状和已获得的相关数据资料，从中国实际出发，首次设计并编制了包含非正规部门的宏观社会矩阵 ISAM-2015，采用乘数分解法与结构化路径方法，全面测度了中国非正规部门对不同居民收入的影响方向和影响力度，揭示了中国非正规部门对城乡不同居民收入的影响路径，为研究居民收入分配差距问题提供了新视角。

（5）沿"宏观 SAM→细化 ISAM"编制步骤，创新性地采用多种统计方法将投入产出表、资金流量表、《中国统计年鉴》《中国经济普查年鉴》《中国税务年鉴》《中国财政年鉴》《中国城市（镇）生活与价格年鉴》和既有研究文献数据整合在一起，克服数据困难，首次系统编制了细化 ISAM-2015，提高了 ISAM 编制方法的可复制性和实际应用的可推广性。

第二章 "非正规部门"多元释义与形成机制理论阐释

第一节 "非正规部门"的缘起与传承

"非正规部门（informal sector）"一词最早出现在美国经济人类学家哈特（Hart）于1971年写的一篇讨论加纳城市就业的论文中。1972年，国际劳工组织（international labour organization，ILO）在报告《就业、收入和平等：肯尼亚增加生产性就业的战略》中引用了该术语，并将"那些未被政府承认、记录、保护和管理的经济现象"统称为"非正规部门"。ILO并未对"非正规部门"下一个严格的定义，而仅仅归纳了其部分特征，如"进出市场相对容易、对当地资源具有较强的依赖性、一般为家庭所有、经营规模较小、技术含量低、具有较强的市场竞争性、劳动者往往通过非正规教育系统获得相关技能等"。"非正规部门"术语一经提出就得到了世界各国（特别是发展中国家）的广泛关注。一些权威的国际机构，如联合国、世界银行、经济合作与发展组织等也纷纷开始关注非正规现象，衍生出对非正规部门的种种理解。

很长一段时间内，不同国家赋予"非正规部门"不同的含义。在欧洲国家及部分说法语的非洲国家中，非正规部门被认为是由不遵守法律法规的单位组成。拉丁美洲、亚洲及部分说英语的非洲国家则视非正规部门为一种特殊的生产形式，需依据企业的组织形式和活动开展方式界定生产形式的"非正规性"。美国经济学家卡斯泰尔和波茨（Castells and Portes，1989）认为非正规部门是"在社会环境中所有与有系统管理的经济活动相区别的、无管理的、赚取收入的活动"。秘鲁经济学家德索托和施密德海尼（De Soto and Schmidheiny，1991）的观点则更为独到，他们认为非正规部门是"个体所从事的独立于国家机构和法律范围的经济活动"。世界银行在1990年出台的《世界发展报告》中认为，"非正规部门的收入结构和活动是多种多样的，其主要由一个人开设的公司和只有几个学徒（多为亲属）或雇佣工人的小公司构成"。此外，也有学者和研究机构将各种未付酬的服务活动视为非正规活动，如家庭主妇的家务、抚养孩子、照顾老人等工作以及志愿者工作等。总体而言，尽管受到了普遍关注，但非正规部门在文献中的含义局限于"政治性""法律性""地理性"的特殊现象。

一、ICLS 界定的非正规部门

为量化非正规部门对 GDP 的贡献，在1991年召开的第78届国际劳工大会上，与会者一致认为应基于生产单位性质的角度来界定非正规部门，而非劳动者工作性质角度。大会报告《局长报告：非正规部门的困境》强调了非正规部门对广大发展中国家的贡献，并正式界定了非正规部门。报告指出，非正规部门是"存在于发展中国家城市地区的那些低收入、低报酬、无组织、无结构的小规模生产或服务单位"。1993年1月，第十五届国际劳动统计学家大会（International Conference of Labour Statisticians，ICLS）发布了《关于非正规部门就业统计的方案》。在该决议中，ILO 正式核准了非正规部门的理论定义与操作定义、细分了其主体构成并提出了若干判断标准。

（一）理论定义

第十五届国际劳动统计学家大会决议指出，所谓非正规部门是"以为有关人员创造就业机会和提供收入为主要目的、从事市场生产活动的单位"。通常这些单位组织水平低下、经营规模微小，作为生产要素的劳动力和资本区别甚小。非正规部门就业者的劳动关系并非基于具有保障意义的正规合同协议，而往往形成于个人社会关系。

（二）操作定义

1. 概念

从统计角度看，非正规部门可视为一系列住户非法人企业的合成，其单位性质与国民经济核算体系中的住户非法人企业（household enterprises）相当。

2. 分类

非正规部门可归为两类。一类为非正规自给性企业（informal own-account enterprise）。该类企业是指劳动者单独或与住户成员（也可以是其他住户成员）合伙所有并经营的住户企业，它不需连续雇佣家庭工人或雇员，但允许偶尔雇佣工人。另一类为非正规雇主企业（informal employer enterprise）。该类企业是指劳动者单独或与住户成员（也可以是其他住户成员）合伙所有并经营的住户企业，它常常连续雇佣工人。

3. 判断标准

ICLS 强调，非正规部门的识别与其生产地点、固定资产使用情况、生产持续时间、从事主要生产还是辅助生产等特征并无关联。非正规自给性企业和非正规雇主企业的识别应依据不同的判断依据。对于非正规自给性企业的判断，主要根据"单位是否注册"标准来判断，即企业是否按照工厂法、商业法、税收法、保险法、职业组织管理法等法令法规向有关政府机构进行登记。鉴于非正规自给性企业一般不履行登记义务[①]，因此，在部分国家，非正规部门可能覆盖所有的自给性企业；而对部分国家而言，非正规部门可能仅涉及其中的未注册部分。对非正规雇主企业的判断，ICLS 认为至少需满足以下标准中的一条。（1）企业未达到一定的规模。ICLS 建议，可用连续雇佣的工人数来衡量企业规模。对存在多个基层单位的企业而言，仅当各基层单位的雇员数量均未超过规定规模的上限时才可被视为非正规雇主企业。（2）单位未注册（按非正规自给性企业的方式予以确定）。（3）雇员未注册。如果雇员没有与雇主签订就业合同或学徒合同，可认为该企业的雇员未注册。

4. 生产单位及范围的特殊规定

ICLS 对非正规部门的生产范围及部分生产主体给出了特殊规定。（1）不包括非市场生产。为有效开展就业统计，ICLS 不建议将非市场活动纳入非正规部门生产范围，即住户成员为自身最终使用而从事的货物与服务生产被排除在非正规部门生产范围之外。（2）不包括农业活动。ICLS 指出，对正规部门和非正规部门进行区分的主要动机是基于对广大发展中国家和落后国家经济情况的现实考虑，将农业活动纳入非正规部门的调查内容并不十分必要。一方面，在广大发展中国家和落后国家中，农业仍然是支撑国民经济的支柱，大量住户家庭以从事农业活动为主。纳入农业生产活动将极大地提升非正规部门的数据采集成本，这对资金并不宽裕的组织者来说势必加重调查负担，影响调查质量。另一方面，在多数发展中和落后国家，农业普查或相关的农业专业调查已相对完善，住户家庭从事的农业活动通常已纳入农业专项调查内容。如若非正规部门调查开展农业生产活动调查，则显得重复和累赘（ILO，1993）。（3）外聘工人可

---

① 这主要是指按国家立法机关制定的工厂或商业法令、税收或社会保险法、职业组织管理法，以及类似的法令、法规所进行的登记。

视为非正规部门构成。ICLS 认同《国民账户体系 1993》对外聘工人（outer-worker）的界定，建议一旦外聘工人所服务的企业满足判断标准，则将外聘工人纳入非正规部门[①]。（4）部分从事专业技术活动的自雇佣个人可视为非正规部门构成。ICLS 建议，对于医生、律师、会计师、建筑师、工程师等自雇佣个人，不应以较高的技术水平或其他原因将其从非正规部门中排除。同时，对提供专业技术服务自雇佣个人的判断标准应与其他企业的判断标准一致。

ICLS 的贡献无疑是巨大的，它将原先趋于分散、杂乱、片面甚至错误的定义进行了规整、概括和提升。然而，将上述建议和标准应用于各国实践时，许多问题仍然无法找到充分依据。比如，究竟该如何确定企业的规模标准、无须注册的单位是否归属于非正规部门、付酬家庭雇员提供的服务是否应纳入非正规部门生产范围、是否应考虑住户的自给性货物生产等。更为重要的是，ICLS 对"市场生产（market production）"的认定、对"部门（sector）""企业（enterprise）""非法人企业（incorporated enterprise）""住户（household）"等国民经济基本单位的理解与 SNA 呈现较多的分歧，无法进行对接。因此，ICLS 终将非正规部门界定成一种"分析的、政治的"概念，而非"统计的"概念（吴润生和左颖，2001）。

二、SNA 与 ICLS 的分歧

以"更新、澄清、简化与协调一致"为指导思想的《国民账户体系 1993》（简称 1993 年版 SNA）引入了"非正规部门"，将其列于第 4 章"住户及其子部门（the household sector and its subsectors）"下属内容，并在附录中转载了 ICLS 的决议。然而，除沿袭 ICLS 的决议之外，1993 年版 SNA 并未就协调 ICLS 与 SNA 的概念分歧、就非正规部门的机构归属与细分、就非正规部门生产的估算方法等问题提出任何建议。综合来看，ICLS 与 1993 年版 SNA 的主要分歧体现在以下方面。

（一）分歧之一：市场生产范围的界定

1993 年版 SNA 具有独特的生产观，其将生产活动归为三类，分别是市场生产、为自身最终使用的生产和其他非市场生产。其中，市场生产是指"以

[①] 1993 年版 SNA 认为，所谓外聘工是指根据事先安排或合同，为某一企业工作或为其提供产品与服务，但工作地点不属于该企业任何机构单位的工人，详细情况可参见 1993 年版 SNA，第 7 章第 26 节。

具有经济意义的价格在市场上销售大部分或全部产品的生产活动"。SNA 在突出市场生产的产品交易需具有"经济意义"价格为前提的同时，强调了交易产品的"大部分或全部"的数量特征。

不同的是，出于对市场交换行为的强调，ICLS 将生产活动分为"市场生产"和"为自身最终使用的生产"两类，更将 SNA 界定生产属性所依赖的"大部分或全部产品"原则替换为"一些或全部产品"原则。如此一来，市场生产的范围被放大，大多数农民的生产活动可能因偶然的非农劳动雇佣行为而被纳入市场生产范围，尽管其大部分农产品并未进行市场交换。

（二）分歧之二：基本单位的界定

1. 企业（enterprise）

根据活动性质及地点的异质性，1993 年版 SNA 将构成国民经济系统的基本生产单位分为"机构单位（instiutional unit）"和"基层单位（establishment）"两类。其中，机构单位是指能以自己的权利拥有资产、承担负债、从事经济活动，能与其他实体进行交易并可编制出一整套会计账户的经济实体。在实际经济活动中，机构单位体现为两种形式：一类是住户形式存在的自然人或住户；另一类则是得到法律或社会承认的法律实体及社会实体，如企业（enterprise）、政府单位和非营利机构①。基层单位是结合经济活动性质和地点对单位进行的分类，指位于一个地点、仅从事一种生产活动，或虽然从事几种活动、其主要活动的增加值占绝大比重的单位②。机构单位和基层单位之间的最大区别在于，前者具有法律和财务上的独立自主权，能编制一套完整的会计账户；而后者只在生产领域中具有相对的组织管理权，不能够独立地拥有货物或资产、得到收入和支出。

与 SNA 相比，ICLS 提供了一个宽泛的企业概念。并非基于法律地位而以从事市场生产活动为必要前提，ICLS 所谓的"企业（enterprise）"是指从事市场生产活动的单位，其与 SNA 中的"市场生产单位（market production unit）"相当。约束条件的放松使得企业的门槛大为降低，不仅居民群体可构成企业，居民个人也可被视为一个企业；同时，市场生产范围的拓展又进一步丰富了企业类型。ICLS 理解的企业类型不仅包括具有固定地点和雇佣工人的生产单位，包括归劳动者个人所有并单独经营的生产单位，甚至还包括没有固定地点的自雇佣劳动个人，如街头流动商贩、出租车司机等。

---

① 一般地，企业（enterprise）与公司（corporation）同义。
② 基层单位可根据具体活动类型、地点、生产性质等标准进一步细分，分化出诸如"活动类型单位、本地单位、同质生产单位"等术语。

2. 住户（household）

与企业（enterprise）一样，1993年版SNA将住户（household）视为机构单位的一种形式，并将其定义为"共享同一生活设施、部分或全部收入和财产，共同消费住房、食品等商品和服务的常住个人或个人群体"。为凸显住户的"共同"特征，如共同拥有资产、共同承担责任、共同做出消费决策等，SNA重视住户成员与住户整体的差异，住户成员并不构成单独的机构单位。进一步地，SNA基于多个视角对住户进行了考察，如生产角度、收入角度、消费角度等，以此形成不同的住户归类。

与1993年版SNA相比，ICLS对住户（household）的理解体现出两方面差异。（1）重视个体行为，忽视"共同"特征。ICLS将住户成员视作独立的生产单位，将多成员住户家庭一一分化成独立的个体。（2）重视生产行为，忽视其他特征。ICLS并不考察住户家庭的消费结构及收入来源，唯一关注的是住户成员是否发生生产行为。

3. 部门（sector）

部门（sector）是国民经济机构部门分类的结果，是机构部门的简称。1993年版SNA在常住机构单位的基础上将整个国民经济分成五个相对独立的部门：非金融公司部门、金融公司部门、一般政府部门、为住户服务的非营利机构部门、住户部门。SNA对各机构部门的界定侧重于对一系列账户的形成和描述，如生产与收入形成账户、收入分配与再分配账户、收入使用账户、积累账户等。

根据ICLS的理解，部门只是市场生产单位的分类结果。ICLS在市场生产单位的基础上将从事市场生产的单位划分为正规部门和非正规部门。ICLS对各部门的界定仅围绕生产行为，因此，非正规部门或正规部门并不能形成一系列账户，而仅能形成诸如产值、中间消耗、收入形成等与生产活动相关的系列指标。

（三）分歧之三：住户部门分类

1. SNA的"四分法"

SNA对住户部门采取四分法。首先，出于对没有充分自主行动能力或自主经济决定权的考虑，SNA将"在特殊机构中永久居住或准备长时间居住的住户，如在修道院中生活的宗教团体成员、医院的长期病患、长期服刑的囚犯和长期居住在养老院的老人等"分离出来，命其名为"机构住户"。其次，根据是否从事SNA生产活动，将其余住户划分成"自然人住户（natural household）"和"非法人企业住户（unincorporated enterprises household）"两类。其中，自然人住户不从事SNA生产活动，主要指永久居住或准备长时间居住的自然人，其对经济事务不具备充分的决策权和自主权；非法人企业住户从事 SNA 生产活动，包括从事用于交换的非农生产活动，也包括从事供住户成员自身消费的农业生产活动。一般地，非法人企业住户的资产归住户成员所有，企业主需以个人身份承担生产过程中债务或欠款的无限责任。非法人企业主通常具有双重身份：作为资产的拥有者，企业主负责整个企业的创办和管理；作为生产者，企业主也提供部分的劳动供给。再次，根据生产目的，非法人企业住户可进一步细分成"非法人市场企业住户"（unincorporated enterprises household for market production）和"非法人自用企业住户"（unincorporated enterprises household for own use）。前者主要从事市场销售（或实物交换）的商品的生产，以获取货币收入为主要目的；后者主要从事满足自身需求的商品生产，但并不排除当产品出现剩余时偶尔出售剩余产品的行为，如农户出售多余的农产品等。

需要指出的是，SNA 将"从事自用住房服务的住户和雇佣家庭工人的住户"视为非法人企业，并归入"非法人自用企业住户"类别。

2. ICLS 的"三分法"

ICLS 并未涉及所有的住户类型，而是以经济生产活动为筛选前提。基于对"住户""企业""市场生产活动"的认识，ICLS 将住户部门分为"住户"和"企业"两类（见表 2-1）。前者是对从事非市场生产活动住户的合称，后者则是对从事市场生产活动住户的合称。进一步地，根据企业规模、会计核算账户、单位或员工的注册情况将企业细分为"非正规部门企业"和"正规部门企业"，由此形成"住户""非正规部门企业""正规部门企业"的划分。

与 SNA 不同的是，ICLS 并没有将"从事自用住房服务的住户和雇佣家庭工人的住户"归入企业类别，原因是两种活动均不属于其所界定的市场生产。

表 2-1　　　　SNA 和 ICLS 对住户部门的不同归类

SNA "四分法"	ICLS "三分法"
非法人市场企业住户	正规部门企业
非法人自用企业住户	非正规部门企业
自然人住户	住户
机构住户	—

三、新版 SNA 界定的非正规部门

如何解决 ICLS 与 SNA 的分歧进而将非正规部门彻底纳入 SNA 框架便成为

对1993年版SNA修订的重要议题之一（Ivo Havinga et al., 2006）。2009年12月，经过近10年修订形成的《国民账户体系2008》（简称2008年版SNA）正式发布，其第25章以"经济的非正规方面（informal aspects of the economy）"为题，对非正规部门及相关概念进行了专门探讨（EC et al., 2009）。

为将非正规部门有效纳入SNA框架，在第479页中，2008年版SNA提出了基于住户部门机构单位识别非正规部门的步骤。第一步，将"非法人市场企业住户"直接纳入非正规部门；第二步，剔除"自然人住户""机构住户"和非法人自用企业住户中的"生产自用住房服务的住户和雇佣家庭工人的住户"；第三步，根据产品的自用程度来识别剩余的非法人自用企业住户。具体来看，当所有产品均由住户自身消费时，该住户不属于非正规部门，而当住户成员消费大部分产品（并非全部）时，则其归入非正规部门。据此，原有的机构部门（特别是住户部门）重新按照登记行为、雇员规模、生产目的和市场行为的差异进行了细分（如表2-2所示），细分后的子部门——"具有市场行为的企业（表中阴影部分）"就与ICLS定义的非正规部门相当。至此，非正规部门实现了与SNA的对接，并作为住户部门的子部门与公司部门、政府部门、为住户服务的非营利机构等其他机构部门一并构成国民经济系统的主体。

表2-2　ICLS定义的非正规部门与2008年版SNA的对应关系

政府	公司	住户						非营利机构
	登记或雇员数大于限额	自雇佣（非正规自给性企业）			非法人雇主（非正规雇主企业）			其他住户
		市场生产者		自用生产者	市场生产者		自用生产者	
		出售大部分	出售部分	不出售	出售大部分	出售部分	不出售	
		Informal Sector			Informal Sector			

四、我国对非正规部门的传承与发展

我国的"非正规"现象历史并不久远。改革开放之前，高度集中的计划经济体制使得国民经济运行方式相对单一，非正规现象尚不多见。如果说改革开放酝酿了非正规部门的产生，那么20世纪90年代初的经济体制向市场经济的全面转轨则极大地催生了个体经济、家庭作坊等多元化的经济形式。人们开始从国外引入"非正规部门""非正规就业""非正规经济"等一系列术语，开始了对我国非正规现象的关注。遗憾的是，国内学术界对什么是"非正规部门"、什么是"非正规部门生产"等基本命题仍然仁者见仁、智者见智。我们选取了若干有代表性的观点，如表2-3所示。

表2-3　　　　　　　　国内学术界对非正规部门的理解

定义者	非正规部门定义	典型分类
谭琳等 (2000)	城镇中以个体或家庭经营为基础的小规模的经济部门	个体雇主、个体雇员、受雇于个人或家庭的服务人员、自我雇佣者
劳动和社会保障部 (2001)	合法成立的企业之外的小规模企业	微型企业、家庭企业、独立的自我服务者
谢媛和王鹏 (2001)	依法设立的独立于国有企事业单位、政府机构以及社团组织之外的规模很小的经济活动单位	以私营企业形式存在的小型或微型企业、以家庭为单位从事简单的加工生产和服务活动的家庭企业、独立的服务者
张兴华 (2002)	从事生产和流通的小规模的单位	个体经济单位、由私营独资企业和私营合伙企业构成的小型私营企业
黄乾 (2003)	投资规模小、生产技术水平和劳动生产率低的以私营为基础的部门	私营企业、个体劳动者
李晓春和马轶群 (2004)	相对于"正规"工作而言的小资本、非组织性行业的总和，又被称为"小资本部门""非组织部门"等	卖报纸、擦皮鞋、做保姆等
尹晨 (2005)	城市地区低收入、低报酬、无组织、无结构的小规模生产或服务单位	微型或小型企业、家庭型的生产服务单位、独立的个体劳动者
姚裕群 (2005)	规模很小的从事商品生产流通和服务的单位	微型企业、以家庭为单位的生产服务组织、独立的个体劳动者或服务者、个体工商户
薛昭鋆 (2003) 贾宁 (2006)	在依法设立的独立法人单位（企事业、政府机构和社会团体、社会组织）之外的规模很小的经营单位	由个人、家庭或合伙自办的为社会需要提供商品和服务的微型经营实体；以社区、企业、非政府社团组织为依托，以创造就业和收入为主要目标的生产自救性和公益性劳动组织、其他自负盈亏的独立劳动者

续表

定义者	非正规部门定义	典型分类
万向东（2009）	与正规部门相对应而言的，在产业规模和类型上是小规模的从事商品生产、流通和服务的单位	—
张彦（2010）	发展中国家城市地区那些低收入、低报酬、无组织、无结构的很小生产规模的生产或服务单位	—
尹晓颖、闫小培、薛德升（2010）	没有登记注册的那部分个体经济	—
张智勇（2010）	规模很小的从事商品生产、流通和服务的单位	微型企业、家庭的生产服务单位、独立的个体劳动者
胡凤霞和姚先国（2011）	非正规就业市场	—
薛进军和高文书（2012）	—	个体工商户
魏下海和余玲铮（2012）	—	自我雇佣、家族企业、微型企业
薛德升、林韬和黄耿志（2014）	包含非正规工厂（未进行工商注册的生产加工企业）、非正规劳动者（未与企业签订合同，按日从事生产活动取得收入的临时工）	—
张延吉和秦波（2015）	没有被纳入正式的制度架构，存在规模小、收入低、逃漏税、组织性差等特点的经济活动	小微企业、家庭企业和独立服务者构成
张峰、黄玖立和王睿（2016）	游离于正式制度之外，规模小、生产效率较低、提供合法产品及服务但生产销售过程存在逃避法律和政府管制的企业	—
向攀、赵达和谢识予（2016）	应在政府失业登记机构"登记在册"，但拥有收入并实际处于就业状态的劳动者	农民工、隐性就业劳动者

表中定义均符合经济学角度的定义方式，可构成阐述非正规部门经济机理、归纳经济特征、描述其与居民就业、居民收入等关系的依据。我们亦可根据表2-3归纳出国内学者对"非正规部门"的主要观点，如非正规部门为一个集合名词概念，是对所有从事非正规经济活动主体的统称；其生产规模较小，主要由劳动者个人或家庭经营；一般独立于合法成立的企业或未被纳入正式制度；家庭企业和个体劳动者是非正规部门的典型代表等。然而，当我们进一步探究非正规部门在整个国民经济体系中的逻辑地位、估算非正规部门的就业规模或生产总量时，上述各定义便显得亦此亦彼、模棱两可了，具体表现为"部门"和"非正规"判断标准两个层面的矛盾。

（一）"部门"层面的矛盾

何为"部门"？表2-3中的解释分为九种，分别是企业、单位、经营单位、生产或服务单位、行业总和、就业人员、经济活动单位、经济部门、劳动者。首先，"企业"是我国国民经济机构部门划分的产物，归属于非金融企业部门（金融机构不叫企业），家庭企业、独立的自我服务者不属于企业部门。因此，将"部门"理解成"非金融企业部门"的话，就明显与多种定义所列举的"微型企业、家庭企业和独立的自我服务者"等典型分类矛盾。其次，"行业总和"的必要前提是对我国国民经济活动的行业划分，而无论哪种标准的行业归类无外乎依赖于社会生产活动的历史发展顺序、生产活动的性质或是产品的属性等，与生产单位的性质并无直接关联。再次，将"部门"理解成"经营单位、生产或服务单位、经济活动单位"也是有歧义的，我们无法区分生产主体是机构单位还是基层单位，不仅难以归纳其生产性质，更无从寻找相关的统计数据来源。

（二）"非正规"层面的矛盾

国内学者对"非正规"性质的判断主要依赖两个标准：企业的法律地位标准，即是否合法成立；企业的规模标准，即规模是否小于"临界值"。部分学者主张同时考虑两个标准才能判定企业是否正规，如劳动和社会保障部、薛昭均、贾宁、谢媛、王鹏；而姚裕群、尹晨、张兴华、黄乾、谭琳、李军峰、刘丁、万向东、尹晓颖等学者则偏重企业的规模标准。值得一提的是，所有定义均未涉及企业规模的具体度量形式。衡量标准的差异必然导致属性判断结果的分歧，比如当我们考察一个规模很小但从事合法生产的单位时，倘若只考虑其规模，则应判断其为非正规部门；如果同时参照两个标准，则被排除在非正规部门之外。

第二节 诠释非正规部门：基于中国 SNA 标准

国民经济是一个由相互联系、相互作用、具有特定功能的子系统所组成的庞大而复杂的经济大系统，它既是部门系统的综合体、又是社会再生产过程环节的综合体，也是地区经济系统的综合体。每一个经济实体将通过错综复杂的生产关系融于整个国民经济大系统中，同时又能够在其中找寻到自己的部门归属；每一种经济活动将贯穿于社会运行的各个环节，它们影响着国民经济整体，又同样能在其中找到合适的经济归类。支起我国整个国民经济大系统框架、厘清各经济实体的脉络关系及各经济活动的类型归属的基础就是现行的国民经济核算体系——中国化的 SNA。基于中国的 SNA 框架，借鉴 ICLS 的决议及 2008 年版 SNA 的修订内容，我们对非正规部门的理解如下。

一、我国非正规部门的生产范围

界定我国非正规部门的生产范围的前提是区分"经济生产范围""2008 年版 SNA 生产范围"和"中国化的 SNA 生产范围"。

（一）经济生产范围

1993 年版 SNA 明确指出，经济生产包括所有的"在一个机构单位控制和负责下使用劳动、资本、货物和服务的投入以生产一种能够发送或提供给其他机构单位的货物和服务产出"的活动。经济生产隐含两个条件。一是支配性（"人类控制的活动"）。这表示"一个机构单位对其控制和负责下所生产的产品拥有所有权"，同时也意味着那些纯自然的、没有人类参与或指导的活动或过程被排除在外。二是准市场性（"产生能够进行交换的产出"）。它强调了可交换能力的存在，并没有强调实际交换的发生。据此，任何活动如果可以委托给非受益人的其他人，就可认为是生产性活动。

（二）2008 年版 SNA 生产范围

2008 年版 SNA 修正了经济生产范围，提出了一个较为严格的生产观。就货物生产而言，2008 年版 SNA 的生产范围包括了所有的货物生产，并提供了一个属于该生产范围内所有生产类型的清单，而忽略了生产动机。例如，农业和其他初级产品的生产包括：(1) 农产品的生产及随后的储存、野果或其他野生作物的采集、植树、伐木和焦炭的采集、狩猎和捕鱼等；(2) 其他初级产品的生产，如采盐、切草碳、供水等；(3) 农产品的加工、脱粒生产、磨面生产等；(4) 其他类型的加工，如织衣、裁缝、陶瓷和家具制作等。

就服务生产而言，2008年版SNA对住户部门的经济生产范围进行了限制，仅将住户家庭中付酬人员提供的服务和自有住房服务列入其生产范畴，排除了住户家庭为自用消费所进行的个人服务或家庭服务等活动。同时，2008年版SNA还对住宅的修理进行了特别规定，认为仅当较大型的住宅修理活动发生时，该活动才可视为生产。

2008年版SNA生产范围，其与经济生产范围和一般生产范围的隶属关系如表2-4和图2-1所示。

表2-4　　　　　　　　2008年版SNA生产范围

所有货物生产（不管是用于市场出售还是自用目的）	部分服务生产		
	所有提供或准备提供给其他单位的服务生产	住户家庭中付酬人员的服务生产	住户家庭中自有住房服务

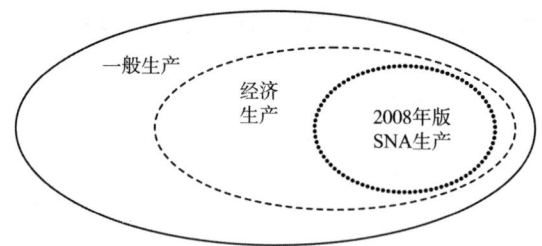

图2-1　一般生产、经济生产和SNA生产的隶属关系

(三) 中国化的SNA生产范围

我国现行的生产核算范围基本与2008年版SNA一致，两者均涵盖三类活动：(1) 所有提供或准备提供给其他单位的货物和服务的生产；(2) 生产者用于自身最终消费和资本形成的一切货物的自给性生产；(3) 自有住房服务和付酬家庭雇员提供的家庭或个人服务的生产。例外的是，我国现行的核算体系将非法活动排除在生产范围之外，之所以这样做，主要是出于非法经济活动有悖于社会生产目的及资料不易获得两方面的考虑。

中国化SNA生产范围、2008年版SNA生产范围、经济生产范围的关系如图2-2所示。

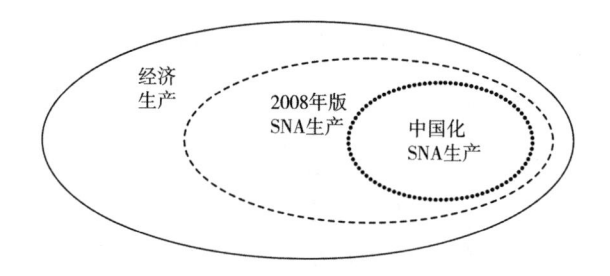

图 2-2　经济生产、SNA 生产和中国化 SNA 生产的隶属关系

(四) 我国非正规部门的生产范围

理论上，非正规部门的生产范围应从属于中国化的 SNA 生产观，即包括所有合法的货物生产（不区别何种目的）和经济主体作为付酬人员提供的合法服务及自有住房服务，并排除自用消费的个人服务生产和家庭服务生产。然而，我们不建议将农业生产活动列入正规部门的生产范围，原因包括两个方面。

(1) 满足国际对比口径一致性的需要。第十五届国际劳动统计学家大会明确规定，非正规部门生产范围并不包括非法生产和农业生产。从非洲、亚洲、拉美等部分已实施非正规部门调查的国家来看，农业生产均未被列入调查范围。为遵循 ICLS 的决议并满足国际对比口径一致性的需要，我国的非正规部门可排除农业生产。

(2) 已建立农业专项调查制度。我国已经建立起周期性的农业普查制度和经常性的农村住户抽样调查制度。前者调查涉及从事第一产业活动单位和农户的生产经营情况，乡（镇）、村委会及社区环境情况，农业土地利用情况，农业和农村固定资产投资情况，农村劳动力就业及流动情况，农民生活质量情况；后者调查涵盖农村居民居住的社区发展情况、农村居民家庭基本情况、农村居民家庭人口基本情况和农村居民家庭现金收支、实物收支情况调查等。农业生产信息可参考相关的专项调查资料，不必列入非正规部门生产范围，进行重复调查。

二、我国非正规部门的判断标准

对于生产单位"非正规性"的判断，ICLS 核准了四条标准，分别是"是否具有法人身份、雇工人数是否大于临界值、是否拥有自我核算账户、企业是否登记"①。结合中国的具体情况，我们对上述标准进行诠释。

（一）身份标准

ICLS核定，非正规部门的生产单位不具有法人身份。将生产单位区分为法人或非法人，是根据经济主体参与民事活动所拥有的法律权利的不同而划分的。基于大陆法系传统的二分法立法体例，我国民法将民事主体划分为两类——自然人和法人。《民法通则》第37条规定，"法人是具有民事权利能力和民事行为能力，依法独立享有民事权利和承担民事义务的组织"，法人的成立必须同时满足四个条件：（1）依法成立；（2）有必要的财产和经费；（3）有自己的名称、组织机构和场所；（4）能够独立承担民事责任。我国的法人可根据其从事的业务活动分为"企业法人"与"非企业法人"两类。其中，企业法人是以营利为目的，从事经济活动的法人，是社会经济活动的最主要的主体。根据所有制形式及投资者的国籍及投资方式等，企业法人又可分为全民所有制企业法人、集体所有制企业法人、私营企业法人、联营企业法人、中外合资经营企业法人、中外合作经营企业法人、外资企业法人七类；非企业法人是从事非经济活动，并不以营利为目的的法人，其又分为机关法人、事业单位法人和社会团体法人三类（见图2-3）。

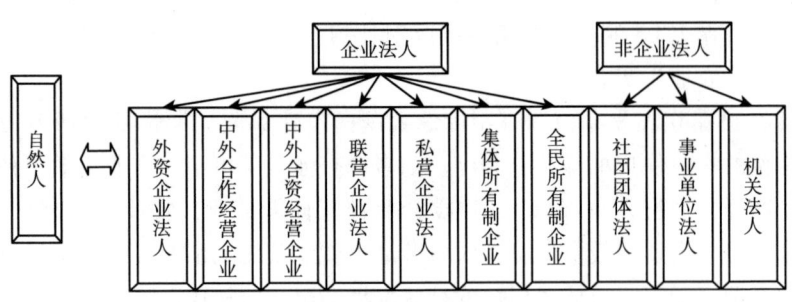

图2-3 我国民法关于民事主体的划分

我国民法虽未对介于自然人和法人之间的"非法人组织"做出严格规定，但在《合同法》《合伙企业法》《著作权法》等其他法律中明确规定存在既不同于自然人也不同于法人的另一类民事主体——非法人组织（也称为"第三类民事主体"）。目前来看，国内对非法人组织的性质及分类虽未达成统一认识，但较多研究者推崇参考最高人民法院在《关于适用〈中华人民共和国民

---

① 详见第十五届国际劳动统计学家大会（ICLS）发布的《关于非正规部门就业统计的方案》。

事诉讼法〉若干问题的意见》（简称《意见》）中关于"其他组织"的性质及种类规定，即"其他组织"可理解成"非法人组织"。《意见》明文规定，"其他组织是指依法成立、有一定的组织机构和财产，但又不具备法人资格的组织"，具体包括：(1) 依法登记领取营业执照的私营独资企业、合伙组织；(2) 依法登记领取营业执照的合伙型联营企业；(3) 依法登记领取我国营业执照的中外合作经营企业、外资企业；(4) 经民政部门核准登记领取社会团体登记证的社会团体；(5) 法人依法设立并领取营业执照的分支机构；(6) 中国人民银行、各专业银行设在各地的分支机构；(7) 中国人民保险公司设在各地的分支机构；(8) 经核准登记领取营业执照的乡镇、街道、村办企业；(9) 其他依法成立、有一定组织机构和财产，不具备法人资格的组织①。

必须指出的是，《民法通则》将个体工商户定义成自然人（西方国家则多将其归为"非法人组织"），其第 26 条指出，"公民在法律允许的范围内，依法经核准登记，从事工商业经营的为个体工商户"。因此，我们不难得出"个体工商户是在法律允许的范围之内，依法经核准登记，从事工商业经营的自然人"的结论。基于我国非法人组织大量存在的事实，我们赞同民事主体分为"自然人、法人和非法人组织"的三分法。

据此，ICLS 的第一个标准"非正规部门的生产单位不具有法人资格"，在我国可被诠释成"非正规部门由自然人或非法人组织构成"。

（二）雇工数量标准

ICLS 核定，非正规部门企业的雇工人数一般不超过 5 人。界定我国的企业规模可根据从业人员数、销售额和资产总额三项指标。从从业人数角度看，不同行业的从业人数规定并不统一。《中小企业标准暂行规定》的划分标准如表 2-5 所示。数据显示，目前我国对小企业的人数界定准则不仅是多元的，也是广泛的。以 100 人、300 人、400 人、500 人、600 人为上限的人数标准显然无法满足对"微型企业、个体企业"等强调规模过小企业的理解，当然也无法从中有效分离出非正规部门企业的规模特征。

---

① 最高人民法院．《关于适用〈中华人民共和国民事诉讼法〉若干问题的意见》的通知 [OL]．法律快车网，https://law.lawtime.cn/d489108494202.html.

表 2-5　　　　　　　不同行业大中小型企业从业人数划分标准

企业行业类型	大型	中型	小型
工业企业	≥2000	300~2000	≤300
建筑业企业	≥3000	600~3000	≤600
批发业企业	≥200	100~200	≤100
零售业企业	≥500	100~500	≤100
交通运输业企业	≥3000	500~3000	≤500
邮政业企业	≥1000	400~1000	≤400
住宿和餐饮业企业	≥800	400~800	≤400

资料来源：国家经贸委，国家计委，财政部，国家统计局．关于印发中小企业标准暂行规定的通知（国经贸中小企）[OL]．百度文库，https://wenku.baidu.com/view/f950b2916bec0975f465e212.html．

从雇工人数看，规模最小的生产单位应为个体工商户。《城乡个体工商户管理暂行条例》第 4 条规定，"个体工商户可以个人经营，也可以家庭经营。个体工商户可以根据经营情况请一二个帮手；有技术的个体工商户可以带三五个学徒，但总人数一般不超过 7 人"。也就是说，个体工商户可以不雇用工人，完全由自己经营，也可雇佣工人，但总从业人数一般不超过 7 人。那么，一旦从业人数超过 7 人，该生产主体又该属于何种类型呢？根据《中华人民共和国私营企业暂行条例》第 2 条规定，"私营企业是指企业资产属于私人所有，雇工 8 人以上的营利性的经济组织。私营企业包括独资企业、合伙企业和有限责任公司三种形式"。个体工商户容易与私营企业中的独资企业，尤其是个人独资企业相混淆。根据《中华人民共和国私营企业暂行条例》《城乡个体工商户管理暂行条例》《民法通则》《中华人民共和国个人独资企业法》等相关法律依据，我们对两者的差别进行了总结，如表 2-6 所示。显然，个体工商户与个人独资企业的差异不仅仅体现在雇工人数上，两者的差别是巨大的。

表 2-6　　　　　　　　个体工商户与个人独资企业比较

比较项目	个人独资企业	个体工商户
出资人	个人	个人或家庭
生产场所和企业名称	必须有固定的生产经营场所和合法的企业名称	可以没有固定的生产经营场所，也可没有字号
投资者与经营者	可以分离，即投资者与经营者为不同人	必须统一，即个人投资、个人经营，家庭投资、家庭经营
对债务承担形式	以个人财产承担无限责任，或以家庭财产承担无限责任	个人经营以个人财产承担无限责任；家庭经营以家庭财产承担无限责任

续表

比较项目	个人独资企业	个体工商户
财务制度	必须建立财务制度，进行会计核算	一般不建账，达到规定规模的才建账
纳税人认定	可以认定为一般纳税人	小规模纳税人，实行定额税
法律地位	非法人组织	存在争论

据此，我们将 ICLS 核定的第二条标准"非正规部门企业的雇工人数一般不超过 5 人"诠释成"非正规部门的从业人员数一般不超过 7 人"。

(三) 会计核算标准

ICLS 核定，非正规部门的经济主体不具有自我核算账户，无法进行会计核算，编制资产负债表。目前，我国的会计核算制度体系包括企业会计核算制度体系和政府及民间非营利组织会计核算制度体系两部分。前者以企业会计准则、企业会计制度、金融企业会计制度和小企业会计制度为主体，后者以总预算会计制度、行政单位会计制度、事业单位会计准则、事业单位会计制度和民间非营利组织会计制度为主体。具体来讲，哪些单位需要设置会计账户呢？经 1993 年、1999 年、2017 年三次修订形成的《中华人民共和国会计法》第 2 条、第 3 条明确规定，"国家机关、社会团体、公司、企业、事业单位和其他组织必须依照本法办理会计事务。各单位必须依法设置会计账簿，并保证其真实、完整"。这里对"国家机关、社会团体、公司、企业、事业单位和其他组织"的规定与《中华人民共和国刑法》对单位的规定基本上是一致的。具体来看，"国家机关"指从事国家管理和行使国家权力的机关，包括权力机关、行政机关和司法机关；"社会团体"指为一定目的而由一定数量的社会成员（包括自然人、法人）所组成的并取得法人资格的社会组织，包括人民群众团体、社会公益团体、学术研究团体等；"公司、企业"指依法设立的、以盈利为目的的、从事生产经营和服务等活动的经济组织；"事业单位"指不以营利为目的，从事文教、体育、卫生、科研等事业的社会组织；"其他组织"指除国家机关、社会团体、公司、企业、事业单位以外的依法应当设置会计账簿和进行会计核算的社会组织，如农村的村民委员会、外国在我国的常驻机构等（高宏道，2004）[①]。

[①] 高宏道. 谈谈《中华人民共和国会计法》法律关系的主体 [OL]. 法律图书馆论文资料库, http://www.law-lib.com/Lw/lw_view.asp? no = 2534.

特别值得一提的是，新会计法并没有将个体工商户纳入调整范围，而在第51条另文规定，"个体工商户会计管理的具体办法由国务院财政部门根据本法的原则另行规定"。那么，我国的个体工商户究竟需不需要建立会计账簿呢？个体工商户一般规模较小、业务活动较为简单。在经营过程中，发生在生产、流通、销售等方面的收支经常与家庭日常消费及个人其他收入混合在一起，编制生产经营的会计账户的确存在较大的困难。为规范个体工商户的会计建账工作，国务院于1997年出台了《国务院关于批转国家税务总局加强个体私营经济税收征管强化查账征收工作意见的通知》和《国家税务总局关于贯彻国务院批转的加强个体私营经济税收征管强化查账征收工作意见的通知》，规定"从1997年4月1日起，凡有固定经营场所的个体私营经济业户，都必须按照国家统一会计制度的规定设置会计账簿……；经营规模小、确无建账能力的业户，经县以上税务机关批准，可暂不建账或不设置账簿"。国家税务总局和财政部又颁布了《个体工商户建账管理暂行办法》《个体工商户会计制度（试行）》，对个体工商户的建账要求、建账种类等内容做出了具体、明确的规定。因此，我们可以认为，在1997年4月1日之前，个体工商户不需建账，而在1997年4月1日之后，个体工商户的建账要求依然较为灵活，个体工商户可按税务机关的要求建账，如税务部门不做要求的，则可不建账[①]。

基于新会计法前提，结合《中华人民共和国刑法》对"国家机关、社会团体、公司、企业、事业单位和其他组织"的规定，我们对各类民事主体的建账要求进行了推断，（见表2-7）。可见，在我国只有自然人（包括个体工商户）的建账要求较为灵活，存在不进行会计核算的可能。据此，ICLS核定的第三条标准"非正规部门不具有自我核算账户"可被诠释成"非正规部门对会计账簿的设置较为灵活，可以不进行会计核算"。

表2-7　　　　　　　对各类民事主体建账要求的推断

民事主体类型		是否建账	判断依据
自然人（包括个体工商户）		灵活	—
法人	企业法人	是	公司、企业
	非企业法人	是	国家机关、社会团体、事业单位

[①] 对个体工商户建账的具体要求可详见《个体工商户建账管理暂行办法》《个体工商户会计制度（试行）》等规定。

续表

民事主体类型		是否建账	判断依据
非法人组织	依法登记领取营业执照的私营独资企业、合伙组织	是	企业
	依法登记领取营业执照的合伙型联营企业	是	企业
	依法登记领取我国营业执照的中外合作经营企业、外资企业	是	企业
	经民政部门核准登记领取社会团体登记证的社会团体	是	社会团体
	法人依法设立并领取营业执照的分支机构	是	其他组织
	中国人民银行、各专业银行设在各地的分支机构	是	其他组织
	中国人民保险公司设在各地的分支机构	是	其他组织
	经核准登记领取营业执照的乡镇、街道、村办企业	是	企业
	其他依法成立、有一定组织机构和财产，不具备法人资格的组织	是	其他组织

注：表中将个体工商户列为非法人组织的一类。事实上，个体工商户是否能够作为其他组织的一种形式，一直是国内民法学家的争论对象，目前尚未形成统一认识。若个体工商户不属于非法人组织，则归属于"自然人"范畴。表中"判断依据"是指各类民事主体可归类于新会计法的适用对象（即"国家机关、社会团体、公司、企业、事业单位和其他组织"）的具体类别。

（四）登记合同标准

ICLS 认为，非正规部门大多不进行注册和登记，不与雇员签订劳动合同。对该标准的诠释可从两方面展开。

1. 单位是否注册

单位是否注册也称有无登记，是指按照工厂或商业法令、税收或社会保险法、职业组织管理法以及类似的法令、法规进行的登记。我国法律规定，各级工商、民政、编制等部门是单位审批登记的行政主管部门。工商部门主要管理经营性的企业法人及所属的分支机构（产业活动单位）。开展经营性活动的单位要取得法人资格必须在工商行政部门注册登记；编制部门主要管理机关法人和事业法人。编制部门管编制序列，各级政府设多少工作部门由编制部门负责；民政部门主要管理社会团体法人、民办非企业法人和村委会、社区居委会三类单位。另外，根据《城乡个体工商户管理暂行条例》，"申请从事个体工商业经营的个人或者家庭，应当持所在地户籍证明及其他有关证明，向所在地工商行政管理机关申请登记，经县级工商行政管理机关核准领取营业执照后方可营业"，即个体工商户也归工商部门管理。各类单位一经上述部门批准，就具有了在社会经济生活中与其他单位进行交往的各种权利，而其行使各种权利的基本证明就是领取的各类执照和证书,如《企业法人营业执照》《事业法人证书》《个人独资企业营业执照》《个人独资企业分支机构营业执照》《合伙企业营业执照》《合伙企业分支机构营业执照》《个体工商户营业执照》《社会团体法人登记证书》《民办非企业单位(法人)登记证书》等。然而,《城乡个体工商户管理暂行条例》明确指出:没有固定经营场所,就不能办理工商营业执照,不能成为个体工商户。一方面,法律上的不完善使得如擦鞋修鞋、修理自行车、临时性小贩等大量无固定场所的个体经营户,不得不沦为"无照经营一族";另一方面,由于法律意识缺乏、逃避税费意识作祟、惩罚力度不够等原因,致使无照经营现象层出不穷。据各级工商部门发布的消息,2002年上半年,国家工商总局在集贸市场专项整治中取缔无照经营6万户[1];2003年上半年,湖南省怀化市仅2个多月时间,就清理出无照经营户44000多户,其中41000多户为个体工商户[2];2005年全国各级工商机关共查处取缔无照经营80.05万起,个体工商户无照经营占73.26%[3];2006年全国工商行政管理机关在食品安全专项整治中,取缔无照经营15.18万户[4];2007年以来,福建省共查处无照无证经营案件15万余件。2008年,江苏省工商局共清理无照经营户10万余户[5];2009年上半年,全国工商系统查处无照经营案件21.67万件[6];2011年1~11月,全国共取缔无照经营4.3万户[7];2012年福建省共查处无证无照经营案件28668件,案件总值3.3亿元,罚没8319万元[8];2013年1~10月,上海市工商局共取缔无照经营户7300户[9];2014年1~6月,山

---

[1] 国家工商总局. 全国工商系统上半年查案67万件 [OL]. 新华网, http://www.chinaiprlaw.com/yycj/yycj41.htm.

[2] 怀化市工商行政管理局. "红盾"飓风刮向无照经营 [OL]. 怀化市工商行政管理局红盾信息网, http://www.hh315.com/Article/ShowInfo.asp? ID=238.

[3] 国家工商总局. 工商总局公布2005年查处取缔无照经营案件基本情况 [OL]. 中央政府门户网站, http://www.gov.cn.

[4] 国家工商总局. 2006年全国工商行政管理机关查处的食品安全违法案件部分案例 [OL]. http://www.saic.gov.cn.

[5] 国家工商总局. 监管的睿智, 服务的激情——全国工商系统促进个私经济发展加强查处取缔无照经营工作座谈会经验交流综述 [OL]. http://www.saic.gov.cn.

[6] 工商总局. 今年以来工商系统共查传销案件1012件 [OL]. 中央政府门户网站, http://www.gov.cn.

[7] 工商总局. 今年前11月取缔无照经营4.3万户 [OL]. 证券时报网, http://www.stcn.com.

[8] 福建省工商行政管理局. 福建省工商局关于2012年全省查处无证无照经营工作情况及2013年工作思路的报告 [OL]. 福建省工商行政管理局门户网站, http://www.fjaic.gov.cn.

[9] 国家工商总局. 3年取缔无照5.9万户引导办照2.3万户、上海无照经营综合治理取得成效 [OL]. http://home.saic.gov.cn/xw/yw/df/201609/t20160921_181412.html.

东省查处无照经营案件 1.5 万件，案件总值 4747.3 万元，罚没款 3135.1 万元[①]；2016 年上半年，四川省"红盾春雷行动 2016"专项执法行动中取缔无照经营 3477 户[②]；2017 年上半年，北京市工商部门取缔无证无照经营达到 3.6 万户[③]。由此可见，无照经营现象在我国经济发展过程中日益突出，而无照经营的主体多为个体工商户。

2. 是否存在用工合同

是否存在用工合同是指用人单位与用工有无签订劳动合同。我国历来就存在劳动合同制度，只是不同时期劳动合同的适用对象、签订方式、劳动关系等特征大为不同。20 世纪 80 年代中期以前，劳动合同主要适用于国营企业与临时工、季节工、轮换工、私营企业、个体工商户与其职工之间，其他绝大部分职工实行固定工制度，并未规定订立劳动合同。到了 80 年代中期，原劳动人事部发出《关于积极试行劳动合同制的通知》之后，劳动合同便普遍运用于全民所有制单位、集体所有制单位与新招收的工人之间，用以规定双方当事人的权利与义务。1994 年《劳动法》的颁布确立了"全员劳动合同"时代的开始，其第 16 条明确规定："劳动合同是劳动者与用人单位确立劳动关系、明确双方权利和义务的协议""建立劳动关系应当订立劳动合同"，而这里"用人单位"包括个体经营户。2008 年 1 月 1 日起正式实施的《中华人民共和国劳动合同法》再一次明确了劳动合同的适用对象及形式——"中华人民共和国境内的企业、个体经济组织、民办非企业单位等组织与劳动者建立劳动关系，订立、履行、变更、解除或者终止劳动合同，适用本法。用人单位自用工之日起即与劳动者建立劳动关系。建立劳动关系，应当订立书面劳动合同。"可见，在《劳动法》颁布之前，劳动合同多与"用人单位非正规用工"或"非正规部门用工"相联系，且没有法律或相关规章明确规定劳动合同签订的强制性。在《劳动法》颁布之后，劳动合同普遍运用于各类单位，其签订时间、形式、内容等事项有了明确的法律规定。然而，在现实生活中，出于对用工成本等因素考虑，许多用人单位不愿与劳动者签订劳动合同，特别是私营企业、个体经营户常常找借口拒绝与雇员签订劳动合同，而有的劳动者缺乏法律意

---

① 山东省工商行政管理局. 山东省 2014 年上半年查处取缔无照经营案件基本情况统计分析 [OL]. 山东省工商行政管理局门户网站，http：//www.sdaic.gov.cn/eportal/ui？pageId = 942403&articleKey = 664559&columnId = 459983.

② 四川省工商行政管理局. "春雷"执法为民生 [OL]. 四川省工商行政管理局门户网站，http：//www.scaic.gov.cn/zwgk/xwdt/gsyw/201605/t20160513_29291.html.

③ 北京市工商行政管理局. 北京：3.6 万户无证无照经营被取缔 [OL]. 人民网，http：//bj.people.com.cn/n2/2017/0731/c82840 - 30547579.html.

识，有的迫于生存，导致不签劳动合同的现象时有发生。

据此，ICLS核定的第四条标准"非正规部门大多不进行注册和登记，不与雇员签订劳动合同"可被诠释成"非正规部门存在不登记、不与雇员签订劳动合同的现象"。

基于上述背景，我们认为，构成我国生产主体性质判断的充分条件有两个：身份标准和雇工数量标准；必要条件也有两个：会计核算标准和登记合同标准。目前来看，能同时满足上述特征的生产主体仅为一类，那就是以自然人身份从事生产经营活动的个体工商户或个体劳动者。

三、我国非正规部门的部门归类

根据现行中国国民经济核算体系，任何独立核算的企业和独立核算的个人均可被视作基层单位，而不需区别其是否具有法人身份。而满足机构单位条件的仅为两类：一类是住户，另一类是得到法律或社会承认的法律实体和社会实体（肖红叶和周国富，2004）。《中国国民经济核算体系（2002）》将所有机构单位分为四个机构部门，即非金融企业部门、金融机构部门、一般政府部门和住户部门[①]。其中，非金融企业部门由主要从事各种非金融性生产经营活动且独立核算的企业组成，包括国有、集体、合资、合作经营及外商投资的常住企业，但不包括附属于政府和事业单位的非独立核算企业以及集体经营者。金融机构部门由主要从事社会资金融通的所有常驻单位组成，包括中央银行、各专业银行、信用社、保险公司和信托投资公司等。政府部门是由主要从事国家管理活动、由国家预算拨款的所有事业单位所组成，包括各种行政、司法、立法、政党和军事机构及附属于政府和事业单位的非独立核算企业，但不包括政府和事业单位下属的独立核算企业。住户部门包括以消费者身份出现的所有常住的城、乡居民，同时为便于核算处理，还包括从事各种生产经营活动的个体经济成分（邱东和杨仲山，2004）。民事主体三分法与机构单位二分法是融通的，两者符合如下归属准则：自然人归入住户，法人和非法人组织归入得到法

---

① 为加强和改进宏观经济调控，满足经济新常态下宏观经济管理和社会公众的新需求，实现与国民经济核算最新国际标准《国民账户体系2008》的有效衔接，我国对实施十余年的《中国国民经济核算体系（2002）》进行了全面修订。修订形成的《中国国民经济核算体系（2016）》于2017年7月正式出台。尽管《中国国民经济核算体系（2016）》将中国国民经济核算体系的机构部门分类修订为五类了，即非金融企业部门、金融机构部门、一般政府部门、为住户服务的非营利机构部门和住户部门，但如高敏雪（2018）所说的那样"尽管《中国国民经济核算体系（2016）》已经正式给'为住户服务的非营利机构'提供了一个名分，但短时间内可能还难以看到有关这个部门的核算数据"。

律或社会承认的法律实体和社会实体。通过转化后的各民事主体归为非金融企业部门、金融机构部门、一般政府部门和住户部门，形成了国民经济核算对象的基本框架，如图2-4所示。

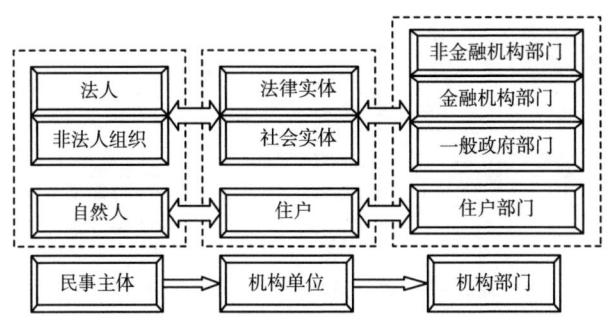

图2-4 民事主体与国民经济机构分类的关系

我们将非正规部门划入住户部门，其定义为：非正规部门是住户部门下属的一个子部门，由主要从事个体工商业经营的个人和家庭组成，包括独立经营户和小规模雇主经营户两类机构单位。这两类经营户的从业人员一般低于7人，生产资料归个人或家庭所有，并以个体劳动为基础，劳动成果归劳动者个人或家庭占有和支配。具体来看，独立经营户是指由常住居民单独或与同一住户或其他住户成员合伙所有、共同参与经营、完成经济生产活动的企业。独立经营户一般不雇佣工人，但允许偶尔请帮工，如家庭作坊、夫妻店等，也包括为住户部门提供服务的个体劳动者，如家庭保姆、家庭教师等。小规模雇主经营户是指由常住居民单独或与同一住户或其他住户成员合伙所有、共同参与经营、完成经济生产活动的企业，它可能连续雇佣工人，但雇工数不超过5人，如个体食品加工企业等。

同时，为更好地区分经济主体的性质，我们将所有机构部门划分为生产部门和非生产部门。其中，生产部门是指用于市场交换产品的创造部门。根据生产主体的法律地位，细分为正规部门和非正规部门两类。前者指生产单位具有法人资格，进行注册、登记，具有独立核算会计账户的生产单位，主要是指非金融企业部门、金融企业部门和政府部门；后者指生产单位不具有法人资格，不具有独立核算会计账户的生产单位，其隶属于住户部门，是住户部门下属的子部门。非生产部门是指产出的最终使用部门及自用产品的生产部门，主要是指除住户非法人企业外的一般住户。非正规部门和非生产部门共同构成了住户部门，如图2-5所示。

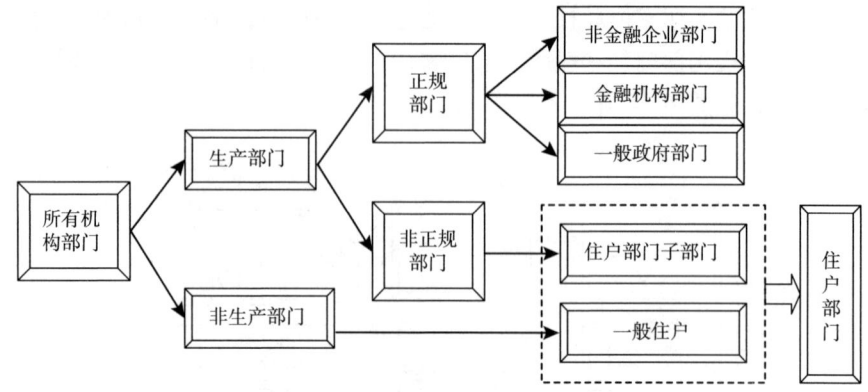

图 2-5　对我国机构部门的重新分类

四、我国非正规部门的表现形式

我国的非正规部门主要以两种形式存在：(1) 按照《民法通则》和《城乡个体工商户管理暂行条例》规定，经各级行政管理机关登记注册、领取营业执照的个体工商户；(2) 没有领取营业执照，但有相对固定场所、实际从事个体经营活动三个月以上的个体经营户和为住户部门提供服务的独立劳动者。

所有由独立经营户和小规模雇主经营户从事的合法非农货物生产和用于市场交换的服务生产就构成了非正规部门的生产范围，但不包括农民家庭以辅助劳力或利用农闲时间进行的兼营性的工业、商业及其他活动。

五、非正规部门与非正规就业

"非正规就业 (informal employment)" 最初由 "非正规部门" 的概念引申而来，指代 "非正规部门就业 (employment in the informal sector)"。1993年1月，第十五届国际劳动统计学家大会 (ICLS) 核准了非正规部门的概念，并以 "单位" 作为观察单位来界定 "非正规就业"，认为 "非正规就业" 就是 "非正规部门就业"。何为 "非正规部门就业"？ILO 认为，非正规部门就业的概念应包括两层含义，一层为 "什么是非正规部门"，另一层为 "什么是非正规部门的就业"。非正规部门是个限定词，它决定了非正规部门就业的范围。当劳动者的就业单位至少有一个归属于非正规部门时，该劳动者就被判定为非正规部门就业。具体来看,非正规部门就业应包括在非正规自营性企业就业和在非正规雇主企业就业两种形式。在劳动力统计工作中,非正规部门就业人数的统计应该以"非正规部门"为判断依据,即所有在非正规自营企业和在非正规雇主企业工作的劳动者都应归入非正规部门就业人数之中,而不管该劳动者是正式工还是临时工,是第一职业还是第二职业。

20世纪末,随着非正规的、不安全的劳动力持续增长,人们逐渐意识到"非正规部门就业"这个概念越来越不能反映劳动者就业非正规性的所有方面。比如按定义,有些人员(在很小的企业中工作或偶尔的自我雇佣人员等)的活动应属于第15届国际劳动统计学家大会定义的"企业"单位,但在很多情况下,人们并不认为他们是"企业"。另外,在非正规部门经济形式和就业方式不断发展和变化的同时,正规部门劳动者的就业形式也在悄悄发生改变。正规部门企业的雇工形式不再拘泥于传统的形式,而是出现了诸如非标准就业、非典型就业、弹性就业等多样化的就业类型。这引发的一个直接结果就是非正规性质的就业形式不仅发生在非正规部门也同样发生在正规部门,非正规性质就业形式不仅发生在广大发展中国家和落后国家(非正规部门相对普遍),也同样发生在发达国家。因此,ILO、联合国德里非正规部门统计专家组、WIEGO等开始重新审视"非正规部门就业"一词,力图寻找新的概念来合理解释现实中的就业类型,从而衍生出另一反映劳动者就业性质的指标——非正规就业。2002年的第90届劳工大会的报告《体面劳动与非正规经济》中提出了"非正规就业"的概念框架,认为"非正规部门"一词无法反映这些动态、多样、复杂的现象,因为这些非正规现象并非特定的产业类型或经济类型上的"部门"。2003年,第十七届国际劳动统计学家大会正式核准了"非正规就业"的概念,以"工作"而非"单位"作为观察单位来界定非正规就业,即"若雇员的劳动关系在法律或实际意义上不依据国家劳工法规、所得税制度、社会保护和一定员工利益所要求的社会保障或权利所建立,则被认定为非正规的就业"。ILO根据单位性质将所有的生产单位划分为正规部门企业、非正规部门企业和一般住户三类,并进一步使用就业状况①来判断各生产单位的"工作"性质是否正规。结合单位性质和就业状况两个维度得到不同的就业类型:非正规部门就业(表2-8中的3+4+5+6+7+8)、非正规部门之外的非正规就业(表2-8中的1+2+9+10)②、非正规就

---

① 就业状况国际分类标准(ICSE)把就业分为5类:雇主、雇员、自我就业者、无酬家庭工人以及生产合作者。

② 关于非正规部门就业以及非正规部门之外的非正规就业的概念界定,详见国际劳工组织,https://www.ilo.org/ilostat-files/Documents/description_IFL_EN.pdf。

业（表2-8中的1+2+3+4+5+6+8+9+10）。

由此可见，非正规就业的观察单位是"工作"，它是指非正规性质工作的总数，无论这种工作是在非正规部门还是在正规部门乃至一般住户部门（付酬家庭工人），这一点显然与侧重工作"单位"登记身份的非正规部门有所区别。ILO将非正规就业划分为非正规部门就业（非正规部门中包括极少部分正规岗位，例如表2-8中的7）和非正规部门以外的非正规就业。如果把表2-8中的就业状况按正规和非正规综合汇总为表2-9，便可较为清晰地判断出何为非正规部门就业，何为非正规就业（黑色线内为非正规部门就业，灰色框内为非正规就业）。当然，在统计非正规就业者人数时要将所有在非正规部门就业的劳动者和在正规部门从事非正规工作的劳动者都囊括在内，即：

非正规就业者总数 = 非正规部门就业者人数 + 正规部门非正规就业者
人数 − 兼职者(同时在非正规部门和正规部门从事非
正规工作)人数。

表2-8　　　　　　　　　　非正规就业概念框架（17[th]ICLS）

按单位 性质分组	按就业状况分组									
	自有账户工人		雇主		家庭工人		雇员		与生产者合作的人员	
	非正规	正规	非正规	正规	非正规	非正规	正规	非正规	正规
正规部门企业						1	2		
非正规部门 企业[a]	3		4		5	6	7	8	
一般住户[b]	9					10			

注：本框架为第十七届国际劳工大会（17[th]ICLS）制定。浅灰色表示正规就业，深灰色表示工作类型不存在。

表2-9　　　　　　　　　　非正规就业与非正规部门就业

企业类型	正规职位	非正规职位
正规企业		
非正规企业		
其他住户非法人企业		

非正规就业的概念引入中国已是在20世纪后期。1996年，上海市出台《关于实施再就业工程试点工作的若干政策》，提出了非正规就业的概念。随后，杭州市政府、中国劳动和社会保障部等陆续在正式文件中使用了"非正规就业"这一表述，中国非正规就业问题开始受到国内学者的普遍关注。国

内大多数学者的研究都是基于国际劳工组织定义的统计概念，再结合我国国情进一步深化拓展而来。我国学者普遍认同非正规就业是指广泛存在于非正规部门和正规部门中的、有别于传统典型的就业形式，在外延上应包括非正规部门的各种就业门类和正规部门的短期临时就业、非全日制就业、劳务派遣就业、分包生产或服务项目的外部工人等（薛昭望，2000），并且认为界定非正规就业的要点一般包括经济部门、就业方式、契约关系的非正规性等，但学界尚未在非正规就业的内涵和就业形式界定上形成统一口径。我们选取了若干有代表性的观点供读者参考（如表 2-10 所示）。鉴于本书的重点在于非正规部门，对非正规就业界定问题便不再赘述。

表 2-10　　　　　　　　国内学术界对非正规就业的理解

学者	非正规就业内涵	典型就业类型
胡鞍钢和杨韵新（2001）	广泛存在于非正规部门和正规部门中的有别于传统的就业形式	为社会提供商品和服务的个体经营者或家庭手工业者、雇佣规模在 10 人以下的小型私营企业、家庭帮工或个体从业者
杨宜勇（2002）	投资规模小、生产技术水平和劳动生产率低的以私营为基础的部门	雇用很少工人的微型企业、家庭式的生产和服务单位、独立的个体劳动者
李郁（2005）	广泛存在于正规部门、有别于传统典型的就业形式以及非正规部门各种正常就业形式的总称	受雇于国有企事业单位的临时工、小时工、劳务工和季节工，以及分包生产或服务项目的外部工人就业
姚裕群（2005）	没有建立正规的劳动关系和没有正规的劳动组织程序的就业	非正规部门的雇用劳动者、小业主等自营劳动者；正规部门中的非正规雇用者
姚宇（2006）	在劳动时间、收入报酬、工作场地、社会保险、劳动关系等几方面（或至少一方面）不同于建立在工业化和现代工厂制度基础上的就业方式，包括正规部门中没有正式劳动关系的就业形式以及非正规部门中一直处于不稳定状态的就业	城镇国有企业或集体企业下岗职工（包括没有同企业解除劳动关系的、部分因停产和开工不足而导致另谋出路的企业富余人员）、一直处于体制之外的自谋职业者，经营状况不稳定的个体从业人员、小型私营企业中就业者，进入城市的绝大多数农村劳动者
贾丽萍（2007）	也称为"灵活就业"	正规就业部门聘用的临时工，小型个体、微型私营部门及其帮工，零散的小时工、季节工

续表

学者	非正规就业内涵	典型就业类型
万向东（2008）	非正式的雇佣关系（自雇、无合同、无规范有效合同、临时雇用、随意决定工资等）、未进入政府征税和监管体系、就业性质和效果处于低层次和边缘地位的劳动就业	农民工
常进雄和王丹枫（2010）	广泛存在于非正规部门和正规部门中的，有别于传统典型的就业形式	有雇工的个体经营者，无雇工的个体经营者、临时工，领取工资的家庭工人
胡凤霞（2011）	—	城镇非正规就业者、农民工非正规就业者和自雇佣（包括城镇居民和农民工）非正规就业者
薛进军和高文书（2012）	—	家庭帮工、非正规部门和家庭部门中的自营劳动者、非正规部门中的雇主、从事非正规工作的雇员
闫海波、陈敬良和孟媛（2013）	—	小微企业就业、自雇佣、未观测就业（如农民工社区服务、灵活就业等）
韩雪（2015）	—	为社会提供商品和服务的个体经营者或家庭手工业者、雇佣规模在10人以下的小型私营企业、家庭帮工或个体从业者
黄耿志、薛德升和张虹鸥（2016）	—	个体就业、私营企业就业中未签订劳动合同部分、未被统计的就业活动（如摊贩、搬运工、摩的司机、小作坊等）
张延吉和张磊（2017）	非正规就业者系指未被充分纳入劳动法规、社会保障、统计注册、税收监管等正式制度架构的从业人员	自营劳动者、家庭帮工计、未签订劳动合同的雇员、城镇基本养老保险和医疗保险均未参加的雇员、雇佣规模小于7人的雇主

第三节 城市化进程中的非正规部门形成机制基本理论

一、劳动力市场分割假说视角的形成及发展规律

市场分割假说根源于二元理论。根据就业者所获报酬、生产效率、就业与劳工保护等方面的区别，该假说将劳动力市场区分为正规部门与非正规部门两部分，并视后者为分割的弱势构成。该假说坚持认为劳动者从事非正规部门活动的唯一目的是维持生存，其进入非正规部门是被迫的。正规部门经由工会力量或立法等措施维持工资刚性，而进入非正规部门的劳动者不仅无法受到立法保护，更被迫接受相对低的报酬（Lewis，1954；Stiglitz，1976）。

较多文献通过对不同国家的调查发现，非正规部门与正规部门存在系列差异，如萨维德拉和宗（Saavedra and Chong，1999）指出，秘鲁的非正规部门就业人员的平均收入仅为正规部门就业者平均收入的66%；芬克豪泽（Funkhouser，1997）研究发现，在萨尔瓦多，非正规部门就业人员不仅受教育水平普遍较低，其收入也显著低于正规部门就业人员，如男性工人平均受教育年限为正规部门就业者平均受教育年限的66%，平均收入为后者75%；女性不仅受教育水平为正规部门就业者平均受教育年限的44%，其收入仅为后者的52%。类似的差异还在危地马拉、洪都拉斯、哥斯达黎加、墨西哥等国家普遍存在（Funkhouser，1996；Marcouiller，1997）。由于非正规部门被认为具有进出自由、低资本化程度、低劳动生产率、低收入、生产技术落后等特征（Piore，1979；Shleifer，2008），在哈里斯和托达罗（Harris and Todaro，1970）的移民理论中，非正规部门就业者被视为一类"变相的失业者"，其规模的扩张在一定程度上是劳动市场配置效率低下的表征，采取必要的政策措施对实现非正规部门生产到正规部门生产的制度性转化是非常重要的（Tokman，1978；Ray，1998）。

该假说并不认为正规部门和非正规部门之间存在竞争行为，一旦进入壁垒消失，非正规部门就业者便放弃原有工作选择进入正规部门，贝克尔（Becker，2004）就此认为正规经济部门对剩余劳动力的吸收能力下降必然伴随着非正规部门就业规模的扩张。非正规部门是正规部门无法提供充足就业岗位的产物，其规模的扩张是"被迫的"。也就是说，非正规部门的就业规模的大小极大地依赖于正规部门的就业吸纳能力，遵循"逆经济周期（counter-cyclical)"的动态发展规律（Carneiro，1997）。经验表明，在劳动力市场存在分割的前提下，部门相对规模和相对报酬的动态变化应该是反向的。当整体经济受到积极的正向冲击时，正规部门提升就业吸纳能力，而非正规部门的就业规模降低；当整体经济受到消极的负面冲击时，正规部门的工资刚性将具有较强大的约束力，生产部门的整体结构将遵循更传统的二元论转移途径演化：相对报酬的变化致使部分劳动者被迫进入非正规部门，而相对规模的变化将进一步降低非正规部门就业者的报酬。据此，非正规部门常常被视为就业缓冲区（buffer），特别在经济低迷时期，其被普遍视为正规部门的储备军，为那些未能在正规部门获得一份好工作的劳动者提供工作岗位，其缓冲效果是明显的（Carneiro，1997；Maloney，1997）。

到目前为止，基于二元理论的市场分割假说仍然是解释非正规部门形成和发展的主导理论。由于普遍认为非正规部门就业者为维持家庭的最低生活标准而被迫接受工作，广大政策制定者正积极采取措施引导非正规部门"正规化"。

二、比较优势假说视角的形成及发展规律

尽管存在显著的报酬差异，较多研究仍然坚持认为，不尽相同的教育收益率和经验收益率并不能为劳动力市场分割的存在提供完美解释（Banerjee，1983；Dickens and Lang，1985；Heckman and Hotz，1986；Rosenzweig，1988；Magnac，1991；Gindling，1991；Chen et al.，2004；Bosch and Maloney，2006；Perry et al.，2007；Gasparini and Tornarolli，2007）。更确切地说，只要劳动者可自由地在正规部门和非正规部门之间选择，不同的工资方程并不意味着劳动力市场分割的存在（Dickens and Lang，1985）。

比较优势假说为正规部门与非正规部门的共存提供了另一种解释。该假说的基本思想源于亚当·斯密，即判断不同类型的工作价值应综合考虑各类优缺点、金钱和非金钱等因素，劳动者的就业选择前提是符合其偏好与技能素质并能获取最大的净优势（net advantage）。众多研究发现，大部分非正规部门就业者，尤其是自雇佣就业者进入非正规部门是完全自愿的（Yamada，1996；Maloney，1999；Saavedra and Chong，1999）。之所以如此选择的主要原因是，劳动者以个人效用最大化为终极目标，对每个工作的各个属性进行全方位地考察，以此来比较潜在的优缺点以进行正规部门就业和非正规部门就业的选择。在劳动者的衡量尺度中，比较所获报酬、比较是否获得劳动保护等特征只是判断工作优缺点的一部分，并非涵盖衡量尺度的全部。由于非正规部门具有良好

的非工资特点（如更自由、更能发挥个人的创业潜能、成本更低等比较优势），非正规部门就业可能是劳动者的自愿选择（Maloney，2004），至少部分在非正规部门就业的劳动者不会比在正规部门就业感觉更差（Gindling，1991）。相关研究发现，年轻人、已婚妇女和非技术工人等许多自愿从事非正规部门工作的就业者认为，从事非正规部门工作可获得较多优势，如可享受更灵活的工作时间、开拓创业能力、提高流动性、获得培训机会、逃避税收及社会保障缴款的支付等。来自佩里等（Perry et al.，2007）的研究提供了最新证据，阿根廷、玻利维亚、哥伦比亚和多米尼加共和国的调查表明，自主权、灵活的工作时间和良好的工作前景等非货币因素在劳动者评价工作满意度和就业幸福感的指标体系中占有较大的权重。当劳动者找到更有利于发挥自身认知、社会关系、技能等禀赋的工作时，非正规部门的比较优势就产生了（Lucas，1978；Rosen，1978；Willis and Rosen，1979；Heckman and Sedlacek，1985），这些禀赋也被认为是成为企业家的关键元素（Lucas，1978；Lazear，2005；Blanchflower and Oswald，1998；Ñopo and Valenzuela，2007）。

如果非正规部门是正规部门的竞争者，劳动者对非正规部门的选择是为最大化其就业效用，那么政府政策应该支持劳动者对非正规部门的参与，而不是迫使其向正规部门转移，也不能因其不属于正规劳动力市场而开出罚单。据此，从非正规部门的发展规律来看，正规部门与非正规部门的就业规模和报酬变化应该是同步的，其应体现"顺经济周期"（pro-cyclical）的发展规律。

三、内部分化假说视角的形成及发展规律

另一种强调非正规部门内部异质性（heterogeneous）的理论起源于20世纪70年代。哈特（Hart，1973）与莫泽（Moser，1978）一致认为，由微小企业（micro and small enterprises，MSE）构成的非正规部门尽管在一定程度上象征着居民艰难的生产生活方式，但同时也是成功企业家的孵化器。他们的观点开辟了内部分化理论（internal differentiation theory）的先河。20世纪90年代以来，经验证据频频与二元理论视角的非正规部门性质及发展轨迹相违背。诸多研究通过对诸如斯里兰卡、加纳、肯尼亚、墨西哥等发展中国家的非正规部门的动态考察发现：（1）非正规部门的存在具有持久性，其规模并没有随着经济的增长而逐步缩小，反而呈现扩张的态势；（2）非正规部门中的微小企业常常具有较高的资本回报率，并不像传统观点中的认为的那样低效；（3）经济衰退期的非正规部门规模扩张并未伴随经济繁荣期的规模收缩，反

而依然蓬勃发展;(4)非正规部门内部的劳动力流动值得考察,而正规部门劳动力向非正规部门的反向流动现象更值得关注(House,1984;Banerjee and Newman,1993;Galor and Zeira,1993;Arimah,2001;ILO,2004;Banerjee and Duflo,2004;Fields,2004;McKenzie and Woodruff,2006;Alesina et al.,2007;Udry and Anagol,2006;Chen,2007;De Mel et al.,2008;Lee and Robinson,2008;Bosch and Maloney,2010;Grimm,2010;Grimm et al,,2011;Altman,2007)。马洛尼(Maloney,2004)提供的"在拉美国家,约60%的自雇佣就业者曾放弃正规部门工作转而进入非正规部门"的调查结果,为劳动力的反向流动提供了直接证据。大量事实表明,生计活动并非是非正规部门就业者的全部经济行为,较低资本水平的高回报也进一步体现出"将低资本水平等同于生存活动"的错误逻辑。相反,高资本回报率暗示着部分非正规部门企业具有较强增长潜力,而正规部门劳动力向非正规部门的反向流动证明,非正规部门确实存在一定的吸引力。

基于异质性假设,菲尔茨(Fields,2004)等学者指出非正规部门内部并非同质,而存在"高层和低层(upper tier and lower tier)"的企业分化,是创业活动和生计活动的共同经济主体。他们认为,高层非正规部门与正规部门存在竞争,主要吸纳自愿从事非正规部门工作的劳动者;低层非正规部门无法与正规部门竞争,仅为那些维持生计但千方百计想进入正规部门的劳动者提供就业。略有不同的是,彼得斯(Pieters,2010)等将高层非正规部门称为现代非正规部门(modern informal sector),认为其由"资本相对密集、规模较大、生产率较高、生产技术水平较高、收入较高"的非正规部门企业构成;低层非正规部门则是由"容易进入、资本化程度较低、生产率较低、生产技术水平较低"的传统非正规部门(traditional informal sector)企业构成。相应地,非正规部门就业者的内部收入同样存在显著的差异(Chen et al.,2004;UNIFEM,2005;Gasparini and Tornarolli,2007),各种身份的非正规部门就业者的报酬排序分别是雇主(employers)、自谋职业者(own account operators)、无付酬家庭工人(unpaid family workers)、非正规雇主企业雇员(employees of informal enterprises)、其他非正规工人(other informal wage workers)(Chen et al.,2004)。

波特斯(Portes,1994)曾经对三类非正规部门企业的动态发展规律进行了归纳:"生存型"(survival)非正规部门表现出逆经济周期的发展规律,具有缓冲作用;由于与城镇低收入居民密切关联,"独立(independent)型"非正规部门遵循顺经济周期的发展规律;"附属型"非正规部门的发展较为复杂，由于该类非正规部门企业主要为正规部门企业提供原料或从事外包业务（outsourcing），其周期发展规律往往取决于其与正规部门企业的关系。如果大部分非正规部门企业为正规部门企业提供原料，那么正规部门企业需求量的增减决定了非正规部门的发展方向，因此，其将遵循顺经济周期的发展规律；如果大部分非正规部门企业从事正规部门企业的外包业务，而正规部门企业为削减成本在经济萧条期将更多的业务分包给非正规部门，那么正规部门将遵循逆经济周期的发展规律。马洛尼（2004）同样认为，高层非正规部门的规模发展遵循"顺周期"性质，而低层非正规部门的规模发展却维持着"逆周期"性质，其对哥伦比亚和墨西哥非正规部门的考察直接证明了非正规部门并不稳定的发展模式：在1995年之后的哥伦比亚经济衰退期，非正规部门规模发展较多地体现出逆周期性质，而在1987~1992年墨西哥经济复苏期间则较多地体现出顺周期性质。因此，并不能为非正规部门勾勒出具有范式的整体动态发展规律（Bosch and Maloney，2010）。

四、基于我国主流观点的形成及发展规律

由于与劳动力就业存在千丝万缕的联系，国内有关非正规部门的研究大多基于非正规就业视角展开。黄耿志和薛德升（2011）、张延吉和秦波（2015）、张延吉和张磊（2017）等学者就国外有关非正规部门形成机制的核心观点、存在争论及综合途径进行了分析，对本节前述三种理论在中国情境下的适用性展开了探讨。尽管不同理论流派的产生区域不同、非正规部门内部构成并非全然一致，学者们并不认为中国的非正规部门形成完全契合国外非正规部门形成的三大理论（或其中某一）。

考察国内文献，主流观点仍然遵从市场分割假说，视中国的非正规部门是正规部门不足以吸收农村剩余劳动力与释放原有过剩劳动力的结果，尽管能缓解就业压力，但局限于"低劳动报酬、低资本化水平、低生产效率"三低特征，非正规部门规模的扩张意味着整体经济的衰退，"正规化"便成为非正规部门的未来发展方向（如汪和建，1998；丁金宏和冷熙亮，2001；金一虹，2006；徐林清，2008；李培林，2009；吴要武，2009）。

第三章　城市化进程中的非正规部门特征基本考察

如果主流观点成立,那么非正规部门就业者将具有如下特征:(1)非正规部门就业者是由大量"农村户籍、低学历、低劳动技能"的劳动者构成;(2)非正规部门就业者从事着"低收入、低劳动保障、高劳动强度"的工作类型;(3)非正规部门就业者满意度较低;(4)由于被迫选择进入非正规部门,非正规就业者具有强烈的部门转换预期,成为正规部门就业者是最终期望。同时,非正规部门单位具有"生产单位小、投资规模小、盈利能力差"等特征。

那么,究竟非正规部门就业者和非正规部门生产单位具有怎样的特征?我们开展了较大规模的非正规就业者专项调查,本章试图根据专项调查数据,从非正规部门就业者特征和非正规部门单位特征角度来验证基于主流观点的非正规部门形成机制。

第一节　非正规就业者专项调查设计

一、专项调查目的

非正规就业者专项调查试图实现以下四个主要目的:(1)检验非正规就业者是否由大量"农村户籍、低学历、低劳动技能"的劳动者构成的同时,考察非正规就业者的基本构成信息;(2)检验非正规部门单位是否具有"生产单位小、投资规模小、盈利能力差"等特征的同时,考察非正规部门单位的基本经营信息;(3)检验非正规就业者是否从事着"低收入、低劳动保障、高劳动强度"的工作类型的同时,对非正规就业满意度进行综合评价;(4)考察不同类型非正规就业者和不同职业身份非正规部门就业者的部门选择因素，度量主客体因素对非正规就业者职业选择的影响路径和影响力度。

二、专项调查对象和调查范围

非正规就业者专项调查对象分为主要调查对象和次要调查对象两部分。主要调查对象是所有非正规就业者，包括非正规部门就业者和正规部门非正规就业者。其中，非正规部门就业者包括个体经营户主（雇佣者）、个体经营户（被雇佣者）和独立劳动者（自我就业者）；正规部门非正规就业者是指在正规部门就业但缺乏劳动保障的临时工、合同工等。

必须指出的是，由于人财物各方面的制约，非正规就业者专项调查的最终范围选择在杭州市，包括上城区、下城区、江干区、拱墅区、西湖区、滨江区、萧山区及余杭区共8个城区[①]。

三、专项调查内容

（一）对非正规部门就业者的调查内容

对非正规部门就业者的调查主要围绕非正规部门就业者的基本信息、工作现状、工作预期、影响其职业选择的主客体因素等方面展开。其中，影响其职业选择的主客体因素的详细内容见表3-1。同时，我们还设计了非正规就业者满意度量表以考察非正规就业者对个人收入满意度、社会地位满意度、工作情绪愉悦度、工作态度积极度、工作压力程度、工作环境舒适度、人际关系融洽度等方面的满意程度。

（二）对正规部门非正规就业者的调查内容

对正规部门非正规就业者的调查主要围绕正规部门非正规就业者的基本信息、工作现状、工作满意度、职业选择影响的主客体因素等方面展开。其中，影响其职业选择的主客体因素的详细内容见表3-2。

---

① 在非正规就业专项调查实施之前，我们分别在浙江省台州市、宁波市、温州市和绍兴市四个地级市开展了较大规模的非正规就业者预调查，问卷数总计3068份。十分遗憾的是，由于事先未对调查员（主要由浙江工商大学统计学院统计专业的本科生组成）进行有效培训，导致部分调查员对调查对象的误选和对部分调查内容的误导。权衡之下，我们于2014年7~9月又重新组织开展了一次非正规就业者专项调查。鉴于时间、精力和财力的约束，我们将非正规就业者专项调查的范围定在杭州市。

表 3-1　　　　　对非正规部门就业者的主要调查内容

一级调查内容	二级调查内容
主体因素	工作经验
	收入预期
	受教育年限
	城市生活年限
	上一份工作类型
	工作情绪愉悦度
	工作态度积极度
	人际关系融洽度
客体因素	产业类别
	职业身份
	收入现状
	劳动时间
	培训机会
	工作认可度
	工作压力程度
	工作环境舒适度

表 3-2　　　　　对正规部门非正规就业者的主要调查内容

一级调查内容	二级调查内容
主体因素	工作经验
	收入预期
	受教育年限
	城市生活年限
	上一份工作类型
客体因素	产业类别
	职业身份
	收入现状
	劳动时间
	培训机会
	晋升机会

四、专项调查方法

(一) 非正规就业者专项调查样本容量确定

1. 非正规部门就业者样本容量的确定

我们采取多阶段抽样的方法并引入了设计效应 deff 来确定非正规部门就业者的样本容量。在简单随机抽样中，取置信度 95%，$t_{\alpha/2} = 1.96$，$P = Q = 0.5$，抽样极限误差为 5%，则非正规部门就业者的样本容量为：

$$n_{srs} = \frac{t_{\alpha/2} PQ}{\Delta^2} = \frac{1.96^2 \times 0.5 \times 0.5}{0.05^2} = 385 \qquad (3-1)$$

在多阶段抽样中，我们取 deff = 1.5，则非正规部门就业者的样本容量为：

$$n_0 = n_{srs} \times deff = 385 \times 1.5 = 578 \qquad (3-2)$$

考虑到问卷的回收率问题，取问卷回收率 $\eta = 95\%$，则实际应发放的问卷数量为：

$$n = \frac{n_0}{\eta} = \frac{578}{95\%} = 608 \qquad (3-3)$$

根据统计调查估计精度的要求，一个城区最少调查单位数应不少于大样本数量（30 人），则最终确定非正规部门就业者的样本容量为 608 人。

2. 正规部门非正规就业者样本容量的确定

根据调查成本限额和杭州市正规部门非正规就业者的实际情况，我们初步确定正规部门非正规就业者的样本容量为 562 人。同时，根据统计调查估计精度的要求，每一层最少调查单位数应不少于大样本数量（30 人）。结合相互控制配额抽样的样本分配结果（详见对正规部门非正规就业者的样本分配），当正规部门非正规就业者的样本容量为 562 人时，每一层的调查单位数均符合统计调查估计精度的要求，则最终确定该调查对象的样本容量为 562 人。

(二) 非正规就业者专项调查样本容量分配

1. 非正规部门就业者的样本分配

以杭州市每个城区人口占市区人口的比重确定每个城区的样本数。具体分配公式为：

$$n_h = \frac{N_h}{N}n \qquad (3-4)$$

n_h 为各层样本容量，n 为总样本容量，N_h 为各层人口总数，N 为杭州市区人口总数。基于该分配原则并根据问卷实际发放情况，样本分配结果及问卷回收情况如表3-3所示。

2. 正规部门非正规就业者的样本分配

针对正规部门非正规就业者，我们基于相互控制配额抽样的分配方法进行样本分配。我们选择正规部门非正规就业者所在单位的城区类别和正规部门类型作为相互控制配额抽样的两个控制特征。城区类别划分为上城区、下城区、江干区、拱墅区、西湖区、滨江区、萧山区和余杭区。正规部门类型划分为政府部门、事业单位和企业单位。

进一步地，我们以杭州市每个城区人口占市区人口的比重来确定层次一（控制特征：城区类别）的比例；对层次二（控制特征：正规部门类型）比例的确定，我们根据2013年杭州市政府部门年末从业人员数、事业单位年末从业人员数、企业单位年末从业人员数等信息，确定正规部门非正规就业者的分配比例约为1:3:15。据此，根据控制特征和层次比例，我们交叉控制并安排了样本的具体数额以及每一层的样本合计数。根据问卷实际发放情况，正规部门非正规就业者的样本分配结果及问卷发放回收情况如表3-3和表3-4所示。

表3-3　　　　　各城区调查点问卷发放与收集情况

城区	街道	问卷分配数	问卷发放数	问卷回收数
上城区	胡滨街道	47	47	45
下城区	武林街道	42	42	40
江干区	白杨街道	88	88	82
拱墅区	大关街道	77	77	71
西湖区	北山街道	70	70	67
滨江区	西兴街道	32	32	32
萧山区	北干街道	146	146	133
余杭区	东湖街道	106	106	96
合计	—	608	608	566

表3-4　　　　相互控制配额抽样样本分配及问卷发放回收情况

配额		正规部门类型								回收合计
		政府部门			事业单位			企业单位		
问卷数量		分配	发放	回收	分配	发放	回收	分配	发放	回收	
城区	上城区	2	2	2	7	7	7	34	34	33	42
	下城区	2	2	2	6	6	6	30	30	28	36
	江干区	4	4	4	13	13	12	65	65	62	78
	拱墅区	4	4	4	11	11	10	56	56	50	64
	西湖区	3	3	3	10	10	10	51	51	45	58
	滨江区	2	2	2	5	5	5	23	23	23	30
	萧山区	7	7	7	22	22	21	106	106	88	116
	余杭区	6	6	6	15	15	14	78	78	70	90
合计		30	30	30	89	89	85	443	443	399	514

注：回收指有效问卷的回收量。

(三) 非正规就业者专项调查方法设计

1. 非正规部门就业者的四阶段抽样设计

针对非正规部门就业者，我们采取四阶段抽样，即"城区→街道→非正规部门→非正规部门就业者"。

首先，城区划分。在本次抽样调查中，我们将杭州市按照地域划分为8个城区，分别为上城区、下城区、江干区、拱墅区、西湖区、滨江区、萧山区和余杭区。

其次，抽取街道。在各个城区中，运用简单随机抽样抽选1个街道。以上城区为例，对上城区中的所有街道进行编号：（1）为南星街道，（2）为湖滨街道，（3）为小营街道，（4）为清波街道，（5）为清紫阳街道，（6）为清望江街道。利用随机数码表，选取随机数最后一位为抽取号码，抽中（2）湖滨街道。

再次，抽取非正规部门。由于我们计划将在每个非正规部门抽取5位非正规就业者进行问卷调查，考虑到每个街道被分配的样本数不一定能被5整除，因此每个街道被抽取的非正规部门数量应该就两种不同情况予以讨论。当被分配样本数能被5整除时，则该街道被抽取的非正规部门数为$\frac{n_h}{5}$；当被分配样本数不能被5整除时，则该街道被抽取的非正规部门数为$\frac{n_h}{5}+1$，即其中有 1 个非正规部门只需抽取小于 5 位的非正规就业者。以上城区湖滨街道为例,样本数 46 不能被 5 整除,因此该街道需抽取 10 个非正规部门,其中有 1 个非正规部门只需抽取 1 位非正规就业者。从各个被抽中街道的居委会获取该街道内所有非正规部门的登记信息(登记信息包括非正规部门经营场所的地址),将其作为抽样框。对所有非正规部门进行编号,根据该街道内非正规部门总数以及需抽取的非正规部门数,确定抽样间隔,运用系统抽样的调查方法,抽取相应数量的非正规部门。其中,在最后 1 个被抽中的非正规部门内,根据实际情况,我们允许抽取小于 5 位非正规就业者作为调查单位。

最后,抽取非正规部门就业者。根据抽样框提供的被抽中非正规部门经营场所的地址,我们向每个非正规部门中的 5 位非正规就业者发放问卷。

2. 正规部门非正规就业者的划类选典调查设计

针对正规部门非正规就业者,我们按该调查对象所在单位的部门类型,将其划分为政府部门非正规就业者、事业单位非正规就业者和企业单位非正规就业者。在各城区分别抽取具有代表性的 1 个政府部门、1 个事业单位和 2 个企业单位,并根据相互控制配额抽样样本分配表内数据,通过判断抽样向被抽中正规部门内的非正规就业者进行问卷调查,完成配额规定任务。具体流程如表 3-5 所示。

表 3-5　　　　　　　　正规部门非正规就业者抽样流程

城区	正规部门	调查对象
上城区	上城区区政府	正规部门非正规就业者
	浙江省第一医院	正规部门非正规就业者
	浙江名城房地产集团有限公司	正规部门非正规就业者
	上海三菱电梯有限公司浙江分公司	正规部门非正规就业者
下城区	下城区区政府	正规部门非正规就业者
	浙江工业大学	正规部门非正规就业者
	上海百事可乐饮料有限公司杭州营业所	正规部门非正规就业者
	诺基亚(中国)投资有限公司杭州分公司	正规部门非正规就业者
江干区	江干区工商局	正规部门非正规就业者
	杭州师范大学	正规部门非正规就业者
	万事利集团有限公司	正规部门非正规就业者
	杭州娃哈哈集团有限公司	正规部门非正规就业者

续表

城区	正规部门	调查对象
拱墅区	拱墅区区政府	正规部门非正规就业者
	行知中学	正规部门非正规就业者
	杭州松下家用电器有限公司	正规部门非正规就业者
	杭州钢铁集团公司	正规部门非正规就业者
西湖区	西湖区教育局	正规部门非正规就业者
	浙江大学	正规部门非正规就业者
	浙江华睿投资管理有限公司	正规部门非正规就业者
	浙江省电力	正规部门非正规就业者
滨江区	滨江区教育局	正规部门非正规就业者
	浙江中医药大学	正规部门非正规就业者
	三星半导体（中国）研究开发有限公司集成电路研究开发分公司	正规部门非正规就业者
	浙江吉利控股集团有限公司	正规部门非正规就业者
余杭区	余杭区区政府	正规部门非正规就业者
	余杭高级中学	正规部门非正规就业者
	杭州亿达照明电器有限公司	正规部门非正规就业者
	杭州福斯达实业集团有限公司	正规部门非正规就业者
萧山区	萧山区财政局	正规部门非正规就业者
	萧山区第一医院	正规部门非正规就业者
	开元旅业集团有限公司	正规部门非正规就业者
	浙江麦当劳餐厅食品有限公司	正规部门非正规就业者

第二节　非正规就业者个体特征基本考察

一、非正规就业者性别、年龄和婚姻特征分析

非正规就业者专项调查于 2014 年 7~9 月组织实施，共发放问卷 1170 份，回收 1170 份，回收率 100%。其中，有效问卷 1080 份，有效率高达 92.31%。为更好地体现非正规部门的特征，我们分别对非正规部门就业者和正规部门非正规就业者两类问卷进行考察和比较。两类非正规就业者的问卷发放与回收情

况如表 3-6 所示。

表 3-6　　　　非正规就业者专项调查问卷发放与回收情况　　　　单位：份

问卷发放与 回收情况	非正规部 门就业者	正规部门非 正规就业者	共计
发放数	608	562	1170
回收数	608	562	1170
有效问卷数	566	514	1080
有效问卷率（%）	93.09	91.46	92.31

表 3-7 描述了被调查者的性别、年龄和婚姻的构成情况。（1）两类非正规就业者的性别比例并不具有显著差异。在所有接受问卷调查的人群中，非正规部门就业者的女性比例为 48.80%，男性比例为 51.20%，正规部门非正规就业者的女性比例为 50%，男性比例为 50%。（2）非正规部门就业者的年龄结构更趋于年轻化。从被调查者的年龄构成情况看，非正规部门就业者的年龄主要集中于 16~30 岁和 30~45 岁，两者分别占非正规部门就业者总数的65.50% 和 27.10%；尽管正规部门非正规就业者的年龄同样集中于 16~30 岁和 30~45 岁，但两者占正规部门非正规就业者总数的比例却为 47.46% 和39.83%。（3）正规部门非正规就业者的结婚比例相对更高。婚姻状况调查结果显示，53.41% 的非正规部门就业者已经结婚，正规部门非正规就业者的结婚比例相对更高，为 73.56%。

表 3-7　　　　非正规就业者性别、年龄和婚姻的构成情况

就业类别	统计特征	分类指标	有效比例（%）
非正规部 门就业者	性别 结构	男	51.20
		女	48.80
	年龄 结构	16~30 岁	65.50
		30~45 岁	27.10
		45~60 岁	6.80
		60 岁以上	0.60
	婚姻 状况	已婚	53.41
		未婚	46.59

续表

就业类别	统计特征	分类指标	有效比例（%）
正规部门非正规就业者	性别结构	男	50.00
		女	50.00
	年龄结构	16~30 岁	47.46
		30~45 岁	39.83
		45~60 岁	11.51
		60 岁以上	1.20
	婚姻状况	已婚	73.56
		未婚	26.44

二、非正规就业者户籍、在杭生活时间和工作年限特征分析

（一）非正规就业者户籍和户口类别特征分析

表3-8描述了被调查者的户籍所在地和户口类别构成情况。数据显示，超过六成的非正规就业者来自浙江省，与非正规部门就业者相比，浙江籍的正规部门非正规就业者更多，其比例达75.47%。大部分非正规就业者为农村户口。城镇户口的非正规部门就业者和农村户口的非正规部门就业者分别为35.60%和64.40%。正规部门非正规就业者中，城镇户口和农村户口分别占47.23%和52.77%。

表3-8　非正规就业者户籍、户口和在杭生活时间的构成情况

统计特征	分类指标	非正规部门就业者 有效比例（%）	正规部门非正规就业者 有效比例（%）
户籍所在地	浙江省	62.70	75.47
	其他省市	37.30	24.53
户口类别	城镇户口	35.60	47.23
	农村户口	64.40	52.77
在杭生活时间	少于2年	11.78	8.19
	2~5年	26.98	16.88
	5~10年	8.16	27.33
	10~15年	18.44	25.14
	15~20年	9.83	12.91
	20年以上	24.81	9.55

续表

统计特征	分类指标	非正规部门就业者 有效比例（%）	正规部门非正规就业者 有效比例（%）
工作年限	不到1年	15.34	8.59
	1~3年	28.55	17.20
	3~5年	13.73	24.11
	5~10年	12.38	24.89
	10~15年	5.22	13.59
	15~20年	8.42	7.33
	20年以上	16.36	4.29

（二）非正规就业者在杭生活时间和工作年限特征分析

图3-1刻画了非正规就业者在杭生活时间分布情况。（1）非正规部门就业者的在杭生活时间呈现"U"型分布特征。在非正规部门就业者当中，在杭生活时间不足2年的人数比例为11.78%，在杭生活时间2~5年的人数比例为26.98%，在杭生活时间5~10年的人数比例为8.16%，在杭生活时间10~15年的人数比例为18.44%，在杭生活时间15~20年的人数比例为9.83%，在杭生活时间超过20年的人数比例为24.81%。（2）正规部门非正规就业者的在杭生活时间却体现出"钟型"特征。相比之下，在杭生活时间不足2年和

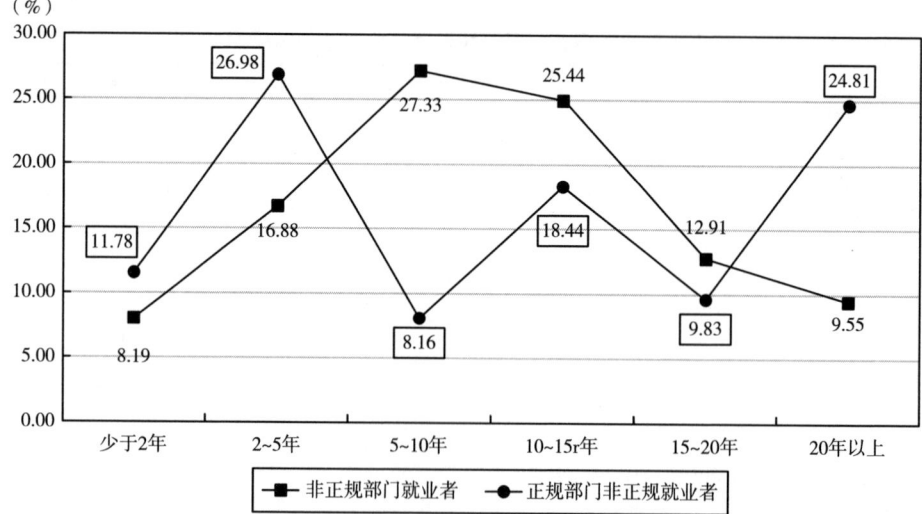

图3-1　非正规就业者在杭生活时间分布

超过20年的正规部门非正规就业者人数比例相对较少,分别为8.19%和9.55%;在杭生活时间为5~10年和10~15年的正规部门非正规就业者人数则相对较多,其比例分别为27.33%和25.14%。

图3-2刻画了非正规部门就业者和正规部门非正规就业者的工作年限分布情况。(1)非正规部门就业者的工作年限呈现"U"型分布特征。在非正规部门就业者当中,具有3年以下工作年限的人数比例为43.89%,具有3~5年工作年限的人数比例和具有5~10年工作年限的人数比例分别为13.73%和12.38%。同时,超过20年工作年限的人数比例相对较高,为16.36%。(2)正规部门非正规就业者的在杭生活时间却体现出"钟型"特征。近一半就业者的工作年限集中于3~5年和5~10年,不足3年工作年限的人数比例为25.79%,超过20年工作年限的人数比例仅为4.29%。

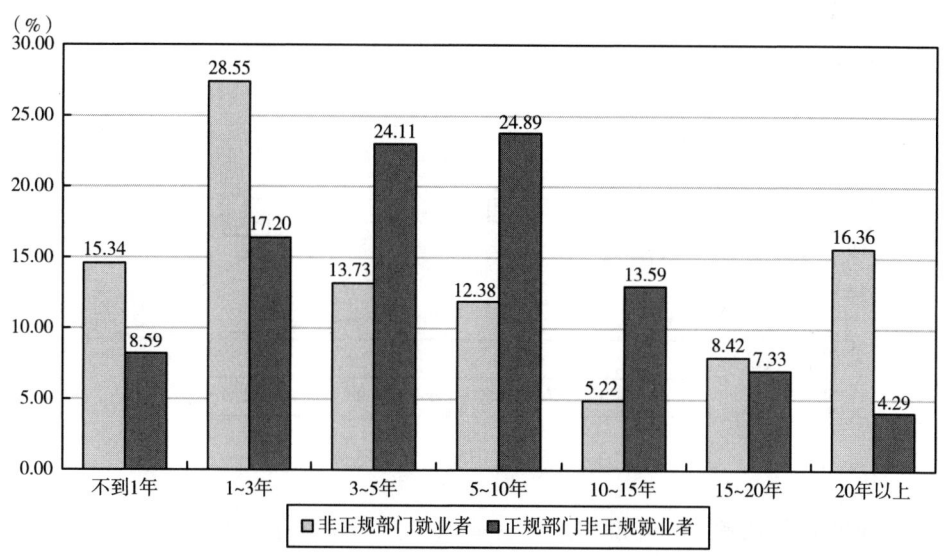

图3-2 非正规就业者工作年限分布

三、非正规就业者学历、家庭规模和家庭就业人数特征分析

图3-3刻画了非正规部门就业者和正规部门非正规就业者的学历分布情况。数据显示,两类非正规就业者的学历分布具有如下特征。(1)非正规部门就业者和正规部门非正规就业者的学历分布均体现出"钟型"特征。高中学历的人数比例在两类非正规就业者中均为最高,尤其对正规部门非正规就业者,其高中学历的人数比例高达69.84%。相比之下,"小学及以下"

超低学历的人数比例和"研究生及以上"超高学历的人数比例均较低。
(2) 非正规部门就业者中的高学历人数比例显著高于正规部门非正规就业者。对正规部门非正规就业者而言,"初中学历"和"高中学历"的就业者人数比例之和超过90%,由"大专学历""本科学历""研究生及以上学历"组成的高学历就业者的人数比例仅为6.06%。不同的是,对非正规部门就业者而言,尽管"初中学历"和"高中学历"的就业者人数比例之和超过50%,但由"大专学历""本科学历""研究生及以上学历"组成的高学历就业者人数比例高达40.68%,大大超过正规部门非正规就业者中的高学历人数比例。

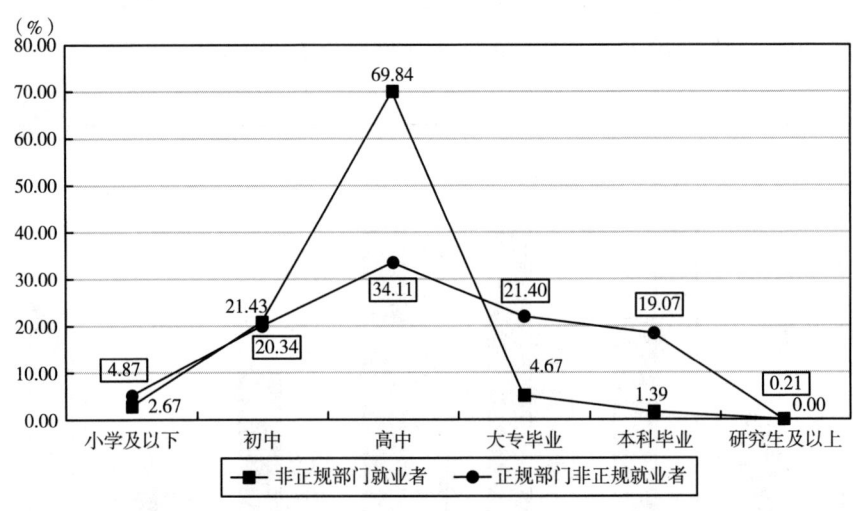

图3-3 非正规就业者学历分布

非正规就业者家庭规模和家庭就业人数的规模分布情况如表3-9所示。数据表明,就非正规就业者的家庭规模和家庭就业人数规模而言,两类非正规就业者的分布结构并未体现出显著的差异。其中,超过七成的被调查者为三口或四口之家,四口之家所占比例分别为50.20%和46.71%,家庭人口数为2人、5人、6人、6人以上的比例分别为4.2%和5.12%、11.9%和9.34%、3.8%和8.44%、4.7%和2.51%。另外,所有被调查者的家庭就业人数几乎集中在2人、3人和4人之间,其比例分别为35.40%和32.88%、25.60%和31.32%、27.30%和22.71%,家庭就业人数为1人的比例分别为8.7%和10.22%,家庭就业人数为5人、6人和6人以上的则相对较少,其比例分别为1.10%和2.30%、1.5%和0.46%、0.40%和0.11%。

表 3-9　　　　　　　非正规部门就业者的基本统计特征

统计特征	分类指标	非正规部门就业者 有效比例（%）	正规部门非正规就业者 有效比例（%）
学历	小学及以下	4.87	2.67
	初中	20.34	21.43
	高中	34.11	69.84
	大专毕业	21.40	4.67
	本科毕业	19.07	1.39
	研究生及以上	0.21	0.00
家庭人口数	2人	4.20	5.12
	3人	25.20	27.88
	4人	50.20	46.71
	5人	11.90	9.34
	6人	3.80	8.44
	6人以上	4.70	2.51
家庭就业人口数	1人	8.70	10.22
	2人	35.40	32.88
	3人	25.60	31.32
	4人	27.30	22.71
	5人	1.10	2.30
	6人	1.50	0.46
	6人以上	0.40	0.11

第三节　非正规就业者工作特征基本考察

一、非正规就业者收入特征分析

（一）非正规部门就业者收入特征分析

（1）超过八成的非正规部门就业者的月平均收入分布在 1000～4000 元区间内。图 3-4 描述了非正规部门就业者的平均月收入分布情况。整体来看，大多数非正规部门就业者的月平均收入分布在 1000～4000 元区间内，1000 元以下的人数比例为 0.53%，6000 元以上的人数比例为 6.31%。可见，非正规部门就业者的整体收入较为一般，中高收入人群的比重较小。

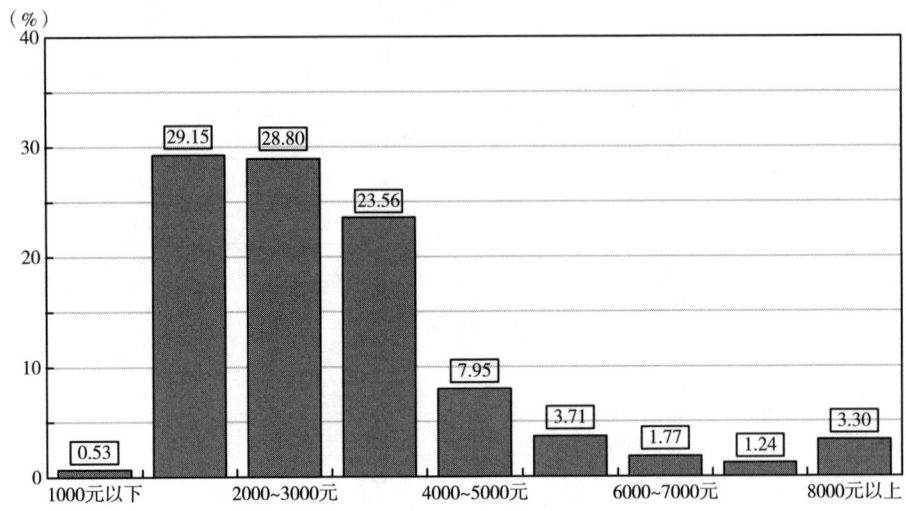

图 3-4 非正规部门就业者平均月收入分布

（2）非正规部门雇佣者的收入水平普遍高于被雇佣者，且有相当一部分是高收入人群。雇佣者的月平均收入分布与被雇佣者的月平均收入分布体现出显著的差异。图 3-5 显示，超过七成的被雇佣者的月平均收入分布在 2000~5000 元区间，月平均收入为 3000~4000 元的雇佣者人数比例最高，达

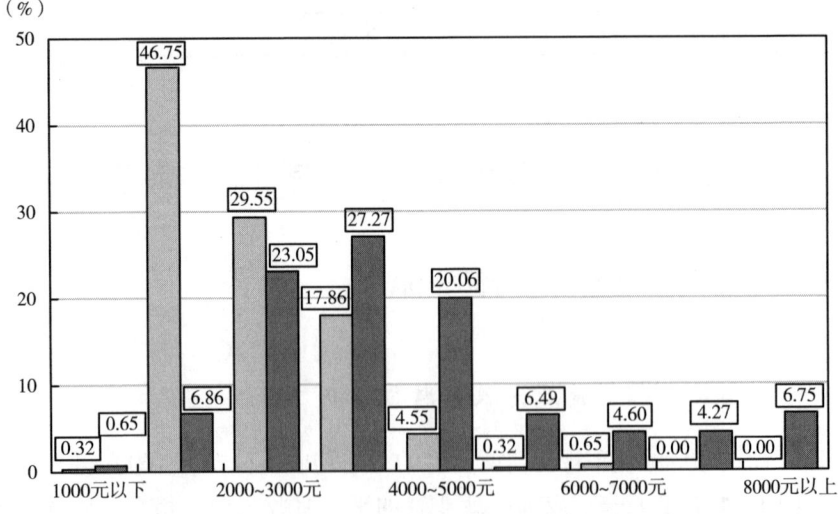

图 3-5 非正规部门雇佣者和被雇佣者平均月收入分布

27.27%。同时，月平均收入超过5000元的雇佣者人数明显多于受雇佣者，其比例达22.11%。更为重要的是，非正规部门雇佣者中存在一定规模的高收入者，月平均收入超过8000元的人数比例为6.75%。这说明非正规部门雇佣者的收入水平普遍高于被雇佣者，且有相当一部分是高收入人群。

（3）非正规部门就业者的收入呈现较显著的产业差异。表3-10数据显示，从事制造业和建筑业的非正规部门就业者收入相对较高，其平均月收入为5321元和4968元；从事农林牧渔业的非正规部门就业者收入较低，其平均月收入为2513元；相比之下，从事第三产业的非正规部门月均收入差异较大。其中，从事金融业、房地产业等新型服务业非正规部门就业者的收入最高，其月均收入达5324元和4825元，从事批发零售业、住宿餐饮业等传统第三产业非正规部门就业者的月均收入基本维持在3000元左右。

表3-10　　　　　　不同产业非正规部门就业者月均收入分布

产业类别	月均收入（元）	产业类别	月均收入（元）
农林牧渔业	2513	金融业	5324
制造业	5321	房地产业	4825
建筑业	4968	居民服务和其他服务业	3249
交通运输业	3624	文化体育娱乐业	2873
批发零售业	3152	其他	2563
住宿餐饮业	2963		

（二）正规部门非正规就业者收入特征分析

与非正规部门就业者相比，正规部门非正规就业者的月均收入水平具有如下特征。

（1）正规部门非正规就业者月均收入水平低于非正规部门就业者。图3-6显示了正规部门非正规就业者月均收入分布情况。从正规部门非正规就业者整体来看，超过79%的正规部门非正规就业者的月薪在2400元以下，月薪高于3200元的正规部门非正规就业者只占3.3%。由此可见，正规部门非正规就业者的收入水平普遍较低。

（2）不同单位的正规部门非正规就业者收入水平具有显著差异。表3-11记录了企业单位、事业单位和政府机关的非正规就业者最低月收入和最高月收入情况。数据显示，企业单位非正规就业者的收入极差达4850元，是事业单位非正规就业者收入极差的1.87倍，是政府机关非正规就业者收入极差的

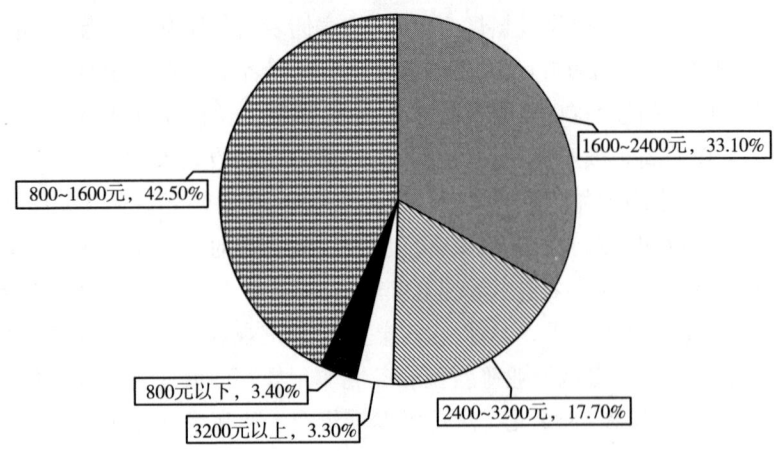

图 3-6 正规部门非正规就业者月均收入分布

4.04倍。企业单位非正规就业者月薪的两极分化现象最严重,事业单位其次,政府机关最小。由此可见,正规部门非正规就业者的月薪与所属工作单位类别之间存在高度相关性。

表 3-11　　　　　正规部门非正规就业者收入极差情况

正规部门类别	收入最小值（元）	收入最大值（元）	收入极差（元）
企业单位	150	5000	4850
事业单位	1000	3600	2600
政府机关	800	2000	1200

二、非正规就业者工作时间特征分析

（一）非正规就业者工作时间长度分析

调查结果显示,非正规部门就业者日均工作时间较长,休息日较少。同时,不同职业身份的非正规部门就业者工作时间差异较大。首先,雇佣者平均每天的工作时间显著长于被雇佣者。我们将8小时作为一天的标准工作时间。图3-7表明,雇佣者和被雇佣者中平均每天工作时间小于8小时的比例均小于8%,说明只有极少数非正规部门就业者的每天工作时间少于正规部门就业者。在雇佣者中,平均每天工作时间大于8小时的比例高达80.93%,而被雇佣者中此类人群的比例仅为45.45%。其次,雇佣者平均每周的工作天数显著多于被雇佣者。图3-8表明，绝大部分雇佣者每周需要工作7天，每周工作5天或者6天的雇佣者比例均小于3.00%，且没有一位雇佣者每周工作4天及以下。而对于被雇佣者，每周工作7天的人数不到一半，每周工作5天或者6天的人数比例均大于10%，且有小部分被雇佣者每周工作4天及以下。本书认为，引起上述现象的原因可能是雇佣者作为非正规部门的自主经营者，以追求利润最大化为目的，他们为获得更大的收益愿意以更长的工作时间为代价。被雇佣者以工资为劳动报酬，如果没有加班费，他们往往并不愿意接受更长的工作时间。

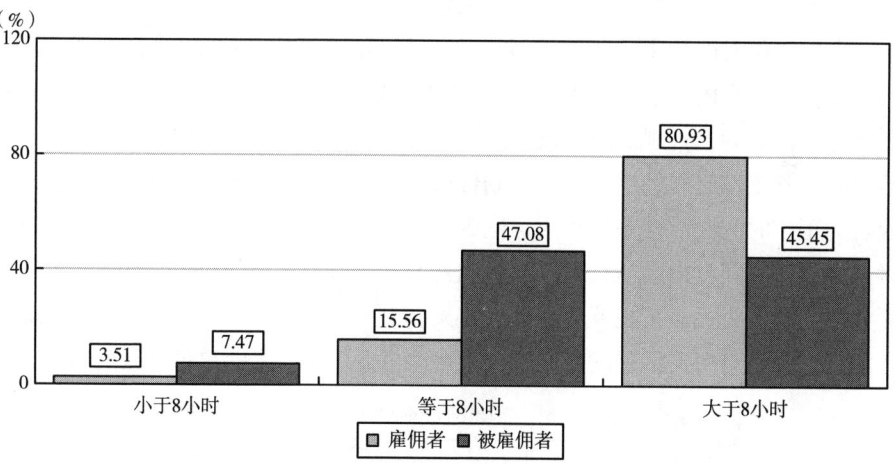

图3-7 雇佣者和被雇佣者的日平均工作时间分布

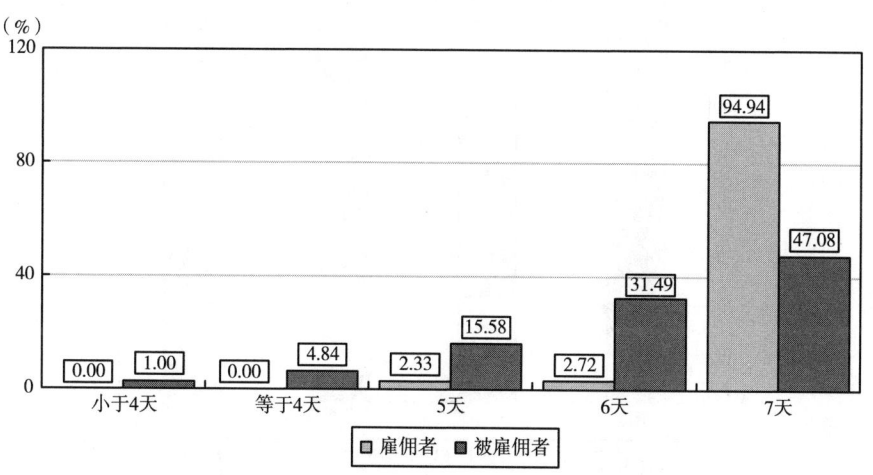

图3-8 雇佣者和被雇佣者的周平均工作天数分布

(二) 非正规就业者工作时间灵活度分析

调查结果表明，非正规部门就业者和正规部门非正规就业者的工作时间灵活度具有显著差异。(1) 非正规部门就业者工作时间的约束性和强制性较小。调查显示，非正规部门就业者中有 217 人认为其工作时间的自由灵活程度一般，160 人认为自由灵活程度较大。认为工作时间自由灵活程度较大或者大的非正规部门就业者人数，明显多于认为时间自由灵活程度较小或者小的非正规部门就业者人数。因此，可以认为，非正规部门就业者工作时间的灵活程度介于一般与较大之间，其工作时间的约束性和强制性不大。(2) 正规部门非正规就业者的工作时间约束性和强制性较大。有 41.2% 的正规部门非正规就业者认为其工作时间自由灵活程度较小，有 31.9% 认为其工作时间自由灵活程度一般。因此，可以认为，正规部门非正规就业者的工作时间自由灵活程度介于较小与一般之间，其工作时间的约束性和强制性较大。(3) 不同类别正规部门非正规就业者的工作时间灵活性差异较大。图 3-9 显示，大部分企业单位的非正规就业者认为工作时间自由灵活程度一般，大部分事业单位的非正规就业者认为较小，而大部分政府机关非正规就业者认为较大。由此可知，三类正规部门非正规就业者的工作时间自由灵活程度由小到大排序为事业单位 < 企业单位 < 政府机关。

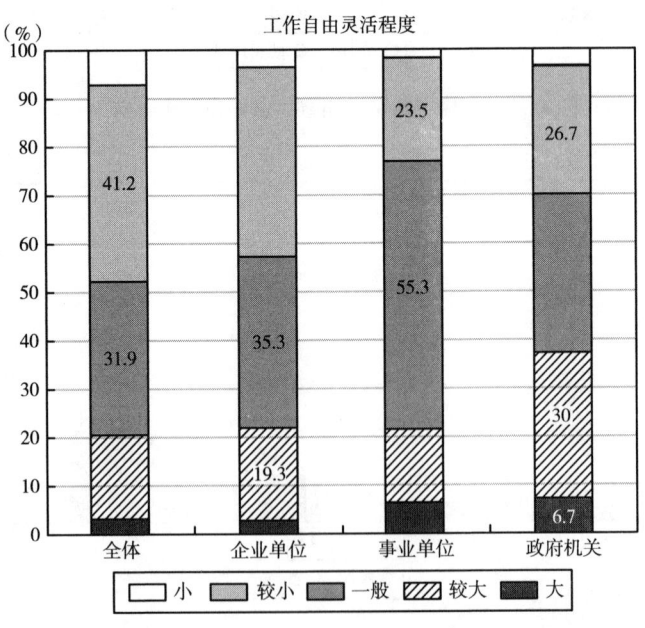

图 3-9 不同单位类别的正规部门非正规就业者时间灵活度分布

三、非正规就业者产业分布和转换特征分析

(一) 非正规就业者产业分布特征分析

图3-10描述了非正规部门就业者和正规部门非正规就业者的产业分布情况。两类非正规就业者的产业分布具有如下特征。

(1) 批发零售业和制造业吸纳了超过一半的非正规部门就业者,二产与三产的非正规部门就业人数之比约为3:5。数据显示,超过50%非正规部门就业人员从事批发零售业和制造业工作。其中,从事批发零售业的非正规部门就业者最多,其人数比例为31.10%,从事制造业的非正规部门就业者居次,其人数比例为21.20%。从事建筑业的非正规部门就业者居三,其人数比例为16.08%,从事住宿餐饮业的非正规部门就业者居四,其人数比例为13.07%。相比之下,从事居民服务、交通运输业等其他第三产业的非正规部门就业人员较少,其人数比例不足一成。

(2) 超过四成的正规部门非正规就业者集聚于居民服务和其他服务业,第二产业与第三产业的正规部门非正规就业人数之比约1:5。与非正规部门就业者不同的是,居民服务和其他服务业聚集了较大规模的就业者,其人数比例

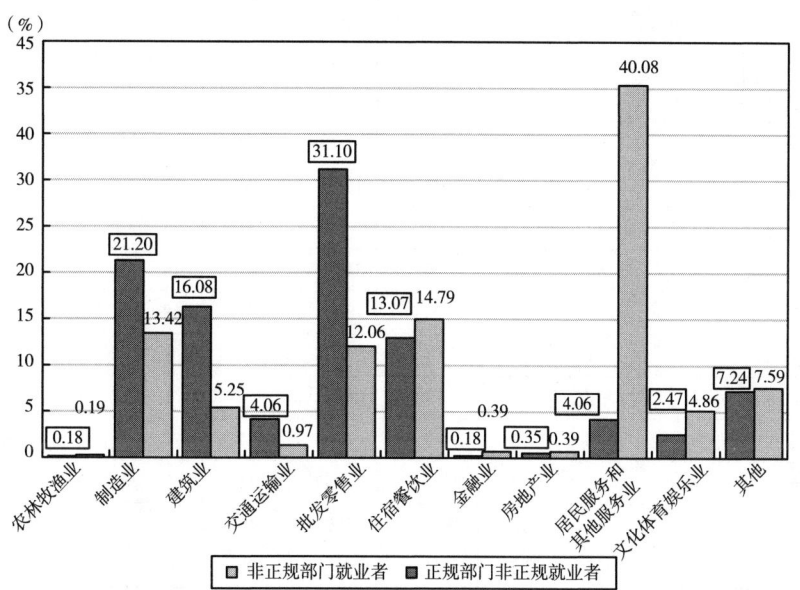

图3-10 非正规就业者产业分布

达40.08%，成为吸纳正规部门非正规就业者的主要就业产业。住宿餐饮业、制造业和批发零售业吸纳正规部门非正规就业者的人数也较多，其就业比例分别为14.79%和13.42%和12.06%。同样地，文化体育娱乐业、交通运输业等其他第三产业的非正规部门就业人员较少，其人数比例不足5%。

（3）从事第一产业的非正规就业人数极少。无论是非正规部门就业者还是正规部门非正规就业者，从事第一产业的人数均较少，前者人数比例为0.18%，后者人数比例为0.19%。

（二）非正规就业者产业转换特征分析

我们试图通过被调查者上一份工作产业类别和目前工作产业类别的对比，来考察非正规就业者的产业转换情况。表3-12、图3-11和图3-12数据显示了非正规部门就业者的产业转换特征。（1）农林牧渔业、居民服务与其他服务对非正规部门就业者的吸引力较低。我们发现，上一份工作属于农林牧渔业和居民服务与其他服务业的，大部分非正规部门就业者选择转换产业类型，使得目前仍然从事这些行业工作的非正规部门就业者急剧减少。（2）批发零售

表3-12　非正规部门就业者和正规部门非正规就业者产业分布情况

分类指标	非正规部门就业者（人） 有上一份 上一份	非正规部门就业者（人） 有上一份 目前	非正规部门就业者（人） 无上一份 目前	非正规部门就业者（人） 比例（%）	正规部门非正规就业者（人） 有上一份 上一份	正规部门非正规就业者（人） 有上一份 目前	正规部门非正规就业者（人） 无上一份 目前	正规部门非正规就业者（人） 比例（%）
农林牧渔业	64	1	0	0.18	56	1	0	0.19
制造业	108	111	9	21.20	93	58	11	13.42
建筑业	59	48	43	16.08	54	23	4	5.25
交通运输业	12	22	1	4.06	31	4	1	0.97
批发零售业	53	151	25	31.10	41	45	17	12.06
住宿餐饮业	60	52	22	13.07	51	58	18	14.79
金融业	1	0	1	0.18	2	1	1	0.39
房地产业	2	1	1	0.35	0	1	1	0.39
居民服务和其他服务业	46	14	9	4.06	57	172	34	40.08
文化体育与娱乐业	8	7	7	2.47	4	13	12	4.86
其他	12	18	23	7.24	19	32	7	7.59
共计	425	425	141	100	408	408	106	100

业对非正规部门就业者的吸引力较高。数据表明，目前在批发零售业工作的非

正规部门就业者大大超过上一份工作选择在该行业工作的人数。其他行业的非正规部门就业者数量前后基本保持不变。(3) 建筑业、批发零售业和住宿与餐饮业成为非正规部门就业者初次就业的首选产业。对于没有换过工作的非正规部门就业者，他们大多就业于建筑业，其次就业于批发零售业和住宿与餐饮业。这说明第一次就业的非正规部门就业者大部分选择进入建筑业、批发零售业和住宿与餐饮业，并且该三个产业中有很多长期的非正规部门就业者。

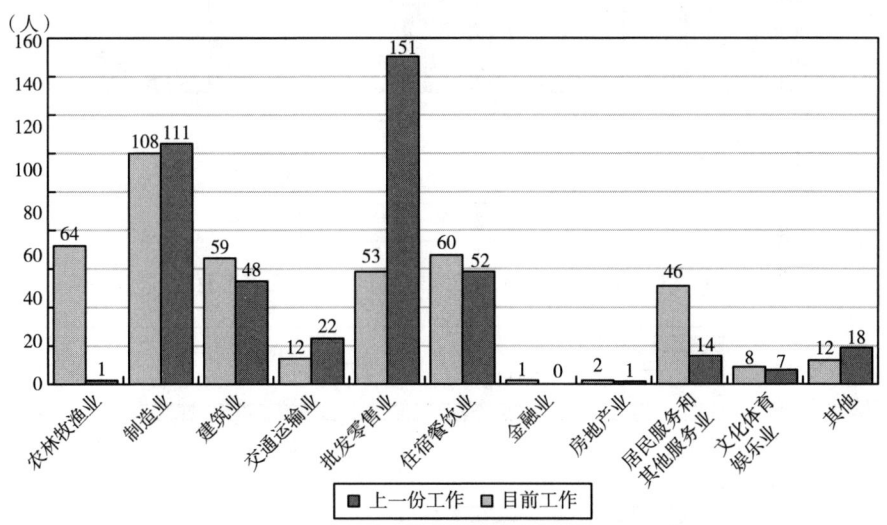

图 3-11　有上一份工作的非正规部门就业者产业分布

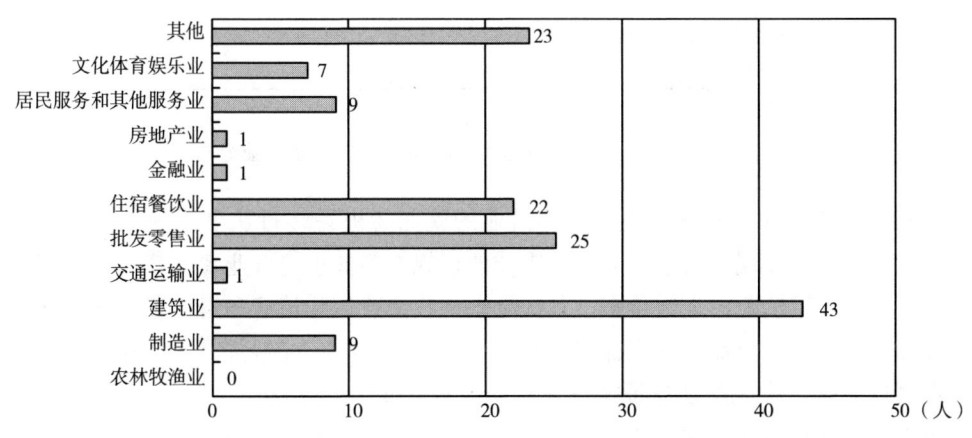

图 3-12　无上一份工作的非正规部门就业者产业分布

图 3-13 和图 3-14 数据显示了正规部门非正规就业者的产业选择特征。

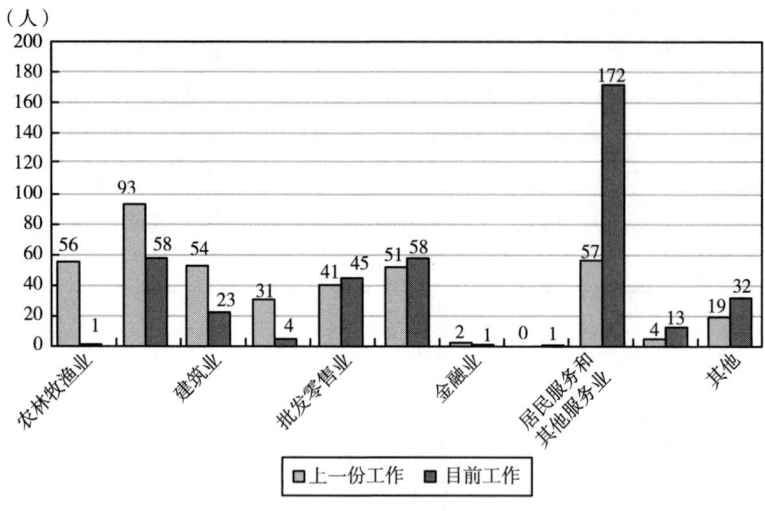

图 3-13 有上一份工作的正规部门非正规就业者产业分布

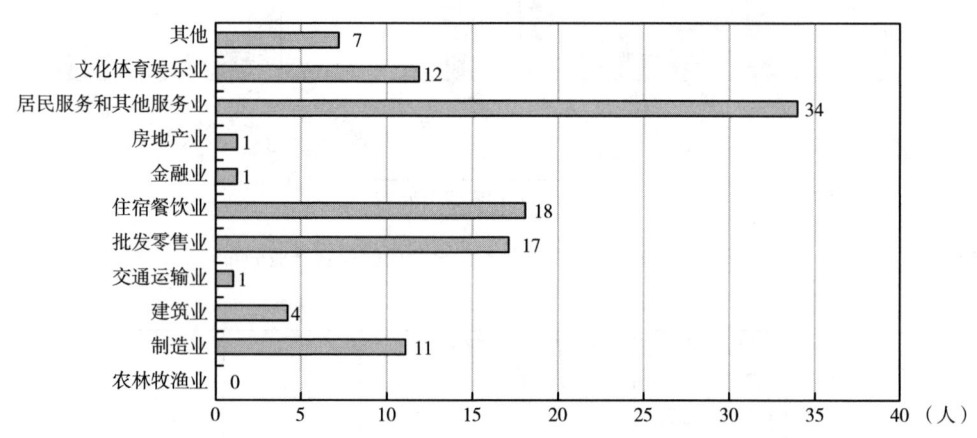

图 3-14 无上一份工作的正规部门非正规就业者产业分布

（1）从事制造业、农林牧渔业、建筑业的就业者极易转行从事正规部门非正规就业。我们发现，对于有上一份工作的正规部门非正规就业者，其上一份工作类型属于制造业的人数最多，其次是农林牧渔业、建筑业和居民服务与其他服务业。因此，目前在正规部门从事非正规就业的劳动者大多来源于制造业、农林牧渔业、建筑业以及居民服务与其他服务业。（2）居民服务与其他服务业成为正规部门非正规就业者初次就业的首选产业。绝大部分正规部门非正规就业者在居民服务与其他服务业工作，其次为制造业、批发零售业和住宿与餐饮业，但这三者同居民服务与其他服务业的人数相比差距悬殊。

四、非正规就业者劳动合同签订和社会保障办理特征分析

数据显示，67.5%的非正规部门被雇佣者没有与非正规部门单位签订正式的劳动合同，办理保险手续的比例仅为40.70%。同时，被雇佣者的参保项目也不尽相同，有42.7%的被雇佣者办理了医疗保险，23.50%和26.50%的被雇佣者办理了工伤保险和养老保险，参与生育保险和失业保险的比例很低。由此可知，非正规部门的劳动保障制度不够完善，这在一定程度上成为劳动者选择非正规就业的阻力因素。

不同的是，有87.90%的正规部门非正规就业者签订了正式劳动合同，其人数比例明显高于非正规部门就业者的劳动合同人数签订比例。这一现象说明，与非正规部门比较，正规部门较普遍地与在本单位工作的非正规就业者签订正式劳动合同。原因可能是正规部门在招工方面受到的监管力度比非正规部门强，且由于正规部门的人事制度本身就比非正规部门健全，因而能够更加规范化地处理与非正规就业者之间的劳动合同关系。但是，仍有12.10%的正规部门非正规就业者没有签订正式合同。保险办理情况的调查显示，正规部门非正规就业者的社会保险覆盖程度远大于非正规部门就业者。图3-15表明，大部分正规部门非正规就业者办理了医疗保险和养老保险，其次是工伤保险和失业保险。尽管仍有近八分之一的正规部门非正规就业者没有办理任何社会保险，但这一比例远远低于非正规部门就业者中未办理社会保险的比例。

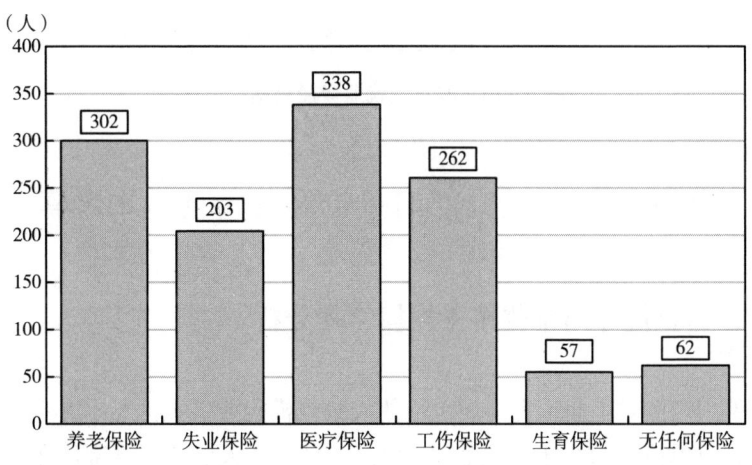

图3-15　正规部门非正规就业者保险办理情况

五、非正规就业者接受培训特征分析

我们向非正规就业者开展了接受培训的情况调查。图 3-16 显示，超过一半的非正规部门被雇佣者认为单位很少或没有提供过培训机会，认为单位提供的培训机会为一般的人数比例占 31.80%，认为单位提供培训机会较多或很多的非正规部门被雇佣者仅为一成左右。相比之下，尽管有高达 16.50% 的正规部门非正规就业者表示从来没有接受过任何相关职业培训，但认为单位提供的培训机会较多或很多的正规部门非正规就业者比例高于非正规部门被雇佣者，其比例分别为 18.30% 和 1.40%。因此，总体来看，非正规就业者接受培训的机会并不多。

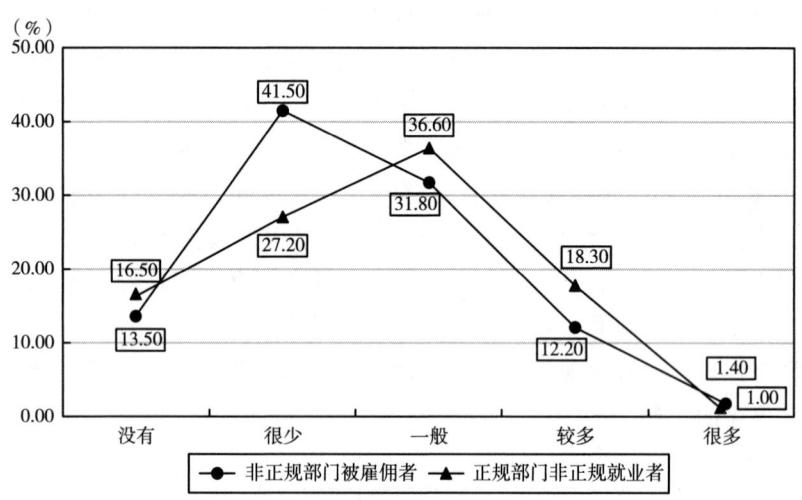

图 3-16 非正规就业者接受培训情况

第四节 非正规部门单位经营特征基本考察

一、非正规部门单位用人规模特征分析

图 3-17 描述了非正规部门单位的人数规模构成。数据显示，超过一半的非正规部门单位人数少于 3 人，就业人数为 3~7 人的非正规部门单位比例为 24.40%，就业人数为 7~12 人和 12~20 人的非正规部门单位比例分别为

5.50%和5.50%。特别需要指出的是,非正规部门单位中不乏就业人数超过20人的较大单位,其单位数比例为9.70%。

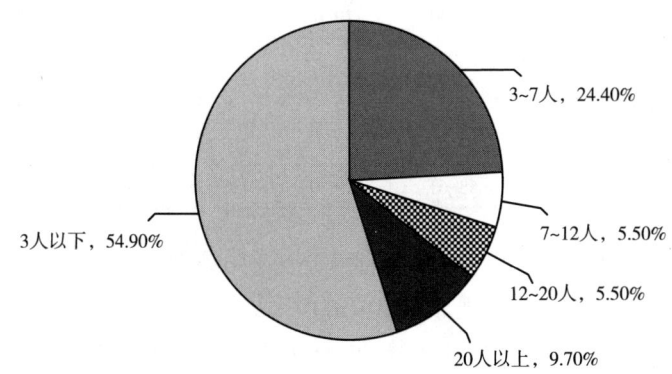

图3-17 非正规部门单位人数规模构成

表3-13呈现了不同产业非正规部门单位人数规模分布情况。分产业来看,近九成的农林牧渔业非正规部门单位的用人规模小于7人,小于3人的农林牧渔业非正规部门单位比例为60.23%,人数规模为7~20人的农林牧渔业非正规部门单位比例为10.44%,没有发现人数规模超过20人的农林牧渔业非正规部门单位。观察从事第二产业的非正规部门单位,39.54%的制造业非正规部门单位和40.85%的建筑业非正规部门单位集中于规模为3~7人的分类区间,尽管人数小于3人的制造业非正规部门单位超过三成、人数小于3人的建筑业非正规部门单位也超过两成,但第二产业非正规部门单位的用人规模显著大于第一产业非正规部门生产单位。在29.92%的用人规模超过7人的制造业非正规部门单位中,用人规模超过20人的单位比例高达13.55%;在36.81%的用人规模超过7人的建筑业非正规部门单位中,用人规模超过20人的单位比例达8.01%。

表3-13 不同产业非正规部门单位人数规模分布情况 单位:%

非正规部门单位所属产业	小于3人	3~7人	7~12人	12~20人	20人以上
农林牧渔业	60.23	29.33	9.23	1.21	0.00
制造业	30.54	39.54	7.46	8.91	13.55
建筑业	22.43	40.85	18.20	10.51	8.01
交通运输业	56.18	38.45	3.07	2.31	0.00
批发零售业	55.34	26.79	8.96	3.04	5.87
住宿餐饮业	18.32	25.16	29.79	10.42	16.31

续表

非正规部门单位所属产业	小于3人	3~7人	7~12人	12~20人	20人以上
金融业	76.13	19.66	4.21	0.00	0.00
房地产业	26.89	53.59	15.46	2.73	1.33
居民服务和其他服务业	47.51	25.43	17.49	6.36	3.21
文化体育娱乐业	57.03	30.15	11.51	1.31	0.00
其他	53.61	19.46	10.28	6.86	9.85

第三产业非正规部门单位的用人规模更体现出较明显的产业差异。数据显示，从事住宿餐饮业的非正规部门单位的用人规模相对较大，其用人规模小于3人、3~7人、7~12人、12~20人和20人以上的单位比例分别为18.32%、25.16%、29.79%、10.42%和16.31%。尽管超过八成的批发零售业非正规部门单位的用人规模小于7人，但用人规模超过12人的较大单位比例仍不低，为8.91%。对于其余非正规部门单位而言，从事居民服务和其他服务业非正规部门单位和从事其他第三产业非正规部门单位的规模稍大，其用人规模超过7人的单位比例分别为27.06%和26.99%。从事金融业非正规部门单位和从事交通运输业非正规部门单位的用人规模相对较小，其用人规模超过7人的单位比例仅为4.21%和5.38%，并且从事金融业非正规部门单位的用人规模未超过12人，从事交通运输业非正规部门单位的用人规模未超过20人。

二、非正规部门单位投资规模特征分析

我们考察了近两年非正规部门单位的投资规模。表3－14数据显示，非正规部门单位的年均投资规模具有一定的产业差异。具体地，从事农林牧渔业的非正规部门单位的年均投资规模分布较为均匀，年均投资规模在2万~5万元、5万~10万元、10万~20万元和20万元以上的单位比例分别为32.14%、15.86%、20.75%和31.25%；从事第二产业的非正规部门单位的年均投资额相对较大。其中，72.86%的制造业非正规部门单位的年均投资额超过10万元，年均投资额超过20万元的制造业非正规部门单位比例为45.35%。相比而言，尽管超过75.03%的建筑业非正规部门单位的年均投资额超过10万元，但45.10%的建筑业非正规部门单位年均投资额集中于10万~20万元，年均投资额超过20万元的建筑业非正规部门单位比例比制造业非正规部门单位比例低15.42个百分点。

表 3-14　　　不同产业非正规部门单位年均投资规模分布情况　　　单位:%

企业所属行业	投资额			
	2万~5万元	5万~10万元	10万~20万元	20万元以上
农林牧渔业	32.14	15.86	20.75	31.25
制造业	0.00	27.14	27.51	45.35
建筑业	0.00	24.97	45.10	29.93
交通运输业	32.58	16.33	42.17	8.92
批发零售业	25.30	7.30	32.20	19.60
住宿餐饮业	0.00	2.50	18.81	68.79
金融业	0.00	0.00	15.23	84.77
房地产业	0.00	0.00	17.86	82.14
居民服务和其他服务业	8.56	28.24	43.88	19.32
文化体育娱乐业	16.34	43.78	29.42	10.46
其他	7.46	25.42	54.94	12.18

从事第三产业的非正规部门单位年均投资规模相对较小。其中，年均投资规模在2万~5万元、5万~10万元、10万~20万元和20万元以上的交通运输业单位比例分别为32.58%、16.33%、42.17%和8.92%；年均投资规模在2万~5万元、5万~10万元、10万~20万元和20万元以上的批发零售业单位比例分别为25.30%、7.30%、32.20%和19.60%；年均投资规模在2万~5万元、5万~10万元、10万~20万元和20万元以上的居民服务和其他服务业单位比例分别为8.56%、28.24%、43.88%和19.32%；年均投资规模在2万~5万元、5万~10万元、10万~20万元和20万元以上的文化体育娱乐业单位比例分别为16.34%、43.78%、29.42%和10.46%；年均投资规模在2万~5万元、5万~10万元、10万~20万元和20万元以上的其他第三产业单位比例分别为7.46%、25.42%、54.94%和12.18%。比较而言，从事住宿餐饮业的非正规部门单位年均投资规模较大，不仅超过八成的住宿餐饮业非正规部门单位年均投资规模超过10万元，年均投资规模超过20万的单位比例高达68.79%，更有较多从事住宿餐饮业的非正规部门单位，其年均投资规模超过了50万元。更值得注意的是，从事金融业、房地产业等新型服务业的非正规部门单位，其年均投资规模均超过10万元，超过20万元的单位比例双双超过80%。

三、非正规部门单位经营效益特征分析

调查发现，非正规部门单位的雇佣者对目前经营效益的总体满意度较高，

认为比较满意和满意度一般的人数比例分别为 40.6% 和 38.7%。这说明非正规部门单位经营者认为自己的经营效益比较好，能够通过自主经营获得基本满意的收入。同时，非正规部门单位雇佣者对雇员工作情况的总体满意度同样较高。图 3-18 显示，非正规部门单位雇佣者对员工不满意的人数比例只占了 2.40%，表示比较满意和一般满意的人数比例分别占 43.20% 和 46.40%。

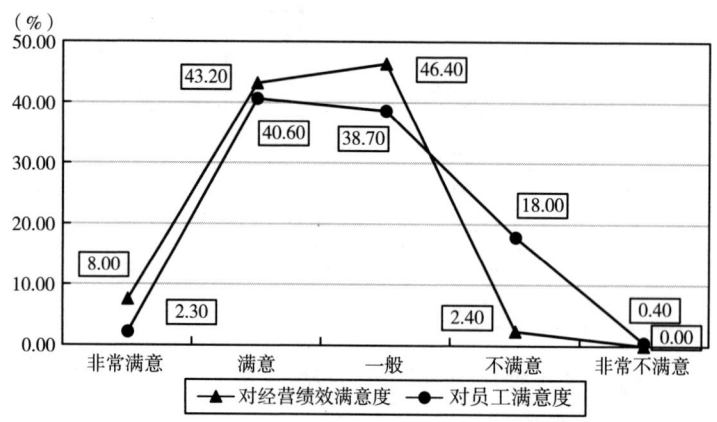

图 3-18　非正规部门雇佣者对单位经营绩效和雇员的满意度

四、非正规部门单位发展瓶颈分析

在问及非正规部门单位的发展瓶颈时，超过六成的雇佣者认为"融资难"已成为单位发展的主要制约因素。由于单位规模较小、信用度不高，缺乏不动产抵押，再加上财务不健全、管理不规范，达不到银行贷款的准入条件，要获得正规金融机构授信很难，主要靠基于血缘、地缘、亲缘、人缘等传统社会关系的民间融资。调研显示，仅有不足三成的非正规部门单位流动资金比上年充足，超过八成非正规部门单位没有发生正规融资行为，靠民间借贷融资的非正规部门单位比例高达 63.12%。

调查中，较多非正规部门雇佣者认为"生产经营成本陡增"压力日趋增大。在要素成本上涨、最低工资标准提高等多重因素作用下，非正规部门单位生产成本不断上升，由于其缺乏议价定价能力，成本难以向产业上下游传递。当然，也有不少非正规部门单位指出，"签约难""出口难""创牌难"等已成为制约非正规部门单位发展的问题之一。

第四章 非正规部门形成机制：基于就业者满意度评价的探究

如果主流观点成立，那么非正规部门就业者将具有如下特征：（1）非正规部门就业者由大量"农村户籍、低学历、低劳动技能"的劳动者构成；（2）非正规部门就业者从事"低收入、低劳动保障、高劳动强度"的工作类型；（3）非正规部门就业者满意度低；（4）由于被迫选择进入非正规部门，非正规就业者具有强烈的部门转换预期，成为正规部门就业者是最终期望。同时，非正规部门单位具有"生产单位小、投资规模小、盈利能力差"等特征。

那么，究竟非正规部门就业者满意度如何？不同类型非正规就业者满意度是否一致？不同职业身份的非正规就业者满意度具有怎样的差别？我们开展了较大规模的非正规就业者专项调查，本章试图通过对非正规部门就业者满意度的综合评价来验证基于主流观点的非正规部门形成机制。

第一节 非正规部门就业者满意度基本理论探讨

一、就业满意度概念和影响因素探讨

（一）就业满意度概念

自 1935 年霍波克（Hoppock）首次提出"就业满意度"一词以来（见 *Job Satisfaction* 一书），有关就业满意度的相关理论、评价方法和实证研究便成为国内外学者的研究热点并涌现了一系列文献。综观已有的研究，关于就业满意度的概念，最引人注目的观点分为四种，如表 4-1 所示。

表4-1　　　　　　　　四种较有代表性的就业满意度概念

提出者	就业满意度概念	相关理论	定义类型
霍波克(1935)	就业者心理与生理方面对环境因素的满足感受	工作情境论	综合性定义
弗罗姆(1962)	就业者对其充当的工作角色所保持的一种情感期望	期望理论	差距性定义
赫茨伯格(1959)	就业者对工作本身要求（激励因素）和外部条件要求（保健因素）的满足感受	双因理论（Two Factor Theory）或激励保健理论（Motivator-Hygiene Theory）	差距性定义
洛克(1966)	就业者对其工作所持有的愉悦的或积极的感情状态	工作情境论	综合性定义

从就业满意度定义方式而言，霍波克（1935）的"就业者心理与生理方面对环境因素的满足感受"和洛克（Locke, 1966）的"就业者对其工作所持有的愉悦或积极的感情状态"均属于就业满意度的"综合性定义"。该两种定义是对就业满意度的一般性解释，认为就业满意度是一个单一概念，是就业者对工作本身及有关环境所持的一种态度或看法，是对其工作角色的整体情感反应，不涉及工作满意度的多面性、形成的原因与过程；相比之下，弗罗姆（Vroom, 1962）的"就业者对其充当的工作角色所保持的一种情感期望"和美国行为科学家赫茨伯格（Herzberg, 1959）的"就业者对工作本身要求（激励因素）和外部条件要求（保健因素）的满足感受"，则均属于就业满意度的"差距性定义"。这两种定义将就业满意度视为"就业者所得到"与"就业者期望得到"之间的差距，差距愈小意味着满意程度愈高。

（二）就业满意度影响因素

较多研究开展了就业满意度影响因素的探讨。我们列举了部分研究者对就业满意度影响因素的归类，如表4-2所示。霍波克（1935）将就业满意度影响因素归纳为疲劳、工作单调、工作条件和领导方式四方面。赫茨伯格（1959）基于双因素理论，将就业满意度影响因素归为物理环境因素、社会因素和个人心理因素三类。他同时指出，物理环境因素包括工作场所的条件、环境和设施等。社会因素包括员工对工作单位管理方面的态度，以及对该单位的认同与归属程度。个人心理因素则包括对本职工作意义的看法、态度以及上司的领导类型和风格等。史密斯等（Smith et. al, 1969）认为就业满意度是工作本身和工资升迁等因素的产物。弗里德兰德和马古利斯（Friedlander and Margulies，1969）基于社会环境和员工心理动机，认为社会及技术环境、自我实现、被承认是影响就业满意度的主因。西肖尔等（Seashore et. al, 1975）认为就业满意度受前因变项和后果变项的影响。前因变项归纳为环境因素与个人属性因素，后果变项归纳为人口统计变项、组织反应变项和社会反应变项。洛克（1986）认为就业满意度受多重因素的影响，主要涉及：（1）工作本身，包括工作内容的奖励价值、学习机会、困难性以及对工作的控制；（2）公平的待遇，包括组织报偿和晋升；（3）良好的工作环境，包括工作环境的舒适性和便利性；（4）人际关系；（5）个体变量，包括工作自主权、工作压力、工作期望、自尊、个人价值观和性别等。布朗（Brown，1996）则将就业满意度影响因素归纳成工作结果、个人差异、角色知觉、组织变项四类。克拉克（Clark，1998）通过对OECD国家的调查发现，薪资、工作忙碌程度、弹性工时、升迁与发展机会、工作稳定度、工作有趣程度、工作自主性、帮助他人机会、对社会贡献是决定员工就业满意度的重要因素。

表4-2　　　　　　　　研究者对就业满意度影响因素的分类

研究者	影响因素分类	因素归纳
霍波克（1935）	疲劳、工作单调、工作条件、领导方式	物理类因素和社会类因素（偏向物理类因素）
赫茨伯格（1959）	物理环境因素、社会因素、个人心理因素	物理类因素、社会类因素和个人类因素
洛克（1986）	工作本身、公平的待遇、良好的工作环境、人际关系、工作自主权、工作压力、工作期望、自尊、个人价值观和性别等	物理类因素、社会类因素和个人类因素
史密斯等（1969）	工作本身、工资升迁等	物理类因素
弗里德兰德和马古利斯（1969）	社会及技术环境、自我实现、被承认程度	社会类因素和个人类因素（偏向社会类因素）
西肖尔等（1975）	前因变项（环境因素与个人属性因素）、后果变项（人口统计变项、组织反应变项和社会反应变项）	社会类因素和个人类因素
布朗（1996）	工作结果、个人差异、角色知觉、组织变项	物理类因素、社会类因素和个人类因素（偏向个人类因素）
OECD（1998）	薪资、工作忙碌程度、弹性工时、升迁与发展机会、工作稳定度、工作有趣程度、工作自主性、帮助他人机会、对社会的贡献	物理类因素和社会类因素（偏向物理类因素）

尽管不同研究者的分类体系不尽相同，但影响就业满意度的因素可大致归为三大类：物理类因素、社会类因素和个人类因素。其中，物理类因素主要涉及工作本身和工作物理环境，包括工作内容的单调性、工作薪酬的高低、工作薪酬的晋升制度、工作场所的条件、工作环境的舒适性、设施的便利性等；社会类因素主要涉及员工对工作单位管理方面的态度、员工人际关系、上司领导类型和风格、社会对本职工作的看法与认可程度等；个人类因素主要涉及对本职工作意义的看法与态度、个人对单位的认同与归属程度、个人工作期望、自尊、个人价值观、个人受教育程度等个体变量。

二、就业满意度评价方法分析

评价就业满意度必然需要借助评价方法。总体而言，就业满意度评价方法归为两类：单一整体评价法和要素综合评分法。

（一）单一整体评价法

所谓单一整体评价法是通过单一问题考察被调查者的总体就业满意程度。该法一般只要求被调查者回答一个问题，较常见的问题如"总体来看，你对自己的工作满意吗"。同时，对问题选项的设置往往以 1~5 或 1~7 数字代表"非常不满意"与"非常满意"之间的各个程度。显然，单一整体评价法操作简单明了，是一种包容性更广的测量方法。但是，基于这种方法的评价结果仅为满意度单一得分，就业满意度各构成维度的具体分值却无从得知，因此该法不利于对就业满意度的具体分析，也不利于提出提升就业满意度的具体措施。

（二）要素综合评分法

要素综合评分法是通过对满意度各构成维度的调查最终得出被调查者就业满意度的一种方法。运用该法一般分为三个基本步骤：首先是设定就业满意度的构成维度；其次就各构成维度设置相关问题；最后运用综合评价方法对各构成维度的调查结果进行汇总和计算，最终得出被调查者的整体就业满意程度。与单一整体评价法相比，尽管要素综合评分法操作相对复杂，但评价结果具有较丰富的内涵。评价者不仅能获得就业满意度的总体情况，还可同时掌握满意度各构成维度的评价结果，针对满意度相对低的构成维度进行诊断分析以进一步提升整体就业满意度便成为可能。当然，如何分解就业满意度的各构成维度、如何选择科学的综合评价方法是运用要素综合评分法的关键。

三、就业满意度评价工具阐述

评价就业满意度还离不开满意度评价工具,较常见的评价工具分为以下几类:

(一) 工作描述指数(job descriptive index)

史密斯等(1969)设计了一种用以开展就业满意度调查的量表——工作描述指数(job descriptive index,JDI)。JDI将就业满意度分解为"对工作本身的满意等级""对报酬的满意等级""对提升的满意等级""对上司的满意等级""对同事的满意等级"五个构成维度。每个维度测量9个或18个项目,共72个项目。运用JDI不仅可了解五个构成维度的满意度程度,还可运用统计方法计算就业满意度总指数。JDI操作简单,是迄今应用最为广泛的就业满意度评价工具。

(二) 明尼苏达满意度调查表(minnesota satisfaction questionnaire)

韦斯等(Weiss et al.,1967)学者编制成明尼苏达满意度调查表(minnesota satisfaction questionnaire,MSQ)。MSQ将就业满意度分解为20个维度,分别涉及工作本身、公平待遇、人际关系、工作自主权、工作压力等因素,每个维度又分别设置了非常不满意、不满意、不确定、满意和非常满意五个选项,共100个选项,测量个体对能力发挥、成就感、能动性、晋升、权威、公司政策和实践、薪酬、同事、创造力、独立性、道德价值、赞誉、责任、安全感、社会服务、社会地位、人际关系管理、公司技术发展、公司多样化发展和工作条件20个工作层面的满意度。如果各选项分别以1、2、3、4、5计分,总的就业满意度便可通过加总20项的得分获得。

表4-3描述了一份典型的明尼苏达满意度调查表。可见,与JDI相比,MSQ给出了就业满意度各构成项满意程度的详细信息,显然是一种较为有效的评价工具,但填写如此复杂的一份MSQ无疑将花费更多的时间。

(三) 盖洛普咨询公司员工满意度调查问卷(Q12)

盖洛普咨询公司的员工满意度调查问卷包含12个问题,因此该问卷被形象地称为"Q12问卷"。尽管只有12个问题,问卷却涵盖了就业满意度归因的

表 4-3　　　　　　　　　一份典型的明尼苏达满意度调查表

您对自己工作这些方面的满意程度如何?

请问对你现在的工作感觉?	非常不满意	不满意	不确定	满意	非常满意
1. 能够使自己始终很忙					
2. 独立的工作机会					
3. 时常有做不同事情的机会					
4. 成为团体中一员的机会					
5. 上级对待职员的方式					
6. 管理者决策胜任能力					
7. 能够做不违背自己良心的事					
8. 工作所提供的稳定的就业方式					
9. 为别人做事的机会					
10. 为自己做事的机会					
11. 发挥自己能力的工作机会					
12. 公司政策付诸实践的方式					
13. 我的报酬与我所做的工作量					
14. 工作提升机会					
15. 使用自己判断的机会					
16. 按自己方式工作的机会					
17. 工作条件					
18. 同事间的相处方式					
19. 做好工作所得的赞扬					
20. 工作获得的成就感					

诸多方面。通过这 12 个问题的回答，可以很好地反映员工的工作认可度、事业成就感、合作和谐度、企业认同度等满足员工高层次需要的激励指标。这 12 个问题如下。

（1）Q1："我知道公司对我的工作要求"。工作要求是衡量自身进步的里程碑，知道公司对自己的要求如同知道通往成功的路径。

（2）Q2："我有做好我工作所需要的材料和设备"。向员工提供做好工作所需的材料和设备是支持员工工作的首要行为，同时也是最大限度发挥员工潜力的前提基础。

（3）Q3："在工作中，我每天都有机会做我最擅长做的事"。员工只有在工作中尽其所长时才能充分展现其潜力。当一个员工的天生优势与其工作相吻合时便可能出类拔萃。

（4）Q4："在过去七天里，我因工作出色受到表扬"。被认可和表扬如同建设良好工作环境的砖和瓦，每个人都需要获得认可以及由此而生的成就感。

（5）Q5："我觉得我的主管或同事关心我的个人情况"。经理和主管对员工的影响很大，其对员工的关心可以增加双方的信任度，而这种信任会左右员工对工作本身的看法。

（6）Q6："工作单位有人鼓励我发展"。工作使我们有机会每天接触新情况和发现新方法来迎接挑战。优秀的领导会挖掘员工的自身优势和个人才干，并鼓励其在适合自己的方向上发展。

（7）Q7："在工作中，我觉得我的意见受到重视"。所有就业者都希望他们的意见受到公司的重视，而是否使员工有此种感觉取决于公司如何倾听和对待他们的意见。这个问题往往被用来测量员工对工作和公司所产生的价值感，并能增强员工对公司的信心。

（8）Q8："公司使命/目标使我觉得我的工作很重要"。员工如果能将公司的价值、目标和使命与他们自己的价值相联系，就会有很强的归属感和目标感。如果员工认为他的工作对公司整个目标很重要，这将加大他的成就感。

（9）Q9："我的同事们致力于高质量的工作表现"。盖洛普在研究中还发现，员工对工作质量的精益求精也是影响团队业绩的关键因素。员工高质量的工作能增强团队精神，继而在整体上提高效率和改进质量。

（10）Q10："我在工作单位有一个最要好的朋友"。高质量的人际关系组成一个良好的工作场所，良好的工作场所会帮助员工建立对公司的忠诚度。忠诚度也存在于员工之间，员工关系对员工的去留往往产生决定性的影响。

（11）Q11："在过去六个月内，工作单位有人和我谈及我的进步"。员工往往并不了解他们的才干的具体表现，他们需要从经理那里获得反馈来发挥才干和产生效益。

（12）Q12："过去一年里，我在工作中有机会学习和成长"。学习和成长是人类天然需要。对员工来说，有机会学习才能更好、更有效地工作并获得快速成长。在调查中对每个问题设非常满意、比较满意、较不满意、不满意4个选项。

与JDI和MSQ相比，Q12主要针对团队的工作环境和员工的敬业度方面的测评，这12个问题与公司硬性的业绩指标紧密联系。同时，其不可避免地存有缺点，比如对员工较低层次需求满足的忽视、选项的设置并不科学、填写问卷较耗时等。

(四) 薪酬组合/员工满意度状态管理方格

薪酬组合/员工满意度状态管理方格 (management box of remuneration package/employee satisfaction state) 是罗伯特和简 (Robert and Jane, 1986) 设计的另一种较为有效的就业满意度评价工具。基于将就业满意度影响因素归纳为工作成就感、重要感、舒适度、挑战性、环境与条件、工资、福利、培训、晋升机会、上级主管领导对工作认可度、沟通、相互尊重及企业文化、参与管理等因素。罗伯特和简 (1986)、安德森和福内尔 (Anderson and Fornell, 2000) 根据员工所获报酬的实体形式，将工作的成就感、重要感、舒适度和挑战性等无形回报定义成"内在报酬"；将工资、福利、奖金、培训、晋升等员工为企业创造价值而获得的实际回报定义成"外在报酬"。据此，内在报酬和外在报酬共同构成影响就业满意度的重要方面。

图 4-1 描述了一张典型的薪酬组合/员工满意度状态管理方格图。其中，纵坐标表示员工的外在报酬，横坐标表示员工的内在报酬，外在报酬和内在报酬的组合统称为薪酬组合 (朱晓妹和王重鸣, 2006)。图 4-1 中的两条箭线即为员工满意度曲线，越靠近曲线的起点意味着员工的满意度越低，员工跳槽的可能性越大；相反地，越靠近曲线的终点意味着员工的满意度越高，员工越忠诚。杨乃定 (2000) 曾明确指出，企业可基于 MBRP 为每一位员工找出相应的位置点，人力资源部门可根据员工所处的状态进行合理描述和原因分析，进而为每一位员工制定较为合理的职业规划。

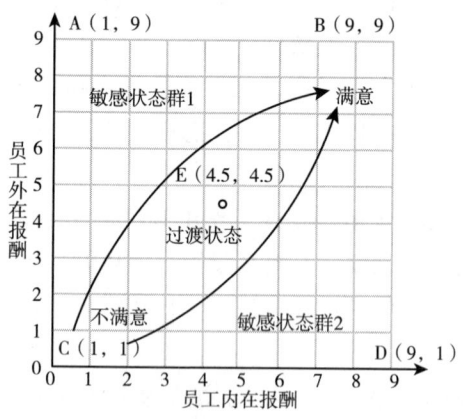

图 4-1　一张典型的薪酬组合/员工满意度状态管理方格

除上述工具之外，满意度评价的工具还有很多，如员工满意度的动态模型、工作诊断调查表、工作满足量表、语意差别量表、工作说明量表等，此处不一一赘述。

第二节　非正规部门就业者满意度综合评价

一、非正规部门就业者满意度调查基本设置

（一）非正规部门就业者满意度概念界定

尽管综合性定义能考量被调查者对就业满意度不同构面的整体感受，但终究不利于开展就业满意度的深度分析。同时，差距性定义又常常由于较抽象的语言表达而影响被调查者对问题的正确理解。因此，我们认为，选择"参考架构性"的定义方式来界定非正规部门就业者满意度是较为可行的一种方式[①]。

我们将非正规部门就业者满意度的概念界定为"非正规部门就业者基于自身参考框架对非正规部门工作特性加以解释后得到的结果"，是非正规部门就业者对一系列非正规部门工作特殊构面的满意感受。非正规部门工作的"客观"特征并不是影响非正规部门就业者态度及行为的重要因素，对非正规部门工作特征的感受和解释才是影响非正规部门就业满意度的重要因素。

（二）非正规部门就业者满意度特殊构面分解

我们将非正规部门就业者满意度的特殊构面分解为9项，分别是对工作收入的满意度、对社会地位的满意度、对工作情绪愉悦度的满意度、对工作态度积极度的满意度、对工作压力的满意度、对工作环境的满意度、对人际关系融洽度的满意度、对工作时间合理度的满意度、对被社会认可度的满意度，主要涉及非正规部门就业者满意度的物理影响因素和社会影响因素。同时，对各维度选项的设置，我们选择了七级标度，即"1表示非常不满意，2表示不满意，3表示比较不满意，4表示不确定，5表示比较满意，6表示满意，7表示非常满意"。我们设计的非正规部门就业者满意度量表如表4-4所示。

[①] 台湾地区学者徐光中曾将就业满意度的定义方式归为三类：综合性定义、差距性定义和参考性架构定义。

表 4-4　　　　　　　　非正规部门就业者满意度量表

您对自己工作这些方面的满意程度如何？
请您选择最适合的数字表示您的答案，在相应的空格处打"√"，谢谢您的配合！
请注意："1 表示非常不满意，2 表示不满意，3 表示比较不满意，4 表示不确定，5 表示比较满意，6 表示满意，7 表示非常满意"。

请问您对工作以下方面的满意程度？	1	2	3	4	5	6	7
Q1. 工作收入							
Q2. 社会地位							
Q3. 工作情绪愉悦度							
Q4. 工作态度积极度							
Q5. 工作压力							
Q6. 工作环境舒适度							
Q7. 人际关系融洽度							
Q8. 工作时间合理度							
Q9. 被社会认可度							

（三）非正规部门就业者满意度评价方法选择

我们选择要素综合评分法开展非正规部门就业者满意度评价。同时，对满意度各构成维度的调查结果，我们选择主成分分析（principal components analysis，PCA）进行汇总和计算。

PCA 也称主分量分析，其最早是作为多元数据的降维处理技术而提出的。作为一种经典的综合评价方法，PCA 在自然、生物、医学、管理和社会经济领域得到了极为广泛的应用。本质上看，PCA 是一个借助正交变换将分量相关的原随机向量转化成分量不相关的新随机向量的过程。这个过程的代数表现是原随机向量的协方差阵向对角形阵的转换，而几何表现则是原坐标系向新的正交坐标系的转换。基于正交坐标系指向样本点的 p 个正交方向，实现对多维变量系统的降维处理，使之能以较高的精度转换成低维变量系统。进一步地，通过适当价值函数的构造实现低维变量系统向一维变量系统的转化。假设降维前的变量共有 p 个，经标准化处理后的变量分别记为：x_1, x_2, ⋯, x_p，PCA 法可将其综合成 m 个主成分 f_1, f_2, ⋯, f_m，即"第一主成分"，"第二主成分"，⋯，"第 m 主成分"①。

---

① 尽管理论上可得到 p 个主成分，但鉴于后面 p~m 个主成分所包含的信息量少到几乎可以忽略不计，所以在实际的综合评价实践中，我们往往只取前 m 个主成分。

各主成分和变量之间的线性组合关系如下：

$$\begin{cases} f_1 = a_{11}x_1 + a_{12}x_2 + a_{13}x_3 + \cdots + a_{1p}x_p \\ f_2 = a_{21}x_1 + a_{22}x_2 + a_{23}x_3 + \cdots + a_{2p}x_p \\ \cdots \\ f_m = a_{m1}x_1 + a_{m2}x_2 + a_{m3}x_3 + \cdots + a_{mp}x_p \end{cases} \quad (4-1)$$

其中，$a_{k1}^2 + a_{k2}^2 + \cdots + a_{kp}^2 = 1$（k = 1，2，…，m；m≤p）。

PCA 的基本步骤一般分五步：（1）对原始数据做标准化处理；（2）计算相关系数矩阵；（3）计算相关系数矩阵的特征根；（4）计算特征向量；（5）构造 PC 评价函数。

二、基于因子分析的非正规部门就业者满意度综合评价

（一）非正规部门就业者满意度量表的信度检验

问卷信度是检验被调查者回答的真实性以及进行后续分析的基础。我们采用克朗巴哈系数（cronbach's alpha）以检验量表的信度，运用 SPSS 软件算得克朗巴哈系数值为 0.807，表明非正规就业者的满意度量表具有较好的信度水平。

（二）非正规部门就业者满意度量表因子分析适应性检验

1. 相关性及显著性检验

为个人收入满意度、社会地位满意度、工作情绪愉悦度、工作态度积极度、工作压力程度、工作环境舒适度、人际关系融洽度、工作时间合理度和当前工作社会认可度开展因子分析的必要前提是确定各变量间的相关关系。我们采用斯皮尔曼（spearman）等级相关系数对各变量间的相关程度进行计算。表 4-5 数据表明，大部分变量之间的相关系数较大（大于 0.25），各变量呈现较高的线性关系，能够从中提取公共因子，适合进行因子分析。

2. KMO 及巴特利特检验

我们进一步开展量表因子分析的适宜性检验。表 4-6 结果表明，巴特利特（Bartlett）球形检验统计量的观测值为 132.652，相应的概率 P 值接近于 0.000。概率 P 值小于显著性水平 α，应拒绝原假设，认为相关矩阵与单位矩阵有显著性差异，原有变量适合做因子分析。并且，KMO 值为 0.635，说明样本大小适宜因子分析。

表 4-5　　　　　　　满意度指标之间的相关系数矩阵表

变量	X_1	X_2	X_3	X_4	X_5	X_6	X_7	X_8	X_9
X_1	1	0.315	0.123	0.068	0.248	0.393	0.269	0.471	0.513
X_2	0.315	1	0.603	0.519	0.347	0.297	0.302	0.402	0.130
X_3	0.123	0.603	1	0.761	0.306	0.340	0.420	0.331	0.180
X_4	0.068	0.519	0.761	1	0.158	0.252	0.101	0.117	0.092
X_5	0.248	0.347	0.306	0.158	1	0.107	-0.043	0.342	0.254
X_6	0.393	0.297	0.340	0.252	0.107	1	0.583	0.292	0.773
X_7	0.269	0.302	0.420	0.101	-0.043	0.583	1	0.328	0.445
X_8	0.471	0.402	0.331	0.117	0.342	0.292	0.328	1	0.413
X_9	0.513	0.130	0.180	0.092	0.254	0.773	0.445	0.413	1

注：X_1 表示个人收入满意度，X_2 表示社会地位满意度，X_3 表示工作情绪愉悦度，X_4 表示工作态度积极度，X_5 表示工作压力程度，X_6 表示工作环境舒适度，X_7 表示人际关系融洽度，X_8 表示工作时间合理度，X_9 表示当前工作社会认可度。

表 4-6　　　　　　　　　KMO 及 Bartlett 检验

KMO 检验的 KMO 值		0.635
Bartlett's Test of Sphericity（Barelett 球形检验）	Approx. Chi-Square（卡方值）	132.652
	df（自由度）	36
	Sig.（显著性水平）	0.000

3. 公因子分析

我们接着进行量表的公因子分析。表 4-7 显示了所有变量的共同度数据。第一列是因子分析初始解下的变量共同度，表明了原有 9 个变量采用主成分分析法提取的所有特征值。第二列数据是在按指定提取条件提取特征值的共同度。可以看到绝大部分的信息被因子解释的程度都在 47.63% 以上，说明这些变量的信息丢失较少，本次因子分析提取的总体效果非常理想。

表 4-7　　　　　非正规部门就业者满意度公因子方差列表

变量	初始	共同度
个人收入满意度	1	0.6189
社会地位满意度	1	0.7987
工作情绪愉悦度	1	0.6347
工作态度积极度	1	0.6350

续表

变量	初始	共同度
工作压力程度	1	0.6259
工作环境舒适度	1	0.4763
人际关系融洽度	1	0.5464
工作时间合理度	1	0.5629
当前工作社会认可度	1	0.5831

（三）非正规部门就业者满意度因子分析

1. 变量初始特征值与解释的总方差

由表4-8可以看出，第一组数据项（第2列～第4列）描述了因子分解的初始解情况。可以看到，第一个因子的特征值为3.629，解释原有9个变量方差信息的40.32%，累计方差贡献率为40.32%，其余数据含义类似，累计方差解释度为100%；第二组数据描述了因子解的情况。可以看到，3个因子共解释了原有变量总方差的72.640%，此时，原有变量的信息丢失较少，因子分析效果较理想。第三组描述了最终因子解的情况。可见因子旋转后，总的累计方差贡献率没有变，也就是没有影响原有变量的共同度，但却重新分配了各个因子解释原有变量的方差，改变了各因子的方差贡献，使得因子更易于解释。碎石图4-2则更为形象地表明了提取三个因子是合适的。

表4-8　　　　　　　　　　解释的总方差

成分	初始特征值			提取平方和载入			旋转平方和转入		
	合计	方差贡献率（%）	累计方差贡献率（%）	合计	方差贡献率（%）	累计方差贡献率（%）	合计	方差贡献率（%）	累计方差贡献率（%）
1	3.629	40.319	40.319	3.629	40.319	40.319	2.402	26.683	26.683
2	1.706	18.951	59.270	1.706	18.951	59.270	2.293	25.482	52.165
3	1.203	13.370	72.640	1.203	13.370	72.640	1.843	20.475	72.640
4	0.746	8.294	80.934						
5	0.614	6.822	87.757						
6	0.471	5.233	92.990						
7	0.359	3.987	96.976						
8	0.149	1.651	98.628						
9	0.123	1.372	100.000						

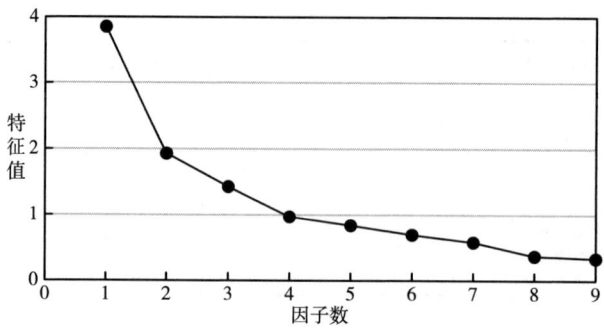

图4-2 非正规部门就业者满意度因子提取碎石图

2. 因子模型的构造

根据旋转后的非正规就业者满意度因子载荷矩阵（如表4-9所示），我们构造如下因子模型：

$$X_1 = 0.779F_1 + 0.104F_2 - 0.035F_3 + \varepsilon_1 \quad (4-2)$$

$$X_2 = 0.885F_1 + 0.101F_2 + 0.072F_3 + \varepsilon_2 \quad (4-3)$$

$$X_3 = 0.077F_1 + 0.793F_2 + 0.021F_3 + \varepsilon_3 \quad (4-4)$$

$$X_4 = -0.025F_1 + 0.461F_2 + 0.650F_3 + \varepsilon_4 \quad (4-5)$$

$$X_5 = 0.249F_1 - 0.246F_2 + 0.710F_3 + \varepsilon_5 \quad (4-6)$$

$$X_6 = 0.195F_1 + 0.660F_2 - 0.047F_3 + \varepsilon_6 \quad (4-7)$$

$$X_7 = -0.140F_1 + 0.616F_2 + 0.384F_3 + \varepsilon_7 \quad (4-8)$$

$$X_8 = 0.435F_1 + 0.587F_2 - 0.171F_3 + \varepsilon_8 \quad (4-9)$$

$$X_9 = 0.673F_1 + 0.070F_2 + 0.354F_3 + \varepsilon_9 \quad (4-10)$$

表4-9 旋转后的非正规就业者满意度因子载荷矩阵

满意度因子	1	2	3
个人收入满意度	0.779	0.104	-0.035
社会地位满意度	0.885	0.101	0.072
工作情绪愉悦度	0.077	0.793	0.021
工作态度积极度	-0.025	0.461	0.650
工作压力程度	0.249	-0.246	0.710
工作环境舒适度	0.195	0.660	-0.047
人际关系融洽度	-0.140	0.616	0.384
工作时间合理度	0.435	0.587	-0.171
当前工作社会认可度	0.673	0.070	0.354

注：所采用提取方法为主成分分析，旋转法为具有 Kaiser 标准化的正交旋转法。

通过主成分分析法进行方差最大正交旋转后，本书提取就业者主观因子、工作单位客观因子、就业者心理反馈因子这三个公共因子。其中，第一公共因子就业者主观因子对来自个人收入满意度、社会地位满意度、当前工作社会认可度的因素载荷较大，对全部信息的解释程度达 23.981%；第二公共因子工作单位客观因子则对来源于工作情绪满意度、工作环境舒适度、人际关系融洽度和工作时间合理度的因素载荷较大，对全部信息的解释程度达 23.193%；第三公共因子就业者心理反馈因子对来源于工作态度积极度和工作压力程度的因素载荷较大，对全部信息的解释程度达 13.735%。

由回归算法得到因子得分系数矩阵（如表 4-10 所示）。

表 4-10　　　　　非正规就业者满意度因子得分系数矩阵

满意度因子	成分		
	1	2	3
个人收入满意度	0.383	-0.027	-0.115
社会地位满意度	0.426	-0.050	-0.034
工作情绪愉悦度	-0.049	0.399	-0.060
工作态度积极度	-0.126	0.183	0.515
工作压力程度	0.083	-0.217	0.602
工作环境舒适度	0.031	0.324	-0.118
人际关系融洽度	-0.174	0.300	0.286
工作时间合理度	0.171	0.272	-0.240
当前工作社会认可度	0.296	-0.068	0.230

根据表 4-10 构造因子得分函数如下：

$$F_1 = 0.383X_1 + 0.426X_2 - 0.049X_3 - 0.126X_4 + 0.083X_5 \\ + 0.031X_6 - 0.174X_7 + 0.171X_8 + 0.296X_9 \quad (4-11)$$

$$F_2 = -0.027X_1 - 0.050X_2 + 0.399X_3 + 0.183X_4 - 0.217X_5 \\ + 0.324X_6 + 0.300X_7 + 0.272X_8 - 0.068X_9 \quad (4-12)$$

$$F_3 = -0.115X_1 - 0.034X_2 - 0.060X_3 + 0.515X_4 + 0.602X_5 \\ - 0.118X_6 + 0.286X_7 - 0.240X_8 + 0.230X_9 \quad (4-13)$$

上述三个因子反映了绝大部分的信息，其累计贡献率为 60.909%，以其方差贡献率作为权重，通过加权平均得到非正规就业者满意度综合得分模型如下：

$$F = (0.23981 \times F_1 + 0.23193 \times F_2 + 0.13735 \times F_3)/0.60909 \quad (4-14)$$
$$F = 0.1145X_1 + 0.1412X_2 + 0.1192X_3 + 0.1364X_4 + 0.0858X_5$$
$$+ 0.1092X_6 + 0.1099X_7 + 0.1167X_8 + 0.1424X_9 \quad (4-15)$$

（四）非正规部门就业者满意度聚类检验

聚类分析树状图（图4-3）进一步表明，因子分析得出就业者主观因子、工作单位客观因子、就业者心理反馈因子三个公共因子是合理的。

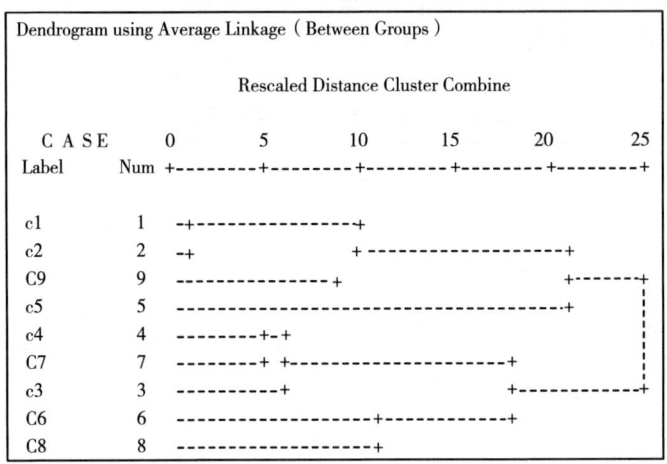

图4-3 非正规就业者满意度聚类分析

三、非正规部门就业者满意度指数模型的构建和评价

（一）非正规就业者满意度指标比较

在综合得分模型中，X_1、X_2、X_3、X_4、X_5、X_6、X_7、X_8、X_9代表量表的9个指标的满意度标准化评分，通过各个指标重要性比较（权重大小比较），发现X_4、X_9、X_2重要性要高于平均重要性，即非正规就业者的工作态度积极度、当前工作社会认可度和社会地位满意度对工作现状的整体满意程度的影响是最主要的（见图4-4）。

（二）非正规部门就业者满意度指数模型的构建与评级

根据因子分析结果，我们得到非正规部门就业者满意度综合评价模型：

第四章　非正规部门形成机制：基于就业者满意度评价的探究

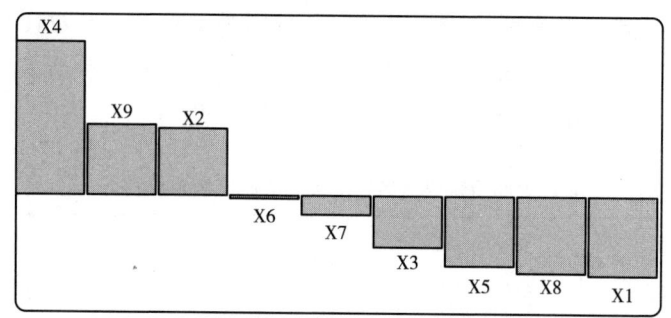

图 4-4　非正规就业者满意度指标重要性比较

$$F = 0.1145X_1 + 0.1412X_2 + 0.1192X_3 + 0.1364X_4 + 0.0858X_5$$
$$+ 0.1092X_6 + 0.1099X_7 + 0.1167X_8 + 0.1424X_9 \quad (4-16)$$

其中，当 $X_1 = X_2 = \cdots = X_9 = 1$ 时，$F = 1.0754$；当 $X_1 = X_2 = \cdots = X_9 = 7$ 时，$F = 7.5281$。

据此，非正规就业者满意度总指数模型便构造为：

$$满意度总指数 = (F - 1.0754) \times 100 / (7.5281 - 1.0754) \quad (4-17)$$

鉴于量表中将每个选项分为七个等次，我们也相应地将非正规部门就业者满意度总指数的评价等级划分为七个等次，如表 4-11 所示。

表 4-11　　非正规部门就业者满意度总指数评价等级

等级符号	等级含义	分值范围
A	满意度非常高	85.71～100 分
B	满意度很高	71.43～85.71 分
C	满意度比较高	57.14～71.43 分
D	满意度一般	42.86～57.14 分
E	满意度比较低	28.57～42.86 分
F	满意度很低	14.29～28.57 分
G	满意度非常低	0～14.29 分

（三）非正规部门就业者满意度总指数得分

非正规部门就业者满意度各构成维度的具体得分如表 4-12 所示。数据显示，非正规部门就业者对"人际关系融洽度""工作态度积极度""工作环境舒适度"三项指标的满意度较高,其得分分别为 4.9120、4.7241 和 4.1435;相比之下,非正规部门就业者对"社会地位满意度"和"个人收入满意度"两项指标的满意度较低,得分仅为 3.5241 和 3.3769。

表 4 – 12　　　　非正规部门就业者满意度各构成维度满意度得分

构成维度	个人收入满意度	社会地位满意度	工作情绪满意度
满意度得分	3.3769	3.5241	4.4046
构成维度	工作态度积极度	工作压力程度	工作环境舒适度
满意度得分	4.7241	4.0954	4.1435
构成维度	人际关系融洽度	工作时间合理度	当前工作社会认可度
满意度得分	4.9120	3.9287	4.0278

非正规部门就业者满意度指数为:

$$F = 0.1145X_1 + 0.1412X_2 + 0.1192X_3 + 0.1364X_4 + 0.0858X_5$$
$$+ 0.1092X_6 + 0.1099X_7 + 0.1167X_8 + 0.1424X_9 = 4.43 \quad (4-18)$$

$$满意度指数 = (4.43 - 1.0754) \times 100/(7.5281 - 1.0754) = 51.9875$$
$$(4-19)$$

据此,非正规部门就业者满意度总指数为 51.99,处于满意度评价等级表的 D 级,非正规就业者对其工作现状满意度一般。进一步地,基于对 1080 个调查样本进行满意度指数等级的统计结果显示(如图 4 – 5 所示),非正规部门就业者满意度频数分布符合正态分布。

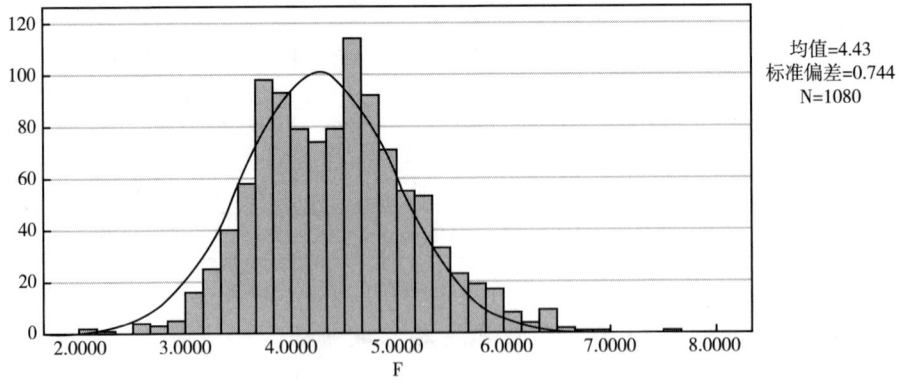

图 4 – 5　非正规部门就业者满意度指数频数分布

第三节 基于不同特征的非正规部门就业者满意度比较分析

一、不同性别的非正规部门就业者满意度差异比较

图 4-6 描述了不同性别的非正规部门就业者满意度分布情况。我们发现，男性非正规部门就业者满意度和女性非正规部门就业者满意度均集中于 C、D、E 等级分布区间，前者累计人数比例达 93.97%，后者累计人数比例达 92.50%。总体来看，男性非正规部门就业者满意度分布和女性非正规部门就业者满意度分布均接近于正态分布，均服从"中间多两头少"的分布规律。

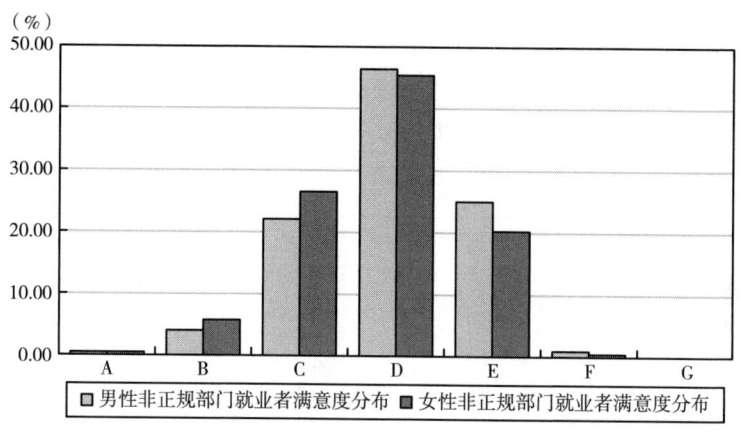

图 4-6 不同性别的非正规部门就业者满意度分布

表 4-13 描述了不同性别的非正规部门就业者满意度分布特征差异。比较而言，女性非正规部门就业者满意度分布的平均值为 52.99，男性非正规部门就业者满意度分布的平均值为 51.00，女性非正规部门就业者整体满意度略高于男性，这可能与女性较男性更容易满足的性格有关。同时，男性非正规部门就业者满意度分布的峰度大于女性非正规部门就业者满意度分布的峰度，表明男性非正规部门就业者满意度的分布更为集中。女性非正规部门就业者满意度分布的偏度大于男性非正规部门就业者满意度分布的偏度，表明满意度较高的女性人数比例高于满意度较高的男性人数比例。

表4-13　　　不同性别的非正规部门就业者满意度分布特征差异

统计量	男	女
平均值	50.9954	52.9859
标准值	11.4787	11.4960
峰度	0.3709	0.1090
偏度	0.2359	0.4112

二、不同年龄的非正规部门就业者满意度差异比较

图4-7描述了不同年龄的非正规部门就业者满意度分布情况。我们发现，不同年龄段的非正规部门满意度分布均服从"中间大两头小"的正态分布。其中，57.14%的60岁以上非正规部门就业者满意度集中于等级C；36.00%的50~60岁非正规部门就业者满意度集中于等级E；50.76%的40~50岁非正规部门就业者满意度、52.60%的30~40岁非正规部门就业者满意度和44.44%的20~30岁非正规部门就业者满意度均集中于等级D；56.92%的20岁以下非正规部门就业者满意度集中于等级E。

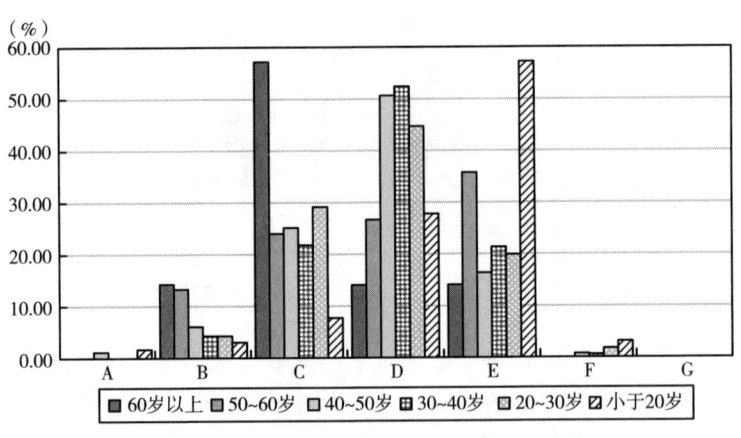

图4-7　不同年龄的非正规部门就业者满意度分布

表4-14进一步描述了不同年龄的非正规部门就业者满意度分布特征差异。比较而言，60岁以上的非正规部门就业者的整体满意度较高，其满意度平均值达59.25，这可能和60岁以上非正规就业者从事的工作较为轻便、工作时间较为合理，家庭和工作压力较小有关；20岁以下的非正规就业者的整体满意度较低，其满意度平均值为45.59，这可能和其对非正规部门工作具有较

高期望有关;尽管 50~60 岁非正规部门就业者的平均满意度也为 E 级,但该组就业者满意度的组合差异较 20 岁以下组的组内分布更大;20~30 岁、30~40 岁和 40~50 岁的非正规就业者满意度均为一般,其分布差异不大。

表 4-14　　不同年龄的非正规部门就业者满意度分布特征差异

统计量	20 岁以下	20~30 岁	30~40 岁	40~50 岁	50~60 岁	60 岁以上
平均值	45.5949	52.3417	51.4260	53.3295	52.8183	59.2532
标准值	12.3895	11.4527	10.2373	11.5076	14.3268	12.1589
峰度	5.9387	-0.1492	0.1867	0.6927	-0.9566	-0.4375
偏度	1.9814	-0.0002	0.2340	0.4134	0.2813	-0.3486

三、不同户口性质的非正规部门就业者满意度差异比较

我们考察了城市户口非正规部门就业者满意度和农村户口非正规部门就业者满意度的分布差异。图 4-8 和表 4-15 的数据显示,城市户口非正规就业者整体满意度略高于农村户口的非正规就业者整体满意度,两者分布均集中于等级 D,并不具有显著的差异。

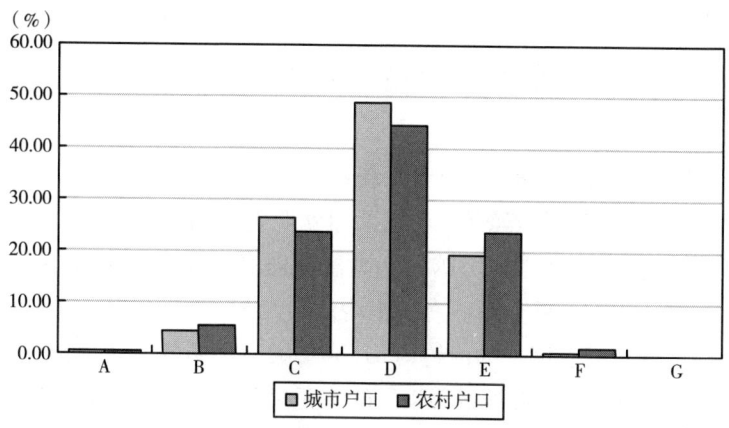

图 4-8　不同户口性质的非正规部门就业者满意度分布

我们还进一步考察了杭州人和非杭州人的非正规部门就业者满意度分布特征差异。表 4-16 数据显示,杭州本地的非正规部门就业者满意度高于非杭州本地的非正规部门就业者满意度,其满意度平均值分别为 54.57 和 50.37,这

可能和外来非正规部门就业者相对本地人在人际关系、社会关系等方面具有一定的劣势有关。但是，非杭州本地的非正规部门就业者满意度分布更为集中，其就业满意度集中于等级 D 的人数比例更高。

表 4-15　不同户口性质的非正规部门就业者满意度分布特征差异

统计量	城市户口	农村户口
平均值	52.7805	51.6230
标准值	10.6290	11.8891
峰度	0.1785	0.2840
偏度	0.1522	0.3897

表 4-16　杭州人和非杭州人的非正规部门就业者满意度分布特征差异

统计量	是杭州人	不是杭州人
平均值	54.5717	50.3653
标准值	11.5453	11.2224
峰度	0.0603	0.4873
偏度	0.2465	0.3652

四、不同学历的非正规部门就业者满意度差异比较

表 4-17 描述了不同学历的非正规部门就业者满意度差异比较。数据表明，对除"小学及以下"学历非正规部门就业者外的其余五组而言，非正规部门就业者满意度呈现"学历越高，满意度越高"的分布特征。具体来看，初中学历的非正规部门就业者满意度平均值约为 51.00，高中（中专）学历的非正规部门就业者满意度平均值约为 51.34、大专学历的非正规部门就业者满意度平均值约为 54.99、大学本科学历的非正规部门就业者满意度平均值约为 56.73、研究生及以上学历的非正规部门就业者满意度平均值高达约 58.33。可见，学历越高，非正规部门就业者满意度的提升幅度就越快。当然，较为特殊的是，小学及以下学历非正规部门就业者满意度平均值为 52.44，高于初中和高中（中专）学历的非正规部门就业者满意度，这可能和其因自身学历不高而保持较低的就业期望有关。

表 4-17　不同学历的非正规部门就业者满意度分布特征差异

统计量	小学及以下	初中	高中（中专）	大专	大学本科	研究生及以上
平均值	52.4381	51.0018	51.3422	54.9851	56.7252	58.3286
标准值	12.8322	11.3435	11.7531	10.9634	10.5210	8.2146
峰度	0.6251	0.6947	-0.1141	-0.1388	0.3403	—
偏度	0.2818	0.7120	0.1097	-0.1587	-0.0620	1.7321

就不同学历的非正规部门就业满意度内部分布而言，学历为高中（中专）和大专的非正规就业者满意度的离散程度较大，而没有受过正规教育及学历为小学、初中和大学本科的非正规就业者满意度更集中于一般水平（D级）；对于学历为大专和大学本科的非正规就业者，对工作整体满意度较低的人数多于满意度较高的人数，而对于没有受过正规教育及学历为小学、初中、高中（中专）和其他的非正规就业者，对工作整体满意度较高的人数多于满意度较低的人数，这可能与学历越高，就业者对其工作的期望值越高而对现状相对不满意有关。

五、不同工作年限及职业身份的就业者满意度差异比较

（一）不同工作年限的非正规部门就业者满意度差异比较

表 4-18 描述了不同工作年限的非正规部门就业者满意度差异比较。数据表明，非正规部门就业者满意度呈现"工作年限越长，满意度越高"的分布特征。具体来看，工作年限不到 1 年的非正规部门就业者满意度平均值约为 48.22、工作年限 1~3 年的非正规部门就业者满意度平均值约为 49.52、工作年限 3~5 年的非正规部门就业者满意度平均值约为 51.78、工作年限 5~10 年的非正规部门就业者满意度平均值约为 52.46、工作年限 10~15 年的非正规部门就业者满意度平均值约为 53.11、工作年限 15~20 年的非正规部门就业者满意度平均值约为 54.66、工作年限超过 20 年的非正规部门就业者满意度平均值约为 57.45。

表 4-18　不同工作年限的非正规部门就业者满意度分布特征差异

统计量	不到 1 年	1~3 年	3~5 年	5~10 年	10~15 年	15~20 年	20 年以上
平均值	48.2156	49.5234	51.7782	52.4631	53.1145	54.6641	57.4531
标准值	12.3111	11.2927	11.6583	10.3087	14.1113	9.0271	15.3216

就不同工作年限非正规部门就业者群体内部的满意度差异而言，20年以上群体内部的满意度差异较大，满意度标准值约为15.32；其次是工作年限为10~15年的非正规部门就业者群体，满意度标准值约为14.11；再次是工作年限不足1年的非正规部门就业者群体，其满意度标准值约为12.31。工作年限为1~3年的非正规部门就业者群体和工作年限5~10年的非正规部门就业者群体，其内部满意度差异相差不大，满意度标准值分别约为11.29和11.66。相比而言，工作年限为15~20年的非正规部门就业者群体，其内部满意度差异相对较小，满意度标准值约为9.03。

（二）不同职业身份的非正规部门就业者满意度差异比较

我们对非正规部门就业者与正规部门非正规就业者的就业满意度进行了考察和比较。表4-19数据显示，非正规部门的就业者（个体工商户）对工作的整体满意度最高，但组内差异较大，这可能是由于非正规部门涵盖的工种较多，导致工作压力、工作环境、工作时间、个人收入等较为分散不一，使得满意度离散程度也较大。

比较而言，事业单位的非正规就业者对工作整体的满意度最低，但是分布较为分散，其中满意度处在E级（满意度较低）的比例最高；政府机构的非正规就业者处在满意度一般水平的比例最高，这可能和政府单位的非正规就业者个人收入较为一致而工作类型、工作环境、工作时间等客观因素差异不大有关。

表4-19　不同职业身份的非正规部门就业者满意度分布特征差异

统计量	非正规部门	企业单位	事业单位	政府机构
平均值	54.1299	49.8908	47.0369	53.1297
标准值	11.6525	10.7580	11.8336	8.9117
峰度	0.4475	0.3052	-0.0741	3.9590
偏度	0.2069	0.5018	0.6094	-1.0966

六、不同行业的非正规部门就业者满意度差异比较

我们对从事不同行业的非正规部门就业者的满意度进行了考察。表4-20数据显示，不同行业工作类型的非正规就业者的工作满意度由高到低的排序为：金融业，房地产业，建筑业，食品、服装、纺织品等制造业，住宿与餐饮

业，交通运输业，居民服务与其他服务业，文化体育与娱乐业，批发零售业，其他行业，农林牧渔业。

表 4-20　　不同行业非正规部门就业者满意度指数比较

行业类型	平均值	标准值	峰度	偏度
农林牧渔业	45.4450	13.9960	—	—
食品、服装、纺织品等制造业	52.2109	13.2681	-0.3469	0.4228
建筑业	53.2234	11.1384	0.3717	0.5961
交通运输业	50.4692	12.7378	3.9722	-1.5505
批发零售业	49.1702	11.2691	-0.0735	0.1079
住宿与餐饮业	51.1250	9.6165	0.2444	0.1308
金融业	59.2254	7.8051	—	1.4586
房地产业	56.2381	8.6833	-1.4182	-0.8279
居民服务与其他服务	50.1059	10.6555	0.3556	0.4517
文化体育与娱乐业	49.3686	8.5862	0.3503	-0.2315
其他	46.7699	11.2284	2.7086	0.7158

其中，金融行业的非正规部门就业者对工作的满意度最高，分布较为集中；其次为房地产业非正规部门就业者，但是组内分布也相对集中；而从事农林牧渔业的非正规部门就业者工作满意度最低，且大多分布于 E 级，即满意度较低，这可能和其收入水平相对较低有关。

七、不同月薪的非正规部门就业者满意度差异比较

表 4-21 数据显示，非正规部门就业者整体满意度与月薪成正比，其中，月薪在 7500 元以上的非正规部门就业者对工作的整体满意度最高，集中处在 C 级，即满意度较高；而月薪在 1500 元以下的非正规部门就业者满意度最低，集中处在 D 级，即满意度一般。

表 4-21　　不同月收入非正规部门就业者满意度指数比较

统计量	1500 元以下	1500~3000 元	3000~4500 元	4500~6000 元	6000~7500 元	7500 元以上
平均值	48.4677	53.2243	52.7774	58.6496	61.7899	64.5134
标准值	10.4516	11.6059	10.9240	13.0555	6.2944	11.6170
峰度	0.2785	0.3800	0.6060	0.2283	-0.8685	0.5292
偏度	0.3778	0.2941	0.3211	-0.5673	0.0832	0.3874

第五章　非正规部门形成机制：基于就业者职业选择因素的探究

如果主流观点成立，那么非正规部门就业者将具有如下特征：（1）非正规部门就业者是由大量"农村户籍、低学历、低劳动技能"的劳动者构成；（2）非正规部门就业者从事着"低收入、低劳动保障、高劳动强度"的工作类型；（3）非正规部门就业者满意度较低；（4）由于被迫选择进入非正规部门，非正规就业者具有强烈的部门转换预期，成为正规部门就业者是最终期望。同时，非正规部门单位具有"生产单位小、投资规模小、盈利能力差"等特征。

那么，究竟非正规部门就业者是否被迫选择进入非正规部门呢？其是否具有十分强烈的部门转换预期呢？不同类型非正规部门就业者的职业选择因素究竟是什么？我们开展了较大规模的非正规就业者专项调查，本章试图通过对非正规部门就业者职业选择因素的考察和比较来验证基于主流观点的非正规部门形成机制。

第一节　非正规就业者职业选择因素初步考察

一、非正规就业者职业选择的积极因素分析

我们将非正规就业者职业选择的积极因素归纳为收入水平较高、工作时间较为自由灵活、个人兴趣爱好、进入门槛比较低、晋升机会比较大、规章制度约束少等。基于此，我们设置了多选题分别考察非正规部门就业者和正规部门非正规就业者职业选择的积极因素及其差异。

（1）非正规部门就业者选择进入非正规部门的原因并非出于"被迫"，而较多地集中于个人兴趣爱好、收入水平较高和工作时间较为自由灵活等积极因

素。表 5-1 数据显示，超过 50% 的非正规部门就业者因"个人兴趣爱好"而选择进入非正规部门；42.90% 的非正规部门就业者选择进入非正规部门出于"收入水平较高"；选择"进入门槛比较低""工作时间较为自由灵活""规章制度约束少"的非正规部门就业者人数比例分别占 37.20%、36.60% 和 32.66%。由此可以看出，劳动者之所以选择进入非正规部门就业主要是凭借个人的兴趣爱好，以兴趣为导向。同时，更高的收入、灵活的工作时间安排、较低的进入门槛和较少的制度规范也是非正规部门就业者择业的重要依据。

（2）正规部门非正规就业者选择目前工作的原因较多地集中于进入门槛比较低、个人兴趣爱好和规章制度少等积极因素。不同于非正规部门就业者，超过 56% 的劳动者主要因"进入门槛较低"而选择正规部门非正规就业；38.10% 的正规部门非正规就业者选择进入正规部门出于"个人兴趣爱好"；选择"规章制度约束少""工作时间较为自由灵活""收入水平较高"的正规部门非正规就业者人数比例分别占 35.49%、28.45% 和 24.10%。可见，正规部门对非正规就业者的招工要求比较低，对非正规就业者的约束力度也不是很强。当然，非正规就业者基于个人的兴趣爱好也乐于在正规部门工作。

表 5-1　　　　非正规就业者职业选择积极因素选择情况　　　单位：%

积极因素	非正规部门就业者选择人数比例	正规部门非正规就业者选择人数比例
收入水平较高	42.90	24.10
工作时间较为自由灵活	36.60	28.45
个人兴趣爱好	53.22	38.10
进入门槛比较低	37.20	56.32
晋升机会比较大	12.49	18.44
规章制度约束少	32.66	35.49
其他	8.10	5.27

二、非正规就业者职业选择的消极因素分析

为更客观地体现非正规就业者的职业选择因素特征，我们将非正规就业者职业选择的消极因素归纳为"学历达不到要求、工作经验不足、没有较强的社会关系、年龄偏大、招工地域歧视、招工性别歧视"等。基于此，我们同样设置了多选题分别考察非正规部门就业者和正规部门非正规就业者职业选

的消极因素及其差异。

（1）非正规部门就业者职业选择的消极因素集中于没有较强的社会关系、学历达不到要求和工作经验不足。表5-2数据表明，构成非正规部门就业者职业选择的消极因素主要集中在"没有较强的社会关系""学历达不到要求""工作经验不足"，选择这三因素的非正规部门就业者人数比例分别为46.35%、36.29%和35.18%。由此表明，较弱的社会关系和低学历是导致他们无法进入正规部门成为正规就业者的主要障碍，而缺乏相应的工作经验也是一个重要的影响因素。同时，选择其他选项的人数也相对较多，这也反映出影响非正规部门就业者择业的消极原因具有一定的复杂性和多样性，除了上述提到的部分共性消极原因外还存在大量的个性消极原因。

（2）正规部门非正规就业者职业选择的消极因素集中于学历达不到要求、工作经验不足和没有较强的社会关系。表5-2数据表明，尽管两类非正规就业者的职业选择消极因素均集中于学历达不到要求、没有较强的社会关系和工作经验不足三个方面，但正规部门非正规就业者职业选择的主要消极因素更偏向于"学历达不到要求"和"工作经验不足"，选择这两个因素的正规部门非正规就业者人数比例分别为47.12%和40.47%。"学历达不到要求"往往意味着从事非正规就业的劳动者因自身学历较低而被拒绝从事正规部门的正规就业；"工作经验不足"往往意味着从事非正规就业的劳动者因工作年限较短而被拒绝从事正规部门的正规就业。这在一定程度上体现出正规部门正规就业对劳动者的刚性要求，也反映出正规部门内部存在显著的部门内部分割。

表5-2　　　　非正规就业者职业选择消极因素选择情况　　　　单位：%

消极因素	非正规部门就业者选择人数比例	正规部门非正规就业者选择人数比例
学历达不到要求	36.29	47.12
工作经验不足	35.18	40.47
没有较强的社会关系	46.35	32.71
年龄偏大	18.46	21.33
招工地域歧视	17.47	15.47
招工性别歧视	15.69	19.23
其他	25.88	7.41

三、非正规就业者职业预期特征分析

我们将"非正规部门就业者愿意继续留在非正规部门就业的意愿"和"正规部门非正规就业者愿意继续留在正规部门从事非正规就业的意愿"统称为非正规就业者的职业预期。非正规就业者的职业预期对非正规部门的动态发展至关重要。考虑到职业身份的差异,我们分"非正规部门雇佣者职业预期""非正规部门被雇佣者职业预期"和"正规部门非正规就业者职业预期"三个角度对非正规就业者的职业预期进行调查和分析。

(一) 非正规部门雇佣者职业预期情况分析

调查结果显示,超过95%的非正规部门雇佣者表示"愿意继续干下去",仅有2.36%的雇佣者表示"如果有一个较好的工作则愿意放弃现有工作",另有一小部分雇佣者则表示"不确定"。当问及"是否打算扩大雇员规模"或"是否打算扩大经营规模(增加投资)"时,45.15%的雇佣者明确表示打算同时扩大雇员规模和追加投资,28.54%的雇佣者打算扩大雇员数量,38.66%的雇佣者表示打算增加投资,这预示着在未来一段时间内非正规部门仍具有较强的发展势头,非正规部门对就业者的吸纳数量会在目前基础上得到进一步的增加,且增加数量可观。

当然,仍然有超过20%的雇佣者不打算扩大雇员规模,超过15%的雇佣者打算继续维持既有的经营规模。造成这一现象的可能原因是部分雇佣者存在"小富即安"的心理,经营理念落后、自身实力不强、业主素质不高。

(二) 非正规部门被雇佣者职业预期情况分析

调查数据显示,打算长期就业于非正规部门的被雇佣者人数比例为47.2%,而不打算长期就业于非正规部门的被雇佣者人数比例为52.8%。由此可见,受一些主客体因素的影响,非正规部门对于劳动者的职业选择还是具有较大的吸引力。

我们对不打算长期成为非正规部门被雇佣者的劳动者开展了更为深入的职业预期调查。结果表明,尽管受制于创业资金、创业技术等资源约束,不打算长期就业于非正规部门的被雇佣者中仍有高达78.34%的劳动者打算今后在非正规部门自主创业,仅有21.66%的被雇佣者打算从事正规部门工作。由此可见，非正规部门雇佣者存在强烈的"职业身份转换"而并非"就业部门转换"①，成为非正规部门雇佣者是大部分非正规部门被雇佣者的追求。

（三）正规部门非正规就业者职业预期情况分析

调查结果显示，65.80%的正规部门非正规就业者打算继续留在正规部门从事非正规就业，34.20%的正规部门非正规就业者却打算离开正规部门，投向非正规部门。由此可知，大部分正规部门非正规就业者并不愿意离开正规部门，原因可能是在正规部门中工作更容易与所在单位签订正式劳动合同和获得办理社会保险的机会。但是，仍有三分之一左右的正规部门非正规就业者希望进入非正规部门，其可能原因是非正规部门就业者的收入异质性较大，他们可以通过在非正规部门中不断磨炼自己，不断提升个人的职业技能水平，从而获得更高的收入。

我们对打算离开正规部门而投向非正规部门的劳动者开展了更为深入的职业预期调查。结果表明，在所有打算今后离开目前工作而去非正规部门的正规部门非正规就业者中，75.28%的劳动者具有在非正规部门自主创业的意向，仅有24.72%的劳动者尚未有自主创业的打算。由此说明，很大一部分想进入非正规部门工作的非正规就业者具有自主创业精神，希望经过自身不断努力由被雇佣者转变为雇佣者，为非正规部门注入活力。而对于没有创业意向的这部分就业者，其将进一步扩大非正规部门被雇佣者的总量，扩充了非正规部门的劳动力市场。

第二节 非正规就业者职业稳定性选择影响因素探究

一、非正规就业者职业稳定性选择影响因素统计描述

我们将"非正规就业者今后继续从事非正规就业的意愿"定义成"非正规就业者的职业稳定性"，将"愿意今后继续从事非正规就业"的被调查者定义成"稳定非正规就业者"，将"不愿意今后继续从事非正规就业"的

---

① "职业身份转换"是指非正规部门被雇佣者向非正规部门雇佣者转换，其转换途径是自主创业；"就业部门转换"是指非正规部门被雇佣者向正规部门被雇佣者转换，其转换途径是应聘正规部门就业职位。

被调查者定义成"潜在正规就业者"。同时,我们将影响非正规就业者职业稳定性选择的因素分为主体因素和客体因素两类。其中,主体因素包括劳动者年龄、受教育年限、在杭生活时间、性别、户口、婚姻状况、是否是杭州本地人7个变量。同时,我们将劳动者年龄、受教育年限和在杭生活时间这三项设置为连续变量,将性别、户口、婚姻状况以及是否是杭州本地人这四项设置为虚拟变量。性别变量中男性设为1,女性设为0;户口变量中城市户口设为1,农村户口设为0;婚姻状况变量中已婚设为1,未婚设为0;杭州本地人变量中"是"设为1,"否"设为0。客体因素包括每小时工资、工作时间自由灵活程度、是否签订劳动合同、职业培训机会、是否办理社会保险5个变量。同时,我们将每小时工资设置为连续变量,将工作时间自由灵活程度、是否签订劳动合同、职业培训机会以及是否办理社会保险设置为虚拟变量。工作时间自由灵活程度变量中较大及以上设为1,一般及以下设为0;签订劳动合同变量中"是"设为1,"否"设为0;职业培训机会变量中很少及没有设为1,一般及以上设为0;办理社会保险变量中"是"设为1,"否"设为0。稳定非正规就业者和潜在正规就业者的主客体因素描述性统计分析结果见表5-3。

表5-3　　非正规就业者职业稳定性选择的主客体因素描述统计

影响因素		描述性统计量	稳定非正规就业者	潜在正规就业者
主体因素	性别 (男性=1)	平均数	0.54	0.47
		标准差	0.50	0.50
	年龄	平均数	35.76	34.81
		标准差	9.64	11.16
	户口 (城市=1)	平均数	0.32	0.30
		标准差	0.47	0.46
	婚姻状况 (已婚=1)	平均数	0.80	0.69
		标准差	0.40	0.46
	受教育年限	平均数	9.37	9.94
		标准差	3.12	3.20
	杭州本地人 (是=1)	平均数	0.38	0.39
		标准差	0.49	0.49
	在杭生活时间	平均数	19.11	17.40
		标准差	16.96	16.48

续表

影响因素		描述性统计量	稳定非正规就业者	潜在正规就业者
客体因素	每小时工资	平均数	11.20	8.94
		标准差	6.59	4.84
	工作时间自由灵活程度（较大及以上=1）	平均数	0.33	0.26
		标准差	0.47	0.44
	签订劳动合同（是=1）	平均数	0.73	0.77
		标准差	0.44	0.42
	职业培训机会（很少及没有=1）	平均数	0.31	0.42
		标准差	0.46	0.49
	办理社会保险（是=1）	平均数	0.85	0.81
		标准差	0.36	0.39

二、非正规就业者职业稳定性选择的 Logit 模型

我们构建了非正规就业者职业稳定性选择的 Logit 模型，以考察主客体因素对非正规就业者选择成为稳定非正规就业者和潜在正规就业者概率的影响，模型形式如下：

$$\ln\left(\frac{p_f}{1-p_f}\right) = \alpha_f + \sum \beta_{fi} X_{fi} + \sum \gamma_{fj} C_{fj} + \varepsilon_f \qquad (5-1)$$

其中，p_f 表示非正规就业者选择成为稳定非正规就业者的概率，$1-p_f$ 表示非正规就业者选择成为潜在正规就业者的概率；X_{fi} 表示影响非正规就业者类型选择的主体因素；C_{fj} 表示影响非正规就业者类型选择的客体因素；β_{fi} 和 γ_{fj} 分别表示主体因素和客体因素的参数估计值。同时，我们令稳定非正规就业者为1，潜在正规就业者为0。

利用 Eviews 软件建立 Logit 模型，回归分析结果如表 5-4 所示。从 LR 统计量可以看出，模型估计整体显著。

表 5-4　非正规就业者职业稳定性选择 Logit 模型估计结果

影响因素		估计结果
主体因素	性别（男性=1）	0.1980
	年龄	-0.0192

续表

影响因素		估计结果
主体因素	户口（城市 = 1）	0.1095
	婚姻状况（已婚 = 1）	0.5025*
	受教育年限	-0.0671**
	杭州本地人（是 = 1）	-0.9538**
	在杭生活时间	0.0254*
客体因素	每小时工资	0.0789**
	工作时间自由灵活程度（较大及以上 = 1）	0.1505
	签订劳动合同（是 = 1）	-0.5360**
	职业培训机会（很少及没有 = 1）	-0.5497**
	办理社会保险（是 = 1）	0.1158
LR 统计量		101.6273**

注：** 表示在1%水平下显著；* 表示在5%水平下显著。

三、影响非正规就业者职业选择稳定性的因素归纳

（一）影响非正规就业者职业选择稳定性的主体因素归纳

在7个主体因素中，婚姻状况、受教育年限、是否是杭州本地人和在杭生活时间对非正规就业者选择成为稳定的非正规就业者还是潜在正规就业者具有显著的影响。其中，婚姻状况和在杭生活时间对非正规就业者职业选择的稳定性具有正效应，受教育年限和是否是杭州本地人对非正规就业者职业选择的稳定性具有负效应。

这说明已婚和在杭州生活时间越长的非正规就业者更倾向于以后继续保持非正规就业者的角色，原因可能是已婚的非正规就业者较未婚的非正规就业者更加期望生活上的安定，并不想今后在工作上有较大的变动，以后转去正规部门工作的意愿较小。而对于在杭州生活时间越长的非正规就业者，他们更加了解杭州的劳动力需求情况以及自身适合从事的工作类型，因此他们更加安心于正在从事的工作。受教育年限越长和具有杭州本地人身份的非正规就业者更加倾向于以后迁出非正规就业者的行列而成为正规就业者。原因可能是受教育水平越高的非正规就业者越容易胜任正规部门的工作而成为正规就业者，而杭州本地人在杭州的社会关系条件优于外地人，因此可以通过熟人介绍或者其他渠

道获取正规部门的工作而成为正规就业者。

(二) 影响非正规就业者职业选择稳定性的客体因素归纳

在5个客体因素中,每小时工资、是否签订劳动合同和职业培训机会对非正规就业者选择成为稳定非正规就业者还是潜在正规就业者具有显著的影响。其中,每小时工资对非正规就业者职业选择的稳定性具有正效应,是否签订劳动合同和职业培训机会对非正规就业者职业选择的稳定性具有负效应。

这说明每小时工资越多的非正规就业者更加安心于现在的工作,其转换职业类型成为正规就业者的意愿较小。产生此现象的原因可能是非正规就业者如果能够获得比较高的劳动报酬,他们就会更加认可和喜爱目前的工作,因此其成为稳定非正规就业者的概率就越大。签订了劳动合同的非正规就业者更倾向于以后放弃当前工作而去正规部门成为正规就业者,这与人们的一般认识有所不同。本书认为产生这一现象的原因可能是部分非正规就业者并没有与雇主签订劳动合同,他们由于职业技能水平一般,即使辞去目前工作也不会对工作单位的运营情况产生重大影响,因此雇主并不需要与这一类非正规就业者签订劳动合同。而对于具有较高职业技能水平的非正规就业者,雇主为了留住人才可能会通过签订劳动合同的形式来硬性使这部分非正规就业者在合同期限内为其提供劳务。但是对于职业技能水平较高的非正规就业者而言,也许其目前选择这份工作是由于暂时在正规部门找不到合适的工作,但是他们并不会长期维持非正规就业者的身份,而是潜在正规就业者。职业培训机会越少,非正规就业者越倾向于以后成为正规就业者。因为职业培训能够使就业者快速提升职业技能,所以一般而言就业者都希望获得较多的职业培训机会,更加希望进入能够提供较多职业培训机会的工作单位。而在一般情况下,正规就业者获得的职业培训机会较多。因此,非正规就业者如果在目前工作中不能够得到适量的职业培训机会,那么他们会出于提升个人职业技能水平的考虑而期望成为正规就业者。

第三节 非正规就业者部门选择和职业身份选择的影响因素探究

一、非正规就业者部门选择与职业身份选择的初步分析

鉴于非正规就业者存在"非正规部门就业者"和"正规部门非正规就业

者"的部门差异,非正规部门就业者还存在"非正规部门雇佣者"和"非正规部门被雇佣者"的身份差异,我们将前一种选择称为非正规就业者的部门选择,后一种选择称为非正规就业者的职业身份选择。

为考察非正规就业者的部门选择,我们对非正规就业者的上一份工作性质展开了调查。我们发现,部分非正规就业者没有工作经验、部分非正规就业者以前供职于正规部门、部分非正规就业者的上一份工作仍是非正规部门工作,我们因此将非正规就业者的来源分为初次就业者、正规就业者和非正规就业者三类。同时,根据被调查者目前所属非正规就业者职业身份类型,我们将非正规就业者的去向分为非正规部门雇佣者、非正规部门被雇佣者和正规部门非正规就业者三类。

表 5-5 清晰地展示了非正规就业者部门选择和职业身份选择情况。从横向看,成为非正规就业者的初次就业者中,有 45.2% 成为正规部门非正规就业者,有 54.8% 成为非正规部门就业者,其中雇佣者占 16.9%,被雇佣者占 37.9%。由此说明,如果初次就业者想成为非正规就业者,那么选择成为非正规部门就业者的人数大于选择成为正规部门非正规就业者的人数,并且成为被雇佣者的人数大于成为雇佣者的人数。导致这一现象的原因可能是正规部门即使针对非正规就业者,其准入门槛也较非正规部门高,或者是初次就业者本身就更加偏好于非正规部门。另外,由于初次就业者一般没有足够的资本积累和丰富的社会工作经验,因此大部分初次就业者成为被雇佣者而没有马上开始在非正规部门中进行小型创业。

表 5-5　　　　非正规就业者职业身份选择和部门转换分布情况　　　　单位:%

就业者类型		去向			合计
		非正规部门雇佣者	非正规部门被雇佣者	正规部门非正规就业者	
来源	初次就业者	16.9	37.9	45.2	100
		16.3	30.5	21.8	23.0
	正规就业者	12.5	13.5	74.0	100
		15.2	13.6	44.7	28.8
	非正规就业者	33.8	33.1	33.1	100
		68.5	55.8	33.5	48.2
合计		23.8	28.5	47.6	100
		100	100	100	100

对于成为非正规就业者的正规就业者而言,他们中绝大部分成为正规部门

非正规就业者。产生这一现象的原因可能是某些正规就业者由于身体原因或者其他突发不利事件使得自己无法胜任原来的工作而成为正规部门非正规就业者,或者是某些正规就业者退休后仍然为原先的工作单位做一些简单的体力工作。这也进一步说明了以前是正规就业者的求职者更愿意在正规部门工作,同时正规部门在招非正规就业者时也优先考虑有正规就业经历的求职者。

对于原先就是非正规就业者的劳动者而言,如果他们仍然保持非正规就业者的职业身份不变,那么选择成为非正规部门就业者的占66.9%,成为正规部门非正规就业者的占33.1%。这说明非正规部门吸纳非正规就业者的能力高于正规部门,非正规就业者也更容易在非正规部门找到合适的工作。

从纵向看,68.5%的非正规部门雇佣者和55.8%的非正规部门被雇佣者来源于非正规就业者,从中可以看出,非正规部门就业者的主要来源是那些原先已经从事非正规就业的劳动力。此外,根据正规部门非正规就业者的来源在初次就业者、正规就业者和非正规就业者中的分布情况,得知正规部门非正规就业者的主要来源是正规就业者,与非正规部门就业者的主要来源有所不同。这说明大部分劳动力处于在同一部门之间流动的状态,跨部门流动的概率小于同部门流动的概率。导致该现象的原因可能是正规部门和非正规部门在吸纳非正规就业者时优先考虑原先在本部门工作的劳动力,或者劳动力本身更倾向于在同一部门之间流动,跨部门流动的意愿较小。

二、非正规就业者部门选择和职业身份选择的影响因素统计描述

同样,我们将影响非正规就业者部门选择和职业身份选择的因素归为主体因素和客体因素两类。其中,主体因素包括劳动者年龄、受教育年限、在杭生活时间、性别、户口、婚姻状况、是否是杭州本地人7个变量。客体因素包括每小时工资、工作时间自由灵活程度、是否签订劳动合同、职业培训机会、是否办理社会保险5个变量。非正规就业者部门选择和职业身份选择因素的统计描述如表5-6所示。

表5-6 非正规就业者部门选择和职业身份选择的主客体因素描述统计

影响因素		描述性统计量	非正规部门就业者	正规部门非正规就业者	非正规部门雇佣者	非正规部门被雇佣者
主体因素	性别（男性=1）	平均数	0.51	0.50	0.54	0.49
		标准差	0.50	0.50	0.50	0.50

续表

影响因素		描述性统计量	非正规部门就业者	正规部门非正规就业者	非正规部门雇佣者	非正规部门被雇佣者
主体因素	年龄	平均数	35.07	35.47	37.06	33.44
		标准差	9.69	11.27	9.21	9.78
	户口（城市=1）	平均数	0.32	0.29	0.49	0.18
		标准差	0.47	0.46	0.50	0.39
	婚姻状况（已婚=1）	平均数	0.76	0.72	0.85	0.69
		标准差	0.43	0.45	0.36	0.46
	受教育年限	平均数	9.33	9.99	9.65	9.07
		标准差	3.24	3.09	3.12	3.32
	杭州本地人（是=1）	平均数	0.43	0.33	0.55	0.33
		标准差	0.50	0.47	0.49	0..47
	在杭生活时间	平均数	20.14	16.06	25.61	15.57
		标准差	16.97	16.17	17.01	15.58
客体因素	每小时工资	平均数	10.96	8.99	12.67	9.54
		标准差	6.11	5.40	7.32	4.41
	工作时间自由灵活程度（较大及以上=1）	平均数	0.38	0.20	0.58	0.21
		标准差	0.49	0.40	0.49	0.41
	签订劳动合同（是=1）	平均数	0.63	0.88	1.00	0.33
		标准差	0.48	0.33	0.00	0.47
	职业培训机会（很少及没有=1）	平均数	0.30	0.44	0.00	0.56
		标准差	0.46	0.49	0.00	0.50
	办理社会保险（是=1）	平均数	0.78	0.61	1.00	0.60
		标准差	0.41	0.49	0.00	0.49

注：虽然非正规部门雇佣者并没有涉及签订劳动合同、职业培训机会和办理社会保险这三个客体因素，但是由于这部分调查对象相当于非正规就业者中的"企业家"，因此本书认为该部分调查对象可以全部视为签订劳动合同变量等于1、职业培训机会变量等于0、办理社会保险变量等于1。

三、非正规就业者部门选择和职业身份选择的 Logit 模型

（一）非正规就业者部门选择模型和职业身份选择模型的构建

为考察主客体因素对非正规就业者选择成为非正规部门就业者和正规部门

非正规就业者概率的影响，我们构建了非正规就业者的部门选择 Logit 模型，模型形式如下：

$$\ln\left(\frac{p_{bf}}{1-p_{bf}}\right) = \alpha_{bf} + \sum \beta_{bfi} X_{bfi} + \sum \gamma_{bfj} C_{bfj} + \varepsilon_{bf} \quad (5-2)$$

其中，p_{bf}表示非正规就业者选择成为非正规部门就业者的概率，$1-p_{bf}$表示非正规就业者选择成为正规部门非正规就业者的概率；X_{bfi}表示影响非正规就业者部门选择的主体因素；C_{fbj}表示影响非正规就业者部门选择的客体因素；β_{bfi}和γ_{bfj}分别表示主体因素和客体因素的参数估计值。同时，我们令非正规部门就业者为1，正规部门非正规就业者为0。

我们构建了非正规就业者的职业身份选择 Logit 模型，考察主客体因素对非正规部门就业者选择成为非正规部门雇佣者和非正规部门被雇佣者概率的影响，模型形式如下：

$$\ln\left(\frac{p_{sf}}{1-p_{sf}}\right) = \alpha_{sf} + \sum \beta_{sfi} X_{sfi} + \sum \gamma_{sfj} C_{sfj} + \varepsilon_{sf} \quad (5-3)$$

其中，p_{sf}表示非正规就业者选择成为非正规部门雇佣者的概率，$1-p_{sf}$表示非正规就业者选择成为非正规部门被雇佣者的概率；X_{sfi}表示影响非正规就业者职业身份选择的主体因素；C_{sfj}表示影响非正规就业者职业身份选择的客体因素；β_{sfi}和γ_{sfj}分别表示主体因素和客体因素的参数估计值。同时，我们令非正规部门雇佣者为1，正规部门被雇佣者为0。

（二）非正规就业者部门选择影响因素归纳

方程（5-2）的参数估计结果如表 5-7 所示。从 LR 统计量可以看出，模型整体上是显著的。

从主体因素来看，年龄、婚姻状况、受教育年限和在杭生活时间对非正规就业者选择成为非正规部门就业者还是正规部门非正规就业者具有显著的影响。其中，婚姻状况和在杭生活时间对其选择的影响具有正效应，这表明已婚和在杭生活时间越长的非正规就业者越有可能是非正规部门就业者；年龄和受教育年限对其选择的影响具有负效应，这表明年龄越大和受教育水平越高的非正规就业者越有可能是正规部门非正规就业者。

从客体因素来看，每小时工资、工作时间自由灵活程度、是否签订劳动合同、职业培训机会以及是否办理社会保险对非正规就业者选择成为非正规部门就业者还是正规部门非正规就业者具有显著的影响。其中，每小时工资和工作

第五章 非正规部门形成机制：基于就业者职业选择因素的探究

表5-7 非正规就业者部门选择模型和职业身份选择模型参数估计结果

影响因素		方程（5-2）参数估计结果		方程（5-3）参数估计结果	
		非正规部门就业者	正规部门非正规就业者	非正规部门雇佣者	非正规部门被雇佣者
主体因素	性别（男性=1）	0.1076		0.3620	
	年龄	-0.0319**		0.0344	
	户口（城市=1）	0.1499		0.3769	
	婚姻状况（已婚=1）	0.6401**		0.1411	
	受教育年限	-0.0722**		-0.0450	
	杭州本地人（是=1）	-0.5333		-0.4067	
	在杭生活时间	0.0329**		0.0196	
客体因素	每小时工资	0.0768**		0.0845*	
	工作时间自由灵活程度（较大及以上=1）	0.7158**		1.5861**	
	签订劳动合同（是=1）	-1.9097**		5.0290**	
	职业培训机会（很少及没有=1）	-1.0311**		-5.5392**	
	办理社会保险（是=1）	-0.6772**		3.4501**	
	LR统计量	263.4417**		516.8072**	

注：** 表示在1%水平下显著；* 表示在5%水平下显著。

时间自由灵活程度对其选择的影响具有正效应，是否签订劳动合同、职业培训机会和是否办理社会保险对其选择的影响具有负效应。这说明每小时工资越高和目前工作自由灵活程度越大的非正规就业者越有可能是非正规部门就业者。原因可能是非正规部门就业者较正规部门非正规就业者更可能凭借个人的能力而获得高的劳动报酬，而在正规部门工作的非正规就业者并不能有效地发挥个人特长并不被领导重视，因而工资水平也很难得到进一步的提高。已经签订劳动合同、获得职业培训的机会越少和已经办理社会保险的非正规就业者越有可能是正规部门非正规就业者。其中，是否签订劳动合同和是否办理社会保险对非正规就业者类型选择的影响符合人们一般的认知，因为与非正规部门相比，正规部门更有可能为非正规就业者签订劳动合同和办理社会保险。职业培训机会对非正规就业者类型选择的影响与预期结果不符，但是如果将职业培训的含义进行适当的扩展，那么就可以理解产生这一现象的原因了。职业培训并不仅仅指正规部门组织的专门为提升员工职业技能服务的正式培训，也可以指非正规部门雇佣者自身或者请有工作经验的已雇员工为新招员工做实际工作上的指导，例如某一个人的小型五金加工单位中，老员工已经十分熟悉某一产品的加工流程及要求，但是新招进来的雇员并不了解这方面的知识，甚至以前从来没有接触过车床，该单位的经营者往往亲自或者让老员工指导新员工进行正确的车床操作及产品生产，新员工也因此迅速提高了这一方面的职业技能。就广义的职业培训而言，正规部门非正规就业者由于从事的工作并没有正规就业者那么复杂，其获得的职业培训机会可能比较有限，而非正规部门就业者为了胜任本来并不熟悉的工作可能每天的经历都是一个职业培训机会，尤其是对刚从事一项陌生工作的非正规部门就业者而言。

(三) 非正规就业者职业身份选择影响因素归纳

方程（5-3）参数估计结果如表5-7所示。从 LR 统计量可以看出，模型整体上是显著的。从主体因素来看，所有主体因素均不对非正规就业者选择成为非正规部门雇佣者还是非正规部门被雇佣者产生显著的影响；从客体因素来看，每小时工资、工作时间自由灵活程度、是否签订劳动合同、职业培训机会以及是否办理社会保险对非正规就业者选择成为非正规部门雇佣者还是非正规部门被雇佣者具有显著的影响。其中，每小时工资、工作时间自由灵活程度、是否签订劳动合同和是否办理社会保险对其选择的影响具有正效应，职业培训机会对其选择的影响具有负效应。

这说明每小时工资越多、工作时间自由灵活程度越大、已经签订劳动合同和办理社会保险的非正规就业者越有可能是非正规部门雇佣者，同时，获得职业培训机会越少的非正规就业者越有可能是非正规部门被雇佣者，这一结论符合人们的一般认知。因为一般情况下雇佣者的收入比被雇佣者高是一个不争的事实，那么每小时工资越多的非正规就业者就越有可能是雇佣者。雇佣者作为非正规部门中的经营者，其工作时间较不稳定，并没有硬性的上下班时间，他们可以根据实际的经营情况而自由调配个人作息时间，因而雇佣者的工作时间自由灵活程度较被雇佣者大。由于所有的非正规部门雇佣者相当于非正规就业者中的"企业家"，本书认为这部分调查对象可等价于已经签订了劳动合同、办理了社会保险和获得了一般及以上的职业培训机会，因此产生上述关于是否签订劳动合同、办理社会保险和职业培训机会对非正规就业者类型选择的影响是必然的。

第四节 非正规就业者行业选择的影响因素探究

一、非正规就业者行业转换的初步考察

比较上一份工作和目前工作，非正规就业者不仅存在部门流动和职业身份流动，还存在着行业流动。类似地，我们通过调查非正规就业者上一份工作和目前工作的行业类型，对非正规就业者的行业流动情况进行考察。

表5-8描述了非正规就业者的行业转换基本情况。从横向看，初次就业者进入建筑业的人数最多，占21.9%，进入批发零售业的人数其次，占18.4%。这表明初次就业的非正规就业者最容易进入的行业是建筑业，其次是批发零售业。原因可能是目前动工建造的项目比较多，建筑业中缺乏建筑工人，而大量的外来务工人员恰好可以满足用人单位的需要，因此建筑业成为吸纳初次就业者的最大容器。一般而言，建筑业主要吸纳的是男性非正规就业者，而对于女性非正规就业者，她们更加适合做销售方面的工作。因此，批发零售业成为吸纳初次就业者的第二大容器。几乎所有的初次就业者均选择在第二产业或者第三产业就业，第一产业对其的吸引力极低。

表5-8　　　　非正规就业者行业流动情况　　　　单位：%

行业类型		下一份工作											合计
		农林牧渔业	制造业	建筑业	交通运输业	批发零售业	住宿与餐饮业	金融业	房地产业	居民服务与其他服务	文化体育与娱乐业	其他	
上一份工作	无上一份工作	0.0	9.7	21.9	0.5	18.4	15.3	0.5	0.5	13.8	4.6	14.8	100
		—	10.4	37.4	3.6	15.1	21.6	—	—	12.2	26.5	46.8	19.0
	农林牧渔业	0.8	15.0	11.7	3.3	33.3	9.2	0.0	0.0	22.5	0.8	3.3	100
		—	9.8	12.2	14.3	16.8	7.9	—	—	12.2	2.9	6.5	11.7
	制造业	0.0	21.4	7.5	3.5	29.4	9.5	0.0	0.5	21.8	3.0	4.0	100
		—	23.5	13.0	25.0	24.8	13.7	—	—	19.5	17.6	12.9	19.5

续表

行业类型		下一份工作										合计
		农林牧渔业	制造业	建筑业	交通运输业	批发零售业	住宿与餐饮业	金融业	房地产业	居民服务与其他服务	文化体育与娱乐业	其他	
上一份工作	建筑业	0.0	33.6	17.7	2.7	8.0	8.0	0.0	0.9	23.9	4.4	0.9	100
		—	20.8	17.4	10.7	3.8	6.5	—	—	12.2	14.7	1.6	11.0
	交通运输业	0.0	20.9	14.0	4.7	14.0	7.0	0.0	0.0	37.2	0.0	2.3	100
		—	4.9	5.2	7.1	2.5	2.2	—	—	7.2	0.0	1.6	4.2
	批发零售业	0.0	9.7	5.4	1.1	41.9	15.1	0.0	0.0	20.4	2.2	4.3	100
		—	4.9	4.3	3.6	16.4	10.1	—	—	8.6	5.9	6.5	9.0
	住宿与餐饮业	0.9	27.9	1.8	1.8	22.5	20.7	0.0	0.9	18.0	1.8	3.6	100
		—	16.9	1.7	7.1	10.5	16.5	—	—	9.0	5.9	6.5	10.8
	金融业												—
		—	0.0	0.0	0.0	0.0	0.7	—	—	0.0	0.0	0.0	0.3
	房地产业												—
		—	0.5	0.0	0.0	0.0	0.7	—	—	0.0	0.0	0.0	0.2
	居民服务与其他服务	0.0	10.6	6.7	4.8	19.2	23.1	0.0	0.0	25.0	6.7	3.8	100
		—	6.0	6.1	17.9	8.4	17.3	—	—	11.8	20.6	6.5	10.1
	文化体育与娱乐业	0.0	8.3	16.7	25.0	16.7	16.7	0.0	0.0	51.6	3.2	19.4	100
		—	0.5	1.7	10.7	0.8	1.4	—	—	2.9	1.6	1.2	
	其他	0.0	9.7	3.2	0.0	6.5	6.5	0.0	0.0	51.6	3.2	19.4	100
		—	1.6	0.9	0.0	0.8	1.4	—	—	7.2	2.9	9.7	3.0
	合计	0.2	17.8	11.2	2.7	23.1	13.5	0.3	0.4	21.5	3.3	6.0	100
		—	100	100	100	100	100	100	100	100	100	100	100

注：由于行业类型属于农林牧渔业、金融业和房地产业的被调查者人数过少，计算该行业的人员结构比例没有实际意义，因此均用"—"表示。

对于原来从事第一产业的非正规就业者，他们主要进入的是批发零售业，其次是居民服务与其他服务，再次是制造业。对于原来在制造业工作的非正规就业者，他们主要进入的是批发零售业。对于原来在建筑业工作的非正规就业者，他们主要进入的是制造业。这表明大量原属于第一产业的就业者成为第二和第三产业的非正规就业者，而原属于第二产业的就业者中，一部分成为第三产业的非正规就业者，另一部分仍然在第二产业工作，但是会频繁地出现第二产业行业内部转换现象。

对于原来在交通运输业工作的非正规就业者，他们主要进入的是居民服务与其他服务业。对于原来在批发零售业工作的非正规就业者，他们中的大部分仍然在批发零售业工作。对于原来在住宿与餐饮业工作的非正规就业者，进入制造业的占27.9%，进入批发零售业的占22.5%。对于原来在居民服务与其他服务业工作的非正规就业者，进入住宿与餐饮业的占23.1%，仍然在该行业工作的占25.0%。原属于文化体育与娱乐业的非正规就业者中，有51.6%进入了居民服务与其他服务业。这表明原来在第三产业工作的非正规就业者中，有一小部分成为第二产业的非正规就业者，而绝大部分就业者仍然就业于第三产业，但是第三产业各行业之间非正规就业者的流动性较大。

从纵向看，制造业的非正规就业者主要来源于原来就在制造业工作的就业者，其次来源于建筑业。交通运输业、批发零售业和居民服务与其他服务业的非正规就业者主要来源于制造业。建筑业、住宿与餐饮业和文化体育与娱乐业的非正规就业者主要来源于初次就业者。这一现象说明第二产业的非正规就业者主要来源于该产业内部，而第三产业的非正规就业者主要来源于第二产业和初次就业的劳动力市场。

二、稳定非正规就业者和潜在正规就业者行业选择 Logit 模型构建

表5-8显示，第二产业内部、第三产业内部以及第二产业与第三产业之间非正规就业者的流动性较大，那么影响非正规就业者行业类型选择的因素是什么呢？同样，本书按照三种分类标准将非正规就业者划分为稳定非正规就业者和潜在正规就业者、非正规部门就业者和正规部门非正规就业者、非正规部门雇佣者和非正规部门被雇佣者。同时，影响非正规就业者行业类型选择的因素也分为主体因素和客体因素两部分，采用 Logit 模型分别拟合主客体因素对非正规就业者选择进入第二产业或者第三产业概率的影响。

（一）稳定非正规就业者和潜在正规就业者行业选择的 Logit 模型

我们将影响非正规就业者行业选择的因素归为主体因素和客体因素两类。其中，主体因素包括劳动者年龄、受教育年限、在杭生活时间、性别、户口、婚姻状况、是否是杭州本地人7个变量。客体因素包括每小时工资、工作时间自由灵活程度、是否签订劳动合同、职业培训机会、是否办理社会保险5个变

量。基于调查数据,我们对从事第二、第三产业的稳定非正规就业者和潜在正规就业者的主体因素、客体因素进行了描述,如表5-9所示。

表5-9 稳定非正规就业者和潜在正规就业者行业选择影响因素描述性统计

影响因素		描述性统计量	稳定非正规就业者		潜在正规就业者	
			第二产业	第三产业	第二产业	第三产业
主体因素	性别(男性=1)	平均数	0.68	0.49	0.52	0.47
		标准差	0.47	0.50	0.50	0.50
	年龄	平均数	37.43	35.14	35.66	35.09
		标准差	8.65	10.00	10.43	11.51
	户口(城市=1)	平均数	0.18	0.39	0.17	0.33
		标准差	0.38	0.49	0.38	0.47
	婚姻状况(已婚=1)	平均数	0.89	0.77	0.76	0.70
		标准差	0.32	0.42	0.43	0.46
	受教育年限	平均数	8.12	9.83	8.25	10.10
		标准差	3.09	2.89	3.00	3.08
	杭州本地人(是=1)	平均数	0.36	0.38	0.39	0.37
		标准差	0.48	0.49	0.49	0.48
	在杭生活时间	平均数	20.01	18.63	20.28	16.51
		标准差	17.58	16.79	19.07	15.55
客体因素	每小时工资	平均数	11.60	10.66	9.91	8.56
		标准差	5.96	5.76	6.53	4.09
	工作时间自由灵活程度(较大及以上=1)	平均数	0.23	0.39	0.25	0.24
		标准差	0.42	0.49	0.43	0.43
	签订劳动合同(是=1)	平均数	0.45	0.88	0.60	0.84
		标准差	0.50	0.32	0.49	0.37
	职业培训机会(很少及没有=1)	平均数	0.50	0.22	0.57	0.39
		标准差	0.50	0.42	0.50	0.49
	办理社会保险(是=1)	平均数	0.75	0.90	0.76	0.84
		标准差	0.43	0.30	0.43	0.36

进一步地,我们构建了如下模型。在模型(5-4)中,p_{wm}表示稳定非正规就业者选择进入第三产业的概率,$1-p_{wm}$表示稳定非正规就业者选择进入第二产业的概率;X_{wmi}表示影响稳定非正规就业者行业选择的主体因素;C_{wmj}表

示影响稳定非正规就业者行业选择的客体因素；β_{wmi} 和 γ_{wmj} 分别表示主体因素和客体因素的参数估计值。在模型（5-5）中，p_{qm} 表示潜在正规就业者选择进入第三产业的概率，$1-p_{qm}$ 表示潜在正规就业者选择进入第二产业的概率；X_{qmi} 表示影响潜在正规就业者行业选择的主体因素；C_{qmj} 表示影响潜在正规就业者行业选择的客体因素；β_{qmi} 和 γ_{qmj} 分别表示主体因素和客体因素的参数估计值。

$$\ln\left(\frac{p_{wm}}{1-p_{wm}}\right) = \alpha_{wm} + \sum \beta_{wmi} X_{wmi} + \sum \gamma_{wmj} C_{wmj} + \varepsilon_{wm} \quad (5-4)$$

$$\ln\left(\frac{p_{qm}}{1-p_{qm}}\right) = \alpha_{qm} + \sum \beta_{qmi} X_{qmi} + \sum \gamma_{qmj} C_{qmj} + \varepsilon_{qm} \quad (5-5)$$

（二）稳定非正规就业者和潜在正规就业者行业选择的影响因素归纳

我们将选择第二产业的稳定非正规就业者设为0，选择第三产业的稳定非正规就业者设为1，表5-10显示了模型（5-4）的估计结果。

表5-10　稳定非正规就业者和潜在正规就业者行业选择模型的估计结果

影响因素		模型（5-4）	模型（5-5）
		稳定非正规就业者	潜在正规就业者
主体因素	性别（男性=1）	-0.8091**	-0.7207**
	年龄	0.0544*	0.0623**
	户口（城市=1）	1.0864**	0.4589
	婚姻状况（已婚=1）	-0.9977*	-0.4859
	受教育年限	0.1298**	0.2618**
	杭州本地人（是=1）	0.5054	1.1718*
	在杭生活时间	-0.0521*	-0.0542**
客体因素	每小时工资	-0.0950**	-0.1199**
	工作时间自由灵活程度（较大及以上=1）	0.5473	0.3931
	签订劳动合同（是=1）	2.1494**	1.0955**
	职业培训机会（很少及没有=1）	-0.6462*	-0.5720*
	办理社会保险（是=1）	0.2191	0.5134
	LR 统计量	192.70**	109.05**

注：** 表示在1%水平下显著；* 表示在5%水平下显著。

从主体因素来看，性别、年龄、户口、婚姻状况、受教育年限和在杭生活时间对稳定非正规就业者选择进入第二产业还是第三产业具有显著的影响。其中，年龄、户口、受教育年限对其选择的影响具有正效应，性别、婚姻状况和在杭生活时间对其选择的影响具有负效应。这说明年龄越大、具有城市户口、受教育年限越长的稳定非正规就业者更倾向于在第三产业工作，反之则越倾向于在第二产业工作。产生这一现象的原因可能是，在一般情况下，第二产业所提供给非正规就业者的工作岗位需要大量的体力劳动，而年龄越大的就业者越不适宜进行高强度的体力劳动，来自城市或者受教育水平越高的就业者也越不愿意在第二产业从事单纯的体力劳动。女性、未婚和在杭生活时间少的稳定非正规就业者更倾向于在第三产业工作，反之则更倾向于在第二产业工作。表明第三产业较第二产业更加吸引女性、未婚和在杭生活时间较少的稳定非正规就业者。从客体因素来看，每小时工资、是否签订劳动合同和职业培训机会对稳定非正规就业者选择进入第二产业还是第三产业具有显著的影响。其中，是否签订劳动合同对其选择的影响具有正效应，每小时工资和职业培训机会对其选择的影响具有负效应。这说明已经签订劳动合同的稳定非正规就业者更有可能是第三产业的劳动者，由此可以进一步推断第三产业中劳动者与就业单位签订劳动合同的现象较第二产业更加普遍。每小时工资越高的稳定非正规就业者越有可能是第二产业的劳动者。产生该现象的原因可能是大部分稳定非正规就业者从事的是体力劳动，而一般情况下第二产业的体力劳动强度大于第三产业，因此第二产业的稳定非正规就业者就可能获得更高的劳动报酬。职业培训机会越少的稳定非正规就业者越有可能是第二产业的劳动者，由此可以进一步推断第二产业提供给非正规就业者的职业培训机会较第三产业少。

我们将选择第二产业的潜在正规就业者设为0，选择第三产业的潜在正规就业者设为1。从模型（5-5）的估计结果分析，性别、年龄、受教育年限、是否是杭州本地人和在杭生活时间等主体因素对潜在正规就业者选择进入第二产业还是第三产业具有显著的影响。其中，年龄、受教育年限和是否是杭州本地人对其选择的影响具有正效应，性别和婚姻状况对其选择的影响具有负效应。这说明是杭州本地人的潜在正规就业者、年龄越大、受教育年限越长越有可能是第三产业的劳动者，由此推断第三产业潜在正规就业者的年龄较第二产业大，受教育水平较第二产业高，并且城市户口的劳动者比第二产业多。女性和在杭生活时间越长的潜在正规就业者越有可能是第三产业的劳动者，由此推断第三产业的非正规工作较适合女性劳动者从事。同时，每小时工资、是否签订劳动合同、职业培训机会这三个客体因素对潜在正规就业者选择进入第二产业还是第三产业具有显著的影响。其中，是否签订劳动合同对其选择的影响具有正效应，说明第三产业中签订劳动合同的潜在正规就业者较第二产业多。每小时工资和职业培训机会对其选择的影响具有负效应，说明第三产业中潜在正规就业者的平均每小时工资小于第二产业中的同类非正规就业者，提供的职业培训机会多于第二产业。

三、不同生产部门的非正规就业者行业选择 Logit 模型构建

（一）不同生产部门的非正规就业者行业选择的 Logit 模型

我们将影响非正规部门就业者和正规部门非正规就业者行业选择的因素归为主体因素和客体因素两类。其中，主体因素包括劳动者年龄、受教育年限、在杭生活时间、性别、户口、婚姻状况、是否是杭州本地人7个变量。客体因素包括每小时工资、工作时间自由灵活程度、是否签订劳动合同、职业培训机会、是否办理社会保险5个变量。基于调查数据，我们对从事第二、第三产业的非正规部门就业者和正规部门非正规就业者的主客体因素进行了描述，如表5-11所示。

表5-11 不同生产部门非正规就业者行业选择影响因素描述性统计

影响因素		描述性统计量	非正规部门就业者		正规部门非正规就业者	
			第二产业	第三产业	第二产业	第三产业
主体因素	性别（男性=1）	平均数	0.63	0.46	0.57	0.50
		标准差	0.48	0.50	0.50	0.50
	年龄	平均数	37.32	34.29	35.13	35.77
		标准差	9.33	9.63	9.68	11.70
	户口（城市=1）	平均数	0.15	0.43	0.23	0.30
		标准差	0.36	0.50	0.42	0.46
	婚姻状况（已婚=1）	平均数	0.84	0.75	0.81	0.72
		标准差	0.36	0.43	0.39	0.45
	受教育年限	平均数	8.03	9.82	8.47	10.10
		标准差	3.06	3.05	3.00	2.94
	杭州本地人（是=1）	平均数	0.35	0.47	0.43	0.29
		标准差	0.48	0.50	0.50	0.46
	在杭生活时间	平均数	19.73	20.66	20.70	14.81
		标准差	18.22	16.36	18.09	15.51

续表

影响因素		描述性统计量	非正规部门就业者		正规部门非正规就业者	
			第二产业	第三产业	第二产业	第三产业
客体因素	每小时工资	平均数	11.29	10.54	9.99	8.68
		标准差	5.98	4.98	6.70	4.93
	工作时间自由灵活程度（较大及以上=1）	平均数	0.21	0.49	0.30	0.16
		标准差	0.41	0.50	0.46	0.37
	签订劳动合同（是=1）	平均数	0.34	0.82	0.88	0.89
		标准差	0.48	0.38	0.33	0.31
	职业培训机会（很少及没有=1）	平均数	0.52	0.18	0.54	0.43
		标准差	0.50	0.38	0.50	0.50
	办理社会保险（是=1）	平均数	0.68	0.85	0.92	0.88
		标准差	0.47	0.35	0.28	0.33

进一步地，我们构建了如下模型。在模型（5-6）中，p_{ism} 表示非正规部门就业者选择进入第三产业的概率，$1-p_{ism}$ 表示非正规部门就业者选择进入第二产业的概率；X_{ismi} 表示影响非正规部门就业者行业选择的主体因素；C_{ismj} 表示影响非正规部门就业者行业选择的客体因素；β_{ismi} 和 γ_{ismj} 分别表示主体因素和客体因素的参数估计值。在模型（5-7）中，p_{fsm} 表示正规部门非正规就业者选择进入第三产业的概率，$1-p_{fsm}$ 表示正规部门非正规就业者选择进入第二产业的概率；X_{fsmi} 表示影响正规部门非正规就业者行业选择的主体因素；C_{fsmj} 表示影响正规部门非正规就业者行业选择的客体因素；β_{fsmi} 和 γ_{fsmj} 分别表示主体因素和客体因素的参数估计值。

$$\ln\left(\frac{p_{ism}}{1-p_{ism}}\right) = \alpha_{ism} + \sum \beta_{ismi} X_{ismi} + \sum \gamma_{ismj} C_{ismj} + \varepsilon_{ism} \quad (5-6)$$

$$\ln\left(\frac{p_{fsm}}{1-p_{fsm}}\right) = \alpha_{fsm} + \sum \beta_{fsmi} X_{fsmi} + \sum \gamma_{fsmj} C_{fsmj} + \varepsilon_j \quad (5-7)$$

（二）不同生产部门的非正规就业者行业选择的影响因素归纳

我们将选择第二产业的非正规部门就业者设为0，选择第三产业的非正规部门就业者设为1。表5-12显示了模型（5-6）的估计结果。从主体因素来看，性别、户口、受教育年限、是否是杭州本地人和在杭生活时间这五个主体因素对非正规部门就业者选择进入第二产业还是第三产业具有显著的影响。其

表 5-12　不同生产部门非正规就业者行业选择模型的估计结果

影响因素		模型（5-6）非正规部门就业者	模型（5-7）正规部门非正规就业者
主体因素	性别（男性=1）	-0.7730**	-0.6632*
	年龄	0.0080	0.1081**
	户口（城市=1）	1.0430**	0.4967
	婚姻状况（已婚=1）	-0.5741	-0.9597*
	受教育年限	0.1384**	0.3038**
	杭州本地人（是=1）	1.1525*	0.4770
	在杭生活时间	-0.0475*	-0.0545*
客体因素	每小时工资	-0.1290**	-0.0347
	工作时间自由灵活程度（较大及以上=1）	0.9778**	-0.5989
	签订劳动合同（是=1）	2.2853**	-0.6714
	职业培训机会（很少及没有=1）	-0.5569	-0.5026
	办理社会保险（是=1）	0.2133	-0.3378
	LR 统计量	252.73**	78.57**

注：** 表示在1%水平下显著；* 表示在5%水平下显著。

中，户口和受教育年限对其选择的影响具有正效应，性别和在杭生活时间对其选择的影响具有负效应。这说明城市户口和受教育年限越长的非正规部门就业者越有可能在第三产业工作，其原因分析与模型（5-4）中所述类似。女性和在杭生活时间短的非正规部门就业者更有可能在第三产业工作，表明第三产业的非正规部门就业者中女性所占比例小于第二产业，在杭生活时间少于第二产业中的同类非正规就业者。从客体因素看，每小时工资、工作时间自由灵活程度和是否签订劳动合同对非正规部门就业者选择进入第二产业还是第三产业具有显著的影响。其中，工作时间自由灵活程度和是否签订劳动合同对其选择的影响具有正效应，每小时工资对其选择的影响具有负效应。这说明签订了劳动合同、工作时间自由灵活程度越大的非正规部门就业者越有可能在第三产业工作，表明第三产业中非正规部门就业者的工作时间自由灵活程度较第二产业大，签订劳动合同的人数比例也较第二产业大。每小时工资越多的非正规部门就业者越有可能在第二产业工作，意味着第三产业中非正规部门就业者的收入水平低于第二产业中的同类非正规就业者。

我们将选择第二产业的正规部门非正规就业者设为0，选择第三产业的正规部门非正规就业者设为 1。表 5-12 显示了模型（5-7）的估计结果。从主体因素来看，性别、年龄、婚姻状况、受教育年限和在杭生活时间这五个主体因素对正规部门非正规就业者选择进入第二产业还是第三产业具有显著的影响。其中，年龄和受教育年限对其选择的影响具有正效应，表明年龄越大、受教育年限越长的正规部门非正规就业者越有可能就业于第三产业；性别、婚姻状况和在杭生活时间对其选择的影响具有负效应，表明女性、未婚和在杭生活时间短的正规部门非正规就业者更有可能就业于第三产业。

从客体因素分析，选择的所有客体因素均不对正规部门非正规就业者选择进入第二产业还是第三产业具有显著的影响。

四、不同职业身份的非正规部门就业者行业选择 Logit 模型构建

（一）不同职业身份的非正规部门就业者行业选择 Logit 模型

我们将影响非正规部门雇佣者和非正规部门被雇佣者行业选择的因素归为主体因素和客体因素两类。其中，主体因素包括劳动者年龄、受教育年限、在杭生活时间、性别、户口、婚姻状况、是否是杭州本地人 7 个变量。客体因素包括每小时工资、工作时间自由灵活程度、是否签订劳动合同、职业培训机会、是否办理社会保险 5 个变量。针对非正规部门雇佣者的行业类型选择，不考虑是否签订劳动合同、职业培训机会和是否办理社会保险这三个因素的影响。基于调查数据，我们对从事第二、第三产业的非正规部门雇佣者和非正规部门被雇佣者的主体因素、客体因素进行了描述，如表 5-13 所示。

表 5-13 不同职业身份的非正规就业者行业选择影响因素描述性统计

影响因素		描述性统计量	非正规部门雇佣者		非正规部门被雇佣者	
			第二产业	第三产业	第二产业	第三产业
主体因素	性别（男性=1）	平均数	0.80	0.50	0.60	0.36
		标准差	0.41	0.50	0.49	0.48
	年龄	平均数	40.26	36.82	36.73	29.47
		标准差	9.58	9.07	9.19	8.84
	户口（城市=1）	平均数	0.57	0.49	0.07	0.32
		标准差	0.50	0.50	0.25	0.47

第五章　非正规部门形成机制：基于就业者职业选择因素的探究

续表

影响因素		描述性统计量	非正规部门雇佣者		非正规部门被雇佣者	
			第二产业	第三产业	第二产业	第三产业
主体因素	婚姻状况（已婚=1）	平均数	0.89	0.86	0.84	0.55
		标准差	0.32	0.35	0.37	0.50
	受教育年限	平均数	10.60	9.26	7.52	10.88
		标准差	2.99	3.08	2.81	2.72
	杭州本地人（是=1）	平均数	0.74	0.52	0.27	0.38
		标准差	0.44	0.50	0.44	0.49
	在杭生活时间	平均数	35.34	24.32	16.62	13.51
		标准差	16.65	16.83	16.91	12.84
客体因素	每小时工资	平均数	19.35	11.35	9.69	8.98
		标准差	8.78	5.42	3.51	3.55
	工作时间自由灵活程度（较大及以上=1）	平均数	0.49	0.60	0.16	0.27
		标准差	0.51	0.49	0.37	0.45
	签订劳动合同（是=1）	平均数	1.00	1.00	0.21	0.49
		标准差	0.00	0.00	0.41	0.50
	职业培训机会（很少及没有=1）	平均数	1.00	1.00	0.63	0.52
		标准差	0.00	0.00	0.49	0.50
	办理社会保险（是=1）	平均数	1.00	1.00	0.62	0.59
		标准差	0.00	0.00	0.49	0.49

我们构建了模型（5-8）和模型（5-9）。

$$\ln\left(\frac{p_{igm}}{1-p_{igm}}\right) = \alpha_{igm} + \sum \beta_{igmi} X_{igmi} + \sum \gamma_{igmj} C_{igmj} + \varepsilon_{igm} \quad (5-8)$$

$$\ln\left(\frac{p_{ibm}}{1-p_{ibm}}\right) = \alpha_{ibm} + \sum \beta_{ibmi} X_{ibmi} + \sum \gamma_{ibmj} C_{ibmj} + \varepsilon_{ibm} \quad (5-9)$$

在模型（5-8）中，p_{igm}表示非正规部门雇佣者选择进入第三产业的概率，$1-p_{igm}$表示非正规部门雇佣者选择进入第二产业的概率；X_{igmi}表示影响非正规部门雇佣者行业选择的主体因素；C_{igmj}表示影响非正规部门雇佣者行业选择的客体因素；β_{igmi}和γ_{igmj}分别表示主体因素和客体因素的参数估计值。在模型（5-9）中，p_{ibm}表示非正规部门被雇佣者选择进入第三产业的概率，$1-p_{ibm}$表示非正规部门被雇佣者选择进入第二产业的概率；X_{ibmi}表示影响非正规部门被雇佣者行业选择的主体因素；C_{ibmj}表示影响非正规部门被雇佣者行业选择的客体因素；β_{ibmi}和γ_{ibmj}分别表示主体因素和客体因素的参数估计值。

（二）不同职业身份的非正规就业者行业选择影响因素归纳

我们将选择第二产业的非正规部门雇佣者设为0，选择第三产业的非正规部门雇佣者设为1。表5-14显示了模型（5-8）的估计结果。从主体因素看，性别、受教育年限和在杭生活时间三个因素对非正规部门雇佣者选择进入第二产业还是第三产业具有显著的影响，且以上三个主体因素均对其选择的影响具有负效应。表明第三产业的非正规部门雇佣者中，女性和受教育年限越短者所占比例高于第二产业，并且其在杭生活时间比第二产业的同类非正规就业者短。从客体因素看，每小时工资对非正规部门雇佣者选择进入第二产业还是第三产业具有显著的影响，且该客体因素对其选择的影响具有负效应。表明第三产业中非正规部门雇佣者的每小时工资低于第二产业中的同类非正规就业者。

表5-14 不同职业身份的非正规部门就业者行业选择模型估计结果

	影响因素	模型（5-8）非正规部门雇佣者	模型（5-9）非正规部门被雇佣者
主体因素	性别（男性=1）	-1.3919**	-0.7640*
	年龄	0.1034	0.0127
	户口（城市=1）	0.4793	1.3786*
	婚姻状况（已婚=1）	-0.6095	-0.5360
	受教育年限	-0.1803*	0.4510**
	杭州本地人（是=1）	2.4499	2.1187**
	在杭生活时间	-0.1415*	-0.0798**
客体因素	每小时工资	-0.1369**	-0.1098*
	工作时间自由灵活程度（较大及以上=1）	0.5031	1.2026**
	签订劳动合同（是=1）	—	1.4604**
	职业培训机会（很少及没有=1）		0.3942
	办理社会保险（是=1）	—	-0.1940
	LR统计量	63.64**	150.57**

注：**表示在1%水平下显著；*表示在5%水平下显著。

我们将选择第二产业的非正规部门被雇佣者设为 0，选择第三产业的非正规部门被雇佣者设为 1。模型（5-9）的估计结果如表 5-14 所示。从主体因素看，性别、户口、受教育年限、是否是杭州本地人和在杭生活时间五个因素对非正规部门被雇佣者选择进入第二产业还是第三产业具有显著的影响，其中，户口、受教育年限和是否是杭州本地人对其选择的影响具有正效应，表明第三产业的非正规部门被雇佣者中，城市户口比例、受教育水平和杭州本地人比例均高于第二产业中的同类非正规就业者；性别和在杭生活时间对其选择的影响具有负效应，表明第三产业的非正规部门被雇佣者中，女性所占比例高于第二产业中的同类非正规就业者，而且其在杭生活时间较第二产业短。从客体因素看，每小时工资、工作时间自由灵活程度和是否签订劳动合同三个因素对非正规部门被雇佣者选择进入第二产业还是第三产业具有显著的影响。其中，工作时间自由灵活程度和是否签订劳动合同对其选择的影响具有正效应，表明第三产业中非正规部门被雇佣者的工作时间自由灵活程度较第二产业大，且其签订劳动合同的人数比例也较第二产业大；每小时工资对其选择的影响具有负效应，表明第三产业中非正规部门被雇佣者的收入水平比第二产业的同类非正规就业者低。

第六章　城市化进程与非正规部门规模关系的理论阐释与实证研究

第一节　城市化进程与非正规部门规模关系的理论研究

一、刘易斯模型蕴含的城市化与非正规部门规模之间的负向关系

不发达国家究竟利用怎样的经济机制促使国内产业主体由传统农业向现代化、城市化、多样化的制造业和服务业转变？这是新古典产业结构理论所要研究的中心问题。1954年，作为新古典产业结构理论研究领域最杰出的代表性人物刘易斯（Lewis）在其开创性的论文《基于劳动力无限供应的经济发展》（*economic development with unlimited supplies of labour*）中构建了"两部门劳动力迁移模型"（也被称为"刘易斯模型"），对上述问题做出了解释。

刘易斯（1954）认为，不发达经济体存在着两个主要经济部门：一是传统的、人口过剩的、仅可维持生存的生存部门（subsistence sector），其边际劳动生产率为零。由于减少该部门的劳动力将不会显著降低其产出，所以该部门的劳动力相对于该部门的需要而言是"剩余的"；二是劳动生产率较高的资本部门（capitalist sector）。根据产业结构理论，生产要素从劳动生产率低的部门向劳动生产率高的部门集聚，是一个社会经济增长的重要推动力量。刘易斯构建的模型将重点放在了劳动力从生存部门向资本部门的转移过程与资本部门产量和就业量增长两个方面，其描绘了不发达经济体的劳动力迁移过程，即随着资本主义的发展，生存部门的剩余劳动力将向资本部门转移，直至被资本部门完全吸收。

从这种意义上看，这个过程既是一个经济发展过程，又是一个农村劳动力的城市化过程，同时也是一个不发达经济中的二元经济向同质经济发展的转换过程。在刘易斯构建的模型中，不仅在小规模农场上就业的农业劳动力构成资

本部门的无限劳动力供给，小型零售商、搬运工、园丁等临时工亦构成资本部门的无限劳动力供给。因此，尽管刘易斯构建的模型并未涉及非正规部门这一术语，其所描述的生存部门以农村农业部门为代表，但生存部门并不等同于整个农村部门，至少包括一部分的城市非正规部门。同样地，尽管资本部门以城市工业部门为代表，但资本部门也并不等同于整个城市部门。

由此看来，刘易斯模型描绘的剩余劳动力从生存部门向资本部门的转移具有双重含义，其不仅意味着农村部门的剩余劳动力向城市工业部门的转移，也意味着城市非正规部门向城市工业部门（城市正规部门）的转移。同时，刘易斯模型包含着十分鲜明的城市化含义，模型把工业部门或资本部门与城市相统一，城市化几乎成了工业化的同义语。因此，刘易斯模型事实上蕴含着城市化水平与非正规部门规模的负相关关系，即随着城市化水平的不断增长，非正规部门规模将不断缩小直至为零。

二、托达罗模型蕴含的城市化与非正规部门规模之间的正向关系

20世纪60年代以来，许多发展中国家的工业化进程开始推进，城市工业部门（城市正规部门）无法创造足够多的就业机会吸收大规模的城乡移民，致使发展中国家的城市失业率及隐形失业率不断升高。面对农村劳动力流入城市和城市失业同步增长的矛盾现象，刘易斯模型对此难以解释。卡斯特和波特斯（Castells and Portes，1989）、科普斯泰克（Copestake，2003）声称刘易斯模型是错误的，因为模型所描述的"随着资本主义的发展，生存部门将逐渐缩小"的现象并未在许多发展中国家得到实证。

托达罗（Todaro，1969）提出了人口流动模型，其将二元理论运用于城市部门中，将城市部门划分为城市生存部门和城市工业部门，以此形成农村生存部门、城市生存部门和城市工业部门的三部门劳动力迁移模型。托达罗（1969）认为，劳动力做出从农村部门向城市迁移的决策取决于城市部门的预期收入，即城市生存部门和城市工业部门就业收入的加权平均值。托达罗（1969）十分强调城市生存部门对创造就业机会和降低城市失业率具有重要作用，即城市非正规部门对吸纳农村剩余劳动力的意义。农村劳动力从农村向城市生存部门转移可由几个拉动和推动因素解释。在许多情况下，城市非正规部门比农村提供了更好的机会。首先，在城市非正规就业所获得的收益往往高于农村，由于城市偏向政策的实施，城市倾向于提供更好的公共服务；即使在农村生存部门和城市生存部门之间的条件相似，许多人仍更倾向于留在城市生存

部门并期望未来有机会在正规部门找到一个就业机会（Lipton，1976）。

由此一来，即便进入城市部门的农村劳动力无法马上进入城市工业部门，城市工业部门无法创造足够多的就业机会，出现在城市劳动力市场上的农村迁移者或者将完全失业或者进入城市生存部门，从事一些临时的或短时间的工作，如小商小贩或修理商之类的短工。因此，托达罗模型同样蕴含着城市化和非正规部门规模的关系，即在某些情况下，城市化（工业化）将导致失业率上升或导致城市生存部门（城市非正规部门）规模的扩张（Todaro，1969）。莫泽（1978）对亚洲国家，乌伊茨（Wuyts，2001）对非洲国家，德詹弗里（De Janvry，1981）、费塔朵（Furtado，1976）对拉美国家的研究均验证了该观点。

三、城市化与非正规部门规模之间的倒"U"型关系

基于对拉美国家城市地区自雇佣就业者数量的考察，劳赫（Rauch，1993）首次提出城市化和城市非正规部门规模之间存在倒"U"型关系。埃尔金和奥瓦特（Elgin and Oyvat，2013）则进一步基于跨国数据对城市化水平和非正规部门之间的经验关系进行了实证。为保证研究结论的稳健性，他们以三种指标测度非正规部门规模，分别是非正规部门产出份额、非正规部门就业份额、非农自雇佣就业份额（较狭义的非正规部门就业份额），研究结论表明，城市化与非正规部门规模之间存在稳健的倒"U"型关系。在城市化初级阶段，非正规部门规模在"推力"因素和"拉力"因素作用下迅速扩张，而在城市化后续阶段，非正规部门规模趋于缩小。对此，他们给出了这样的解释：在城市化初级阶段，农村劳动力在强大的城市拉力和农村推力作用下向城市部门转移。由于城市非正规部门的平均收益往往高于农村平均收益、城市非正规部门同样享受城市部门良好的公共服务等优势，当城市工业部门无法创造足够多的工作岗位以吸纳大量的农村移民之时，城市非正规部门便成为他们维持城市生计的聚集地。在经济发展的初级阶段，早期工业化刺激城市化进程的快速推进，促使城市非正规部门发展的推拉因素强大至足以抵消非正规部门发展的消极因素。因此，在城市化的第一阶段，许多城市非正规部门的增长速度比城市正规部门的增长速度要快（De Janvry，1981；Furtado，1976；Moser，1978）。

（一）城市化初级阶段的非正规部门发展

埃尔金和奥瓦特（2013）将"城市拉力"因素归结为城市非正规部门和

农村部门的收入差、基于城市偏向政策更好的贸易条件和更好的公共服务设施、与城市正规部门更为紧密的就业联系等。在城市非正规部门就业所获得的收益往往高于农村，由于城市偏向政策的实施，城市倾向于提供更好的公共服务（Lipton，1977）；即使两个部门之间的条件相似，许多人仍倾向于留在城市非正规部门并期望未来有机会在正规部门找到就业机会。有学者通过对印度的研究，发现尽管城市非正规部门的平均收益并不具有优势，仍然存在大量的农村剩余劳动力向城市非正规部门转移，因为他们愿意在城市非正规部门等待获得城市正规部门的就业机会（Joshi H. and Joshi V.，1976），可能这一等待将耗费 50 年时间（Cole and Sanders，1985）。科尔和桑德斯（Cole and Sanders，1985）还认为，城市化引致的城市正规部门发展加大了对城市非正规部门的产品需求，这将进一步拉大城市非正规部门和农村部门的收入差距，农村劳动力向城市非正规部门的转移意愿得以进一步刺激。

埃尔金和奥瓦特（2013）将"农村推力"因素归结为技术进步不均衡性导致农产品价格走低、劳动节约型技术运用导致劳动力需求减少、生计型消费品（Z-goods）生产的破坏等。

城市化带来的技术进步往往通过技术溢出效应带动农村部门的技术进步。农村部门在交通、灌溉、发电等基础设施投资中受益。为适应城市部门引入的技术进步，农民开始播种新种子、施化肥、使用新机械。比起小规模的农场，新农业技术带来的规模效益递增效应使得大型农场更具优势，农产品价格下降致使小规模的农业生产无以为继（Sen，1996）。海默和雷斯尼克（Hymer and Resnick，1969）研究表明，城市部门带来的技术进步还将摧毁农村非农产业部门，致使农村剩余劳动力增多。博伊斯（Boyce，1993）的研究表明，菲律宾"绿色革命"期间，土地规模与新技术的采用存在显著的正相关。新技术的大量使用使得农村农产品价格持续走低，"绿色革命"反而使菲律宾农村小规模农业生产者更加贫困。这部分贫困的农业生产者不得不向城市部门转移。

许多情况下，技术进步将缩减农村对农业劳动力的需求。詹弗里（Janvry，1981）研究显示，1960~1974 年，鉴于劳动节约型技术在哥伦比亚、巴西和阿根廷等国家的广泛运用，这些国家对农业劳动力的需求大大降低。类似地，在 20 世纪 70 年代和 80 年代，菲律宾农村的农业机械化、化学除草剂和轻型打谷机的广泛使用致使水稻产业极大地缩减了劳动力的需求（Boyce，1993）。科曼（Koymen，2008）研究表明，类似的情况也发生在 50 年代的土耳其。第二次世界大战之后，农场大规模地使用机械化设备致使对农村劳动力需求的降低，种植园的农村劳动力被迫向城市部门转移。

海默和雷斯尼克（1969）提出了"生计型消费品"这一术语，他们将"农户生产且直接用于自身消费的产品和服务"统称为生计型消费品。该类商品是农村生计型非农生产活动的产物，主要由农村小规模服务机构和工匠机构从事生产。海默和雷斯尼克（1969）认为，生计型消费品是劣质商品，其需求量将随着居民收入的增加而减少。城市化使得城乡之间的联系更为紧密，当大量的城市商品变得唾手可得且商品质量不断提升之时，农村居民则会舍弃原先消费的生计型商品转而消费城市商品。因此，农村生计型消费品的生产遭到极大破坏，原先从事生计型消费品生产的农业劳动力被迫向城市部门转移。

当然，此时的城市非正规部门具有自身的比较优势。与城市正规部门要求更好的管理组织、更密集的资本投入、更先进的技术配备等准入门槛相比，非正规部门具有准入门槛低、支付给员工工资低、不需缴税和社会保障缴款（有的国家只需缴少量）等特征（Karpat, 1976; Portes and Schauffler, 1993; Temkin, 2009）。这些比较优势不仅使得城市非正规部门得以生存且能够与正规部门企业互相竞争，更促使城市非正规部门以相对快的速度发展壮大。托克曼（Tokman, 1978）声称，尽管从长远时间来看，非正规部门规模将趋于缩小，但在经济发展的初期阶段由于市场缺陷的存在，非正规部门将在较长一段时间里存在。他研究发现，由于距离相距较远，小型零售商店的商品价格可能比大型超市高且该价差随距离的增加而扩大。同时，许多非正规自雇佣者通过自我消耗（self-exploitation）的方式得以生存。很多时候，当非正规自雇佣者的收入低于非正规部门就业者的平均收入时，其将通过不断降低自身的劳动成本，即通过自我消耗的方式继续生存下去（Temkin, 2009）。更为重要的是，可以自我雇佣的方式（自由职业）存在于非正规部门，这对农村迁移者的吸引力更大。事实上，马洛尼（Maloney, 2004）的研究表明，巴西非正规部门中较大部分自我雇佣者并不愿意进入城市正规部门。他们乐于待在非正规部门，享受工作时间的灵活和自己当老板的乐趣，尽管赚的并不多。

因此，在城市化初级阶段，在强大的"城市拉力"和"农村推力"以及非正规部门自身比较优势的共同作用下，大量农村剩余劳动力向城市部门转移，其中大部分无法进入城市正规部门的农村劳动力进入城市非正规部门，导致城市非正规部门规模的快速扩张。

（二）城市化中高级阶段的非正规部门发展

随着城市化进程的不断推进，当城市化进程步入中高级阶段时，城市非正规部门的规模将趋于缩小。首先，随着城市人口比例的增加，劳动力的迁移速度将趋于变缓。城市正规部门的收入毕竟要高于城市非正规部门，许多居民可能不再满足于城市非正规部门提供的收益，进入城市正规部门的意愿愈加强烈。此外，根据马克思主义者的观点（Baran and Sweezy，1966；Aglietta，2000），工业化带来的市场竞争愈加激烈，生产和资本愈加向少数大企业集中，城市非正规部门中的传统产业往往在竞争中遭到淘汰。此外，面对城市化带来的农村土地不断减少和农村部门收入的不断提升，农村剩余劳动力向城市非正规部门转移的意愿将逐渐减弱（Rauch，1993），城市非正规部门规模将在城市化进程的中高级阶段趋于缩减。

马克思认为，资本主义的不断发展促成现代工业城市的出现。在现代工业城市中，资本主义生产方式广泛渗透，对传统的工艺工业活动带来了极大破坏。因此，资本主义发展导致资本集中速度不断加快，以致出现垄断资本和寡头资本，少数大企业为维持高额的垄断利润则进一步强化破坏传统产业和小企业的意愿。随着城市化进程中高级阶段的不断推进，资本主义发展的不对称结构将愈加显著。一方面，产业结构的调整不断缩减城镇非正规部门规模，另一方面，资本越来越向少数人手里集中。这种不对称结构会导致传统非正规部门的不断缩减。此外，营销活动的不断改善利于城镇正规部门企业进一步扩大规模。

巴兰和斯威齐（Baran and Sweezy，1966）对美国的研究表明，直到19世纪80年代末，广告并不显著影响美国消费者的喜好。然而，从19世纪90年代开始，广告的活动效益日益显著并促使经济呈现"日益增长的垄断"性质。城镇正规部门企业通过广告、商标、品牌、独特包装、产品差异化等方式获得了较大的产品话语权，正规部门企业产品与非正规部门企业产品的差异也日益显著。产品差异化进一步促使垄断资金向正规部门企业集结，使得与正规部门企业具有较少联系的非正规部门规模日益缩减。

因此，城市化进程中高阶段的资本积累使得城镇正规部门规模日益扩大，而城镇非正规部门规模却不断消减。

四、城市化、工业化与非正规部门规模

为何部分发展中国家的城市化伴随着正规部门的扩张而部分国家的城市化却引致非正规部门的扩张呢？羽田弘一（Kazuhiro Yuki，2006）构建了一个城市化和经济发展的动态模型对上述问题进行了阐述。基于对广大发展中国家城市经济的正规部门（formal sector or modern sector）和非正规部门（informal sector or traditional sector）的二分，羽田弘一（2006）认为，城市化进程中的非正规部门发展取决于工业化与城市化的协调同步性。当城市化与工业化协调同步，城市正规部门将随着城市化进程的推进不断创造就业机会，此时非正规部门将随着城市化水平的提高而缩小，城市正规部门将随着城市化水平的提高而扩张；当城市发展超越了其赖以支撑的产业结构发展，即出现过度城市化时，大量的城市人口因无法在正规部门找到工作而进入非正规部门，此时非正规部门将随着城市化水平的提高而扩展，城市正规部门将缩小。

拉尼斯和斯图尔特（Ranis and Stewart，1999）对泰国和菲律宾的案例研究证实了上述观点。20世纪60年代到70年代期间，泰国和菲律宾两国经历了大规模的城市化和工业的快速增长，两国城市经济的正规部门得以扩张而非正规部门则趋于缩减，80年代以来，泰国延续城市化和工业化的同步协同发展，其城市正规部门继续扩张；菲律宾遭遇过度城市化，停滞不前的工业化致使正规部门无法继续吸纳不断增长的城市劳动力，其结果致使城市非正规部门迅速扩张。拉尼斯和斯图尔特（1999）调查发现，1986~1987年马尼拉70%的非正规部门就业者从事商业，从事制造业的非正规部门就业者比例仅为13%；在曼谷，从事制造业的非正规部门就业者比例稍大，为17%。马库勒等（Marcouiller et al.，1997）对许多拉美国家的调查也给出了类似的结果。

第二节 城市化进程与非正规部门规模关系初步考察

一、城市化进程初步考察

（一）城市和城市化

城市是相对于乡村的一个概念，本身包含了两方面的含义，即"城"和"市"。"城"为行政地域概念，即人口的集聚地，"市"为商业概念，即商品交换的场所，最早的"城市"因商品交换集聚人群而形成。城市的形成与发展在于比较优势、规模经济和聚集经济，比较优势使贸易交换得以出现，交通和生产上的规模经济促使城市人口和经济规模不断扩大，聚集经济效益则最终促成了大城市的诞生（O'Sullivan，2000）。我国的城市（也称城镇）主要是指以非农产业和非农业人口集聚为主的居民点，包括按国家行政建制设立的市、镇。《中华人民共和国城市规划法》第三条规定："本法所称城市，是指国家按行政建制设立的直辖市、市、镇"。

城市化,也有学者称之为城镇化、都市化。不同学科从不同的角度对之有不同的解释,经济学认为城市化是经济要素由乡村不断向城市聚集的过程,地理学视城市化为居民聚落和经济布局的空间区位再分布及日益集中化的过程,社会学把城市化看作人类生活方式由乡村生活方式逐步向城市生活方式过渡的过程,建筑学则强调城市化是城市性景观不断替代乡村景观的过程,等等。《中华人民共和国国家标准城市规划术语》对城市化的定义是:"人类生产与生活方式由农村型向城市型转化的历史过程,主要表现为农村人口转化为城市人口及城市不断发展完善的过程。"一般认为,城市化是一个国家或地区实现人口、财富、技术和服务集聚的过程,同时也是一个生活方式、生产方式、组织方式和传统方式转变的过程。

测度城市化水平可借助多种方法,最为常用的是美国地理学家诺瑟姆(Northam,1975) 在其《城市地理》一书中提出的城镇人口指标法,即把一个国家和地区的城镇人口占总人口的比重作为衡量一个国家或地区的城市化水平。我们对中国城市化水平的测度和城市化进程的考察也主要围绕该指标展开。

(二) 城市化进程阶段性特征考察

1. 三阶段特征考察

诺瑟姆(1975)将不同国家和地区人口城市化进程的共同规律概括为一条被拉平的"S"型曲线,并把城市化进程分为三个阶段:(1) 城市化水平较低、发展速度较慢的初期阶段,发展态势反映为"S"型曲线的左下段,曲线斜率较小;(2) 人口向城市迅速集聚的中期阶段,发展态势反映为"S"型曲线的中间段,曲线斜率较大;(3) 进入高度城市化的后期阶段,城市人口增长趋缓甚至停滞,发展态势反映为"S"型曲线的右上段,斜率较小。统计上,通常以30%、70%为界来划分城市化水平的三个阶段,30%以前为第一阶段,30%~70%为第二阶段,超过70%则进入第三阶段。

表6-1描述了1978~2017年中国城镇人口占总人口比重发展情况。数据显示,改革开放以来,中国的城市化也大致可分为三个阶段:(1) 1979~1987年的城市化迅速推进阶段。在该阶段,城市化水平由18.9%提升到25.32%,年均提高0.82个百分点;(2) 1988~1995年的城市化调整阶段。在该阶段,城市化水平由25.81%提升到29.04%,年均提高0.46个百分点;(3) 1996年以来的城市化加速阶段。中国城市化水平于1996年跨越30%后迅速提升,2017年城市化水平达58.52%,1996~2017年年均提升1.34个百分点。

表 6-1　　1978~2017 年中国城镇人口占总人口比重发展情况

年份	总人口（万人）	城镇人口数（万人）	城镇人口所占比重（%）	提高百分点	年份	总人口（万人）	城镇人口数（万人）	城镇人口所占比重（%）	提高百分点
1978	96259	17245	17.92	1.04	1998	124761	41608	33.35	1.44
1979	97542	18495	18.96	1.04	1999	125786	43748	34.78	1.43
1980	98705	19140	19.39	0.43	2000	126743	45906	36.22	1.44
1981	100072	20171	20.16	0.77	2001	127627	48064	37.66	1.44
1982	101654	21480	21.13	0.97	2002	128453	50212	39.09	1.43
1983	103008	22274	21.62	0.49	2003	129227	52376	40.53	1.44
1984	104357	24017	23.01	1.39	2004	129988	54283	41.76	1.23
1985	105851	25094	23.71	0.70	2005	130756	56212	42.99	1.23
1986	107507	26366	24.52	0.81	2006	131448	58288	44.34	1.35
1987	109300	27674	25.32	0.80	2007	132129	60633	45.89	1.55
1988	111026	28661	25.81	0.49	2008	132802	62403	46.99	1.10
1989	112704	29540	26.21	0.40	2009	133450	64512	48.34	1.35
1990	114333	30195	26.41	0.20	2010	134091	66978	49.95	1.61
1991	115823	31203	26.94	0.53	2011	134735	69079	51.27	1.32
1992	117171	32175	27.46	0.52	2012	135404	71182	52.57	1.30
1993	118517	33173	27.99	0.53	2013	136072	73111	53.73	1.16
1994	119850	34169	28.51	0.52	2014	136782	74916	54.77	1.04
1995	121121	35174	29.04	0.53	2015	137462	77116	56.10	1.33
1996	122389	37304	30.48	1.44	2016	138271	79298	57.35	1.25
1997	123626	39449	31.91	1.43	2017	139008	81347	58.52	1.17

资料来源：《中国统计年鉴》。

2. 五阶段特征考察

为更好地将城市化的阶段性与城乡人口增长相联系，叶裕民（2002）提出了一个衡量城市化发展阶段的城镇人口增长系数（K），即城镇人口增长规模与总人口增长规模的比值，并据此将整个城市化过程划分为五个阶段。第一阶段为前城市化阶段。此时，$K<0.5$，意味着城镇人口的增长规模小于乡村人口的增长规模，城市化水平很低，增长缓慢。第二阶段为城市化前期阶段。此时，$0.5 \leqslant K<1$，意味着城镇人口的增长规模持续超过乡村人口的增长规模，城市化开始进入快速增长时期。第三阶段为城市化的中期阶段。此时，

K≥1，意味着总人口的增长全部表现为城镇人口的增长，乡村人口的绝对规模开始下降。第四阶段为初步进入城市社会。此时，城镇人口比重≥50%，城镇人口绝对量超过乡村人口，意味着初步实现城市化。第五阶段为进入成熟的城市社会。此时，城镇人口比重≥65%，意味着进入后工业化社会或现代社会，现代城市文明广为普及，城乡居民只是居住空间及就业岗位区别，生活水平和生产生活方式基本趋于一致，城乡一体化作为城市化的终极目标成为现实。

观察图6-1中的城镇与乡村人口变动及K值的变化，我们认为，中国城市化大体经历了三个阶段。(1) 1979~1996年的城市化初期阶段。在该阶段，城镇人口增长规模开始超过乡村人口增长规模，中国进入城市化初期阶段。(2) 1996~2011年的城市化中期阶段。在该阶段，城镇人口规模快速增长，乡村人口数量呈下降趋势，中国进入城市化中期阶段。(3) 2011~2017年的城市社会。在该阶段，城镇人口比重持续处于50%以上，意味着中国已步入城市社会。

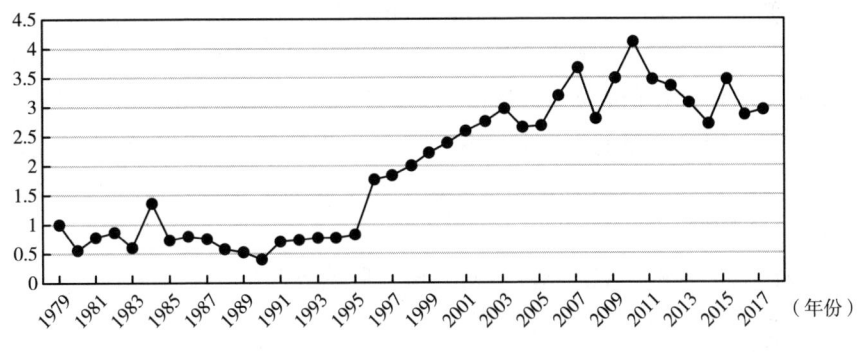

图6-1 1979~2017年中国城镇人口增长系数（K）发展变化趋势

二、非正规部门规模发展初步考察

（一）非正规部门就业规模发展趋势和阶段特征考察：名义维度

刻画非正规部门规模可选择不同内涵的指标以及不同形式的数据表达。对此，既有文献给出了四类选择。(1) 考察非正规部门就业数量变化，检验非正规部门就业人数是否遵从经济复苏期收缩或扩张、经济衰退期扩张或收缩的发展规律。这类典型研究主要集结于考察巴西、玻利维亚等拉美国家的非正规部门发展规律（均表现为逆周期性）(Portes, 1989; Franks, 1994; Pradhan and Soest, 1995; Carneiro and Henley, 1998)。(2) 考察非正规部门就业份额变化，即检验非正规部门就业比例与经济周期的动态关系，如萨维德拉和宗

（1999）通过对秘鲁1990~1992年经济低迷时期与1993~1995年经济复苏时期非正规部门就业比例的比较，得出了"非正规部门遵循逆周期发展规律"的结论。（3）同时考察非正规部门就业数量和份额变化，即分别考察非正规部门就业数量和就业比例，或通过设置交叉项的方式综合考察非正规部门就业数量和比例在不同经济周期阶段的变化，如萨维德拉和托雷罗（Saavedra and Torero, 2000）通过对1987~1997年秘鲁的正规部门就业人数数量和比例的综合考察，得出了与萨维德拉和宗（1999）截然相反的结论，即非正规部门具有顺周期的发展特征；马洛尼（Maloney, 1998）分别考察了1987~1992年墨西哥城市地区不同身份就业者数量和份额的变化，认为正规部门规模和非正规部门规模分别遵循顺周期和逆周期的发展轨迹，而自雇佣就业份额的顺周期变化一定程度上与其主张的"自雇佣就业的生命周期理论"相吻合；卡尔德隆—马德里（Calderon-Madrid, 2000）也得出了与萨维德拉和托雷罗（2000）、马洛尼（1998）相类似的结论。（4）考察非正规部门就业产出弹性的变化，即通过计算非正规部门就业产出弹性，以弹性的正负及数值的大小判断非正规部门发展的周期性反应，如曾有研究分别以GDP和非农GDP为应变量，通过构建带有时间哑变量的固定效应模型计算阿根廷等拉美国家的非正规部门就业份额产出弹性，两类估算一致地表明非正规部发展具有显著的逆周期发展特征。

1. 我国名义非正规部门就业绝对规模发展趋势考察

如第二章所述，我国的非正规部门主要以两种形式存在。（1）按照《民法通则》和《城乡个体工商户管理暂行条例》规定，经各级行政管理机关登记注册、领取营业执照的个体工商户。（2）没有领取营业执照，但有相对固定场所、实际从事个体经营活动三个月以上的个体经营户和为住户部门提供服务的独立劳动者。尽管目前国内研究对非正规部门尚无统一界定，我国实际情况也与国外有所不同（例如注册登记规定与统计观测涉及面等方面），但基于2008年版SNA定义、国内有关专家学者［如胡鞍钢和杨韵新（2001）、吴涧生和左颖（2001）、蒋萍（2005）、彭志龙（2011）］的理解，以及《中华人民共和国民法通则》的相关规定，我国个体工商户属于住户部门，个体工商户是非正规部门的主要构成应无疑义。那么，统计年鉴记录的"个体工商户户数"和"个体工商户从业人员数"是否反映了我国非正规部门的实际单位数和实际就业规模呢？答案是否定的。这一方面是出于各种原因，部分个体经营户并未到工商税务部门进行登记；另一方面是由于目前我国工商部门并未要求没有固定经营场所的个体经营户和个体劳动者进行登记。

据此，我们视统计年鉴记录的"个体工商户户数"和"个体工商户从业人员数"为"名义非正规部门单位数"和"名义非正规部门从业人数"。1990~2017 年间我国名义非正规部门单位数、名义非正规部门从业人员数、城镇名义非正规部门从业人员数和乡村名义非正规部门从业人员数发展趋势如表 6-2、图 6-2 和图 6-3 所示。

表 6-2　　1990~2017 年我国名义非正规部门就业人数发展情况

年份	名义非正规部门单位数（万户）	名义非正规部门从业人员数（万人）	城镇名义非正规部门从业人员数（万人）	乡村名义非正规部门从业人员数（万人）	城镇总就业人数（万人）	全社会总就业人数（万人）
1990	—	2105.00	614.00	1491.00	17041	64749
1991	—	2308.00	692.00	1616.00	17465	65491
1992	1533.91	2467.70	740.20	1727.50	17861	66152
1993	1766.87	2939.30	929.50	2009.80	18262	66808
1994	2186.60	3775.90	1225.00	2550.90	18653	67455
1995	2528.50	4613.60	1559.60	3054.00	19040	68065
1996	2703.70	5017.10	1708.80	3308.30	19922	68950
1997	2850.90	5441.80	1919.40	3522.40	20781	69820
1998	3120.20	6114.40	2259.30	3855.10	21616	70637
1999	3160.06	6240.90	2414.20	3826.70	22412	71394
2000	2571.40	5070.00	2136.10	2933.90	23151	72085
2001	2433.00	4760.20	2131.30	2629.00	24123	72797
2002	2377.50	4742.90	2268.80	2474.10	25159	73280
2003	2353.19	4636.60	2377.00	2259.70	26230	73736
2004	2350.49	4587.10	2521.20	2065.90	27293	74264
2005	2463.89	4900.70	2777.70	2122.80	28389	74647
2006	2595.61	5159.70	3012.50	2147.20	29630	74978
2007	2741.53	5496.10	3309.50	2186.60	30953	75321
2008	2917.33	5776.40	3609.40	2167.00	32103	75564
2009	3197.37	6585.30	4244.50	2340.80	33322	75828
2010	3452.89	7007.60	4467.50	2540.10	34687	76105
2011	3756.47	7945.30	5226.90	2718.40	35914	76420
2012	4059.27	8628.30	5642.70	2985.60	37102	76704
2013	4436.30	9335.80	6142.30	3193.50	38240	76977

续表

年份	名义非正规部门单位数（万户）	名义非正规部门从业人员数（万人）	城镇名义非正规部门从业人员数（万人）	乡村名义非正规部门从业人员数（万人）	城镇总就业人数（万人）	全社会总就业人数（万人）
2014	4984.10	10584.60	7009.30	3575.30	39310	77253
2015	5407.90	11682.20	7799.90	3882.30	40410	77451
2016	5930.00	12862.00	8627.00	4235.00	41428	77603
2017	6579.40	14225.30	9347.50	4877.80	42462	77640

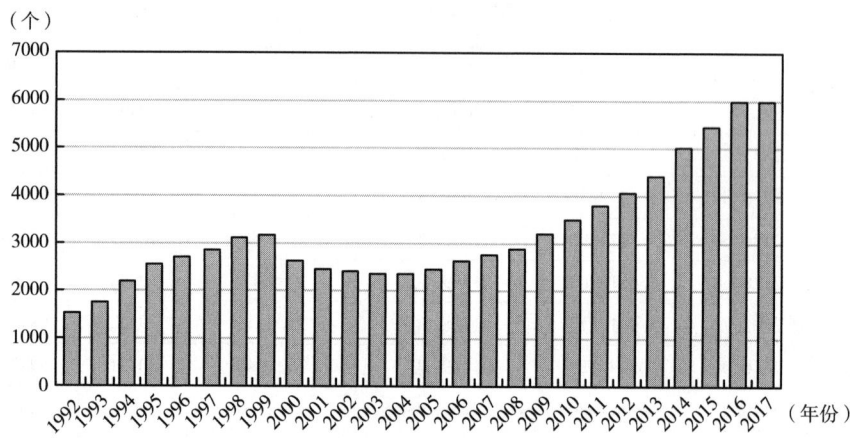

图 6-2 1992~2017 年我国名义非正规部门单位数发展趋势

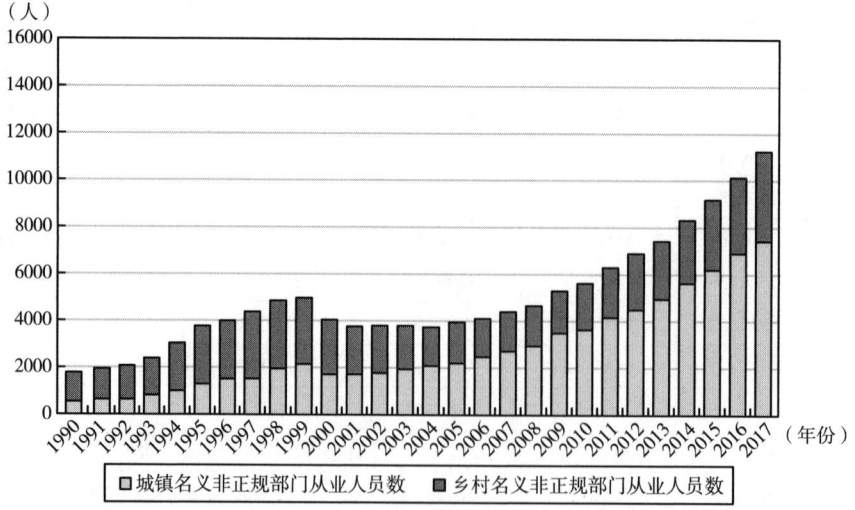

图 6-3 1990~2017 年我国名义非正规部门就业人数发展趋势

数据表明，我国名义非正规部门单位数从1992年的1533.91万户逐年增长至1999年的3160.06万户，之后逐年下降至2006年2595.61万户，自2007年开始，我国名义非正规部门单位数又转而逐年上升，2017年名义非正规部门单位数达6579.40万户。25年间，我国名义非正规部门单位数平均每年增加201.82万户，年均增速为6.00%。名义非正规部门从业人数从1990年的2105.00万人逐年扩张至2017年的14225.30万人，年均增量为448.90万人，年均增速为7.33%。城镇名义非正规部门就业人数从1990年的614.00万人逐年扩张至2017年的9347.50万人，年均增量为323.46万人，年均增速为10.61%。同期，乡村名义非正规部门就业人数从1990年的1491.00万人逐年扩张至1999年的3826.70万人，之后逐年回落至2004年的2065.90万人，2005年起转而逐年回升，2017年乡村名义非正规部门就业人员数为4877.80万人。27年间，乡村名义非正规部门就业人员数年均增量为125.44万人，年均增速为4.49%。

表6-3描述了1990~2017年我国名义非正规部门就业人数发展的阶段特征。分时间段看，1991~1995年的我国名义非正规部门年均从业人数相对较少，但年均501.72万人的增量和年均16.99%的增长速度使得名义非正规部门从业人数迅速增至4613.6万人。步入1996~2000年，名义非正规部门就业量开始出现小幅波动，增长速度明显下降，甚至在2000年出现了负增长，年均

表6-3　　名义非正规部门就业人数发展的阶段特征

时间段		1991~1995年	1996~2000年	2001~2005年	2006~2010年	2011~2015年	2016~2017年
MISE$_t$年均规模（万人）		3220.90	5576.84	4725.46	6005.02	9635.24	13543.65
MISE$_t$年均增量（万人）		501.72	91.28	-33.90	421.42	934.92	1271.55
MISE$_t$年均增速（%）		16.99	1.90	-0.68	7.42	10.76	10.35
同期全社会从业人数增速（%）		1.00	1.15	0.70	0.39	0.35	0.12
城镇非正规部门	UMISE$_t$年均规模（万人）	1029.26	2087.56	2415.18	3728.68	6364.22	8987.25
	UMISE$_t$年均增量（万人）	189.12	115.30	128.32	337.96	666.48	773.80
	UMISE$_t$年均增速（%）	20.49	6.49	5.39	9.97	11.79	9.47
同期城镇从业人数增速（%）		2.24	3.99	4.16	4.09	3.10	2.51
乡村非正规部门	RMISE$_t$年均规模（万人）	2191.64	3489.28	2310.28	2276.34	3271.02	4556.4
	RMISE$_t$年均增量（万人）	312.60	-24.02	-162.22	83.46	268.44	497.75
	RMISE$_t$年均增速（%）	15.42	-0.8	-6.27	3.65	8.85	12.09

增速降至1.90%，略高于同期全社会从业人员增速。21世纪的头5年，名义非正规部门从业人数的年均增长速度继续下滑，其年均增量和年均增速双双为负。2006~2009年，名义非正规部门从业人数大幅回升，其年均规模扩至6005.02万人，年均增长速度升至7.42%，高于同期全社会从业人数增速7.03个百分点。2011~2015年，名义非正规部门从业人数继续大幅回升，年均规模扩至9635.24万人，年均增长速度升至10.76%，高于同期全社会从业人数增速超过10个百分点。2016~2017年，名义非正规部门从业人数年均增长速度小幅回落至10.35%，但仍高于同期全社会从业人数增速10个百分点左右，年均规模继续扩大至13543.65万人。

从区域构成看，城镇非正规部门是名义就业岗位的主要提供源，其年均就业人数为3454.04万人，占名义非正规部门从业人数总量的55.26%。20多年来，名义非正规部门就业发展呈现"从乡村到城镇转移"和"城镇非正规部门就业规模年均增长量高于乡村非正规部门"的特征，城镇非正规部门无疑成为最有潜力的劳动力吸纳部门。具体来看，1991~1995年间，与乡村年均312.60万人的年均增量及15.42%的年均增速相比，尽管城镇名义非正规部门从业人数只维持189.12万人的年均增量，但年均增长速度却高达20.49%，超过乡村非正规部门5.07个百分点，也领先于城镇从业人数增长速度18.25个百分点；步入1996~2000年，乡村名义非正规部门从业人数开始下降，除1996年、1997年和1998年维持小幅增长之外，其余年份均出现了数量缩减，年均缩减规模为24.02万人，年均缩减速度达0.8%。与此不同的是，城镇名义非正规部门从业人数继续上升，年均增量为115.30万人，年均增速依然维持在6.49%的高位。2001~2005年，乡村名义非正规部门从业人数的缩减幅度和速度双双继续攀升，形成年均162.22万人的缩减量与6.27%的缩减速度。城镇非正规部门继续维持128.32万人的年均就业增量，但年均就业增长速度有所放缓，为5.39%。2006~2010年，一改近10年的缩减态势，乡村名义非正规部门从业人数转而以年均83.46万人的增量和3.65%增速扩增。与此同时，城镇非正规部门就业规模亦大幅增加，其年均增量扩至337.96万人，年均增速达9.97%。2011~2015年以来，城镇名义非正规部门继续以大幅增量和较快速度增长，其就业人数年均增量高达666.48万人，年均增速维持在11.79%的高位。同时，乡村名义非正规部门就业规模也快速增加，其就业人数年均增量达268.44万人，年均增速为8.85%。2016年以来，城镇名义非正规部门就业人数年均增速小幅回落至9.47%，但其年均增量继续增长至773.8万人，远高于乡村名义非正规部门就业规模的年均增量。

2. 我国名义非正规部门就业相对规模发展趋势考察

我们以就业份额测度非正规部门就业相对规模并以两种形式表达——"名义非正规部门就业人数与全社会就业人数之比"和"名义非正规部门就业人数与非农就业人数之比"。表6-4和图6-4描述了1991~2017年我国名义非正规部门就业份额变化发展趋势。

表6-4　　1990~2017年我国名义非正规部门就业份额发展情况

年份	全社会非农就业人数（万人）	名义非正规部门就业人数占全社会就业人数比例（%）	名义非正规部门就业人数占非农就业人数比例（%）	城镇名义非正规部门就业人数占城镇就业人数比例（%）	城镇名义非正规部门就业人数占非正规部门就业人数比例（%）
1990	25835.0	3.25	8.15	3.60	29.17
1991	26393.0	3.52	8.74	3.96	29.98
1992	27453.0	3.73	8.99	4.14	30.00
1993	29128.0	4.40	10.09	5.09	31.62
1994	30827.0	5.60	12.25	6.57	32.44
1995	32535.0	6.78	14.18	8.19	33.80
1996	34130.0	7.28	14.70	8.58	34.06
1997	34980.0	7.79	15.56	9.24	35.27
1998	35460.0	8.66	17.24	10.45	36.95
1999	35626.0	8.74	17.52	10.77	38.68
2000	36042.5	7.03	14.07	9.23	42.13
2001	36398.5	6.54	13.08	8.83	44.77
2002	36640.0	6.47	12.94	9.02	47.84
2003	37531.6	6.29	12.35	9.06	51.27
2004	39434.2	6.18	11.63	9.24	54.96
2005	41205.1	6.56	11.89	9.78	56.68
2006	43037.4	6.88	11.99	10.17	58.39
2007	44590.0	7.30	12.33	10.69	60.22
2008	45640.7	7.64	12.66	11.24	62.49
2009	46937.5	8.68	14.03	12.74	64.45
2010	48174.5	9.21	14.55	12.88	63.75
2011	49826.0	10.40	15.95	14.55	65.79
2012	50931.0	11.25	16.94	15.21	65.40

续表

年份	全社会非农就业人数（万人）	名义非正规部门就业人数占全社会就业人数比例（%）	名义非正规部门就业人数占非农就业人数比例（%）	城镇名义非正规部门就业人数占城镇就业人数比例（%）	城镇名义非正规部门就业人数占非正规部门就业人数比例（%）
2013	52806.0	12.13	17.68	16.06	65.79
2014	54463.0	13.70	19.43	17.83	66.22
2015	55532.0	15.08	21.04	19.30	66.77
2016	56107.0	16.57	22.92	20.82	67.07
2017	56696.0	18.32	25.09	22.01	65.71

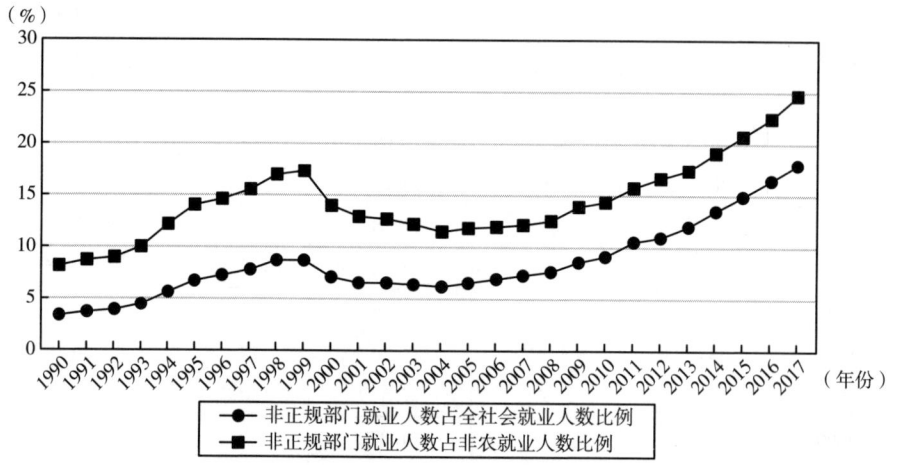

图 6-4 1990~2017 年我国名义非正规部门就业份额发展趋势

数据显示，我国名义非正规部门就业相对规模呈"波动中上升"的态势，名义非正规部门从业人数与全社会从业人数之比从 1990 年的 3.25% 提升至 2017 年的 18.32%，平均每年提升 0.56 个百分点；名义非正规部门就业人数占非农就业人数之比从 1990 年的 8.15% 提升至 2017 年的 25.09%，平均每年提升 0.63 个百分点。分阶段看，1990~1999 年为名义非正规部门就业份额快速提升阶段。在该时间段，名义非正规部门从业人数与全社会从业人数之比从 1990 年的 3.25% 提升至 1999 年的 8.74%，平均每年提升 0.61 个百分点。名义非正规部门就业人数占非农就业人数之比从 1990 年的 8.15% 提升至 1999 年的 17.52%，平均每年提升 1.04 个百分点。1999~2004 年为名义非正规部门就业份额收缩阶段。在该时间段，名义非正规部门从业人数与全社会从业人数之比从1999年的8.74%下降至2004年的6.18%，平均每年降低0.51个百分点。名义非正规部门就业人数占非农就业人数之比从1999年的17.52%下降至2004年的11.63%，平均每年降低1.18个百分点。2004~2017年为名义非正规部门就业份额重新扩张阶段。在该时间段，名义非正规部门从业人数与全社会从业人数之比从2004年的6.18%提升至2017年的18.32%，平均每年提升0.93个百分点。名义非正规部门就业人数占非农就业人数之比从2004年的11.63%提升至2017年的25.09%，平均每年提升1.04个百分点。

3. 我国名义城镇非正规部门就业相对规模发展趋势考察

我们以"名义城镇非正规部门就业人数与城镇就业人数之比"和"名义城镇非正规部门就业人数与名义非正规部门就业人数之比"来考察城镇非正规部门就业份额的变化情况。表6-4和图6-5数据显示，1990~2017年我国名义城镇非正规部门就业人数与城镇就业人数之比呈"小幅上升"趋势。从1990年的3.60%上升至2017年的22.01%，平均每年提升0.68个百分点；不同的是，名义城镇非正规部门就业人数与名义非正规部门就业人数之比呈"大幅上升"趋势，从1990年的29.17%上升至2017年的65.71%，平均每年提升1.35个百分点。

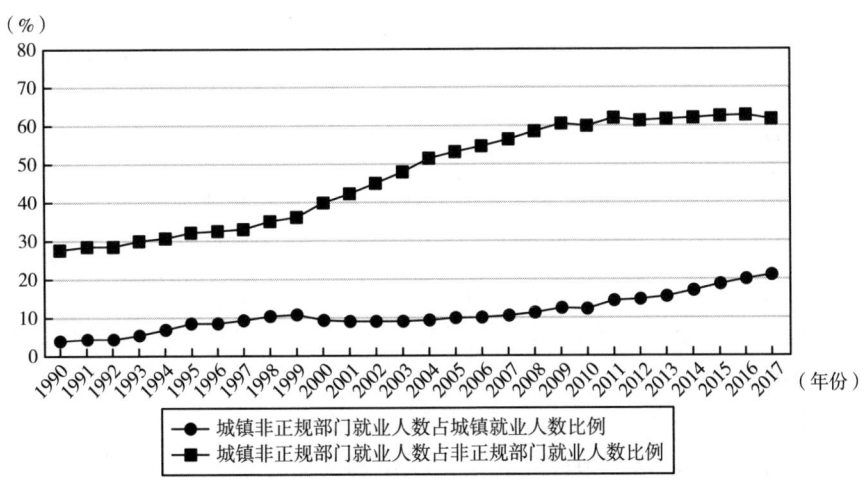

图6-5　1990~2017年我国城镇名义非正规部门就业份额发展趋势

（二）城镇非正规部门就业规模发展趋势和阶段特征考察：实际维度

考虑到部分个体经营户从业人员和较多独立劳动者未被登记为个体工商户从业人员但被统计为城镇就业人员，城镇未统计就业人员较多地从事非正规部门就业或正规部门非正规就业的事实（胡鞍钢和赵黎，2006），我们以城镇个体就业人员为主体、以城镇未统计就业人员为补充，形成"宽口径的城镇非正规部门就业人数"和"窄口径的城镇非正规部门就业人数"两种口径来考察城镇实际非正规部门就业规模。其中，"宽口径的城镇非正规部门就业人数"是城镇名义非正规部门就业人数与城镇未统计就业人数之和；"窄口径的城镇非正规部门就业人数"是城镇名义非正规部门就业人数与部分城镇未统计就业人数之和，用公式表示为：

$$城镇实际非正规部门就业人数(宽口径) \\ = 城镇名义非正规部门就业人数 + 城镇未统计就业人数 \quad (6-1)$$

$$城镇实际非正规部门就业人数(窄口径) \\ = 城镇名义非正规部门就业人数 + 城镇未统计就业人数 \times \\ \frac{城镇个体就业人数}{城镇个体就业人数 + 城镇私营企业就业人数} \quad (6-2)$$

$$城镇未统计就业人数 = 城镇就业人数 - 城镇已统计就业人数 \quad (6-3)$$

$$城镇已统计就业人数 = 城镇国有单位 + 城镇集体单位就业人数 + \\ 城镇股份合作单位就业人数 + 城镇联营单位就业人数 + 城镇有限责任公司就业人数 + 城镇私营企业就业人数 + 城镇个体就业人数 + 港澳台商投资单位就业人数 + 外商投资单位就业人数 \quad (6-4)$$

1990~2017年间，我国城镇未统计就业人员数、城镇未统计就业人数占城镇就业人数比例、城镇实际非正规部门就业人数（宽口径）和城镇实际非正规部门就业人数（窄口径）的估算结果如表6-5所示。

我国城镇未统计就业规模是巨大的。数据表明，1990~1996年城镇未统计就业规模基本维持在2000万人左右，自1997年开始，城镇未统计就业人数急剧扩张，从3093万人逐年上升至2008年的11398万人。2009年起，城镇未统计就业规模开始回落，2017年未统计就业规模降为2433万人。同时，与统计年鉴记录的城镇名义非正规部门就业人员规模相比，城镇实际非正规部门就业规模相对较大。宽口径的城镇实际非正规部门就业规模和窄口径的城镇实际非正规部门就业规模均经历了"先增后减"的发展趋势（见图6-6），分别从1990年的2927.00万人和2730.52万人逐年递增至2010年的15849.40万人、2012年的9507.73万人。2013年以来，非正规部门就业规模呈小幅下降后又继续增长，2017年宽口径的城镇实际非正规部门就业规模和窄口径的城镇实际非正规部门就业规模分别达到11780.50万人和10350.53万人。

表6-5　1990~2017年中国城镇实际非正规部门就业人数发展情况

年份	城镇就业人数（万人）	城镇未统计就业人数（万人）	城镇未统计就业人数占城镇就业人数比例（%）	城镇实际非正规部门就业人数（宽口径）（万人）	城镇实际非正规部门就业人数（窄口径）（万人）
1990	17041.00	2313.00	13.57	2927.00	2730.52
1991	17465.00	2278.00	13.04	2970.00	2766.18
1992	17861.00	2229.00	12.48	2969.20	2708.53
1993	18262.00	2251.00	12.33	3180.50	2805.33
1994	18653.00	2031.00	10.89	3256.00	2822.93
1995	19040.00	1704.00	8.95	3263.60	2859.47
1996	19922.00	2381.00	11.95	4089.80	3455.96
1997	20781.00	3093.00	14.88	5012.40	4143.25
1998	21616.00	5698.00	26.36	7957.30	6241.91
1999	22412.00	6836.50	30.50	9250.70	7174.99
2000	23151.00	8161.90	35.26	10298.00	7257.94
2001	24123.00	9341.60	38.72	11472.80	7573.83
2002	25159.00	10021.90	39.83	12290.70	7596.96
2003	26230.00	10499.30	40.03	12876.30	7447.25
2004	27293.00	10840.80	39.72	13362.00	7477.18
2005	28389.00	10927.70	38.49	13705.40	7645.12
2006	29630.00	11177.90	37.72	14190.40	7845.91
2007	30953.00	11261.00	36.38	14570.50	8033.10
2008	32103.00	11398.00	35.50	15007.40	8319.74
2009	33322.00	11209.20	33.64	15453.70	9104.93
2010	34687.00	11381.90	32.81	15849.70	9292.58
2011	35914.00	9681.00	26.96	14907.90	9395.50
2012	37102.00	9041.00	24.37	14683.70	9507.73
2013	38240.00	6039.00	15.79	12181.30	8720.97
2014	39310.00	4449.00	11.32	11458.30	8858.17
2015	40410.00	3652.00	9.04	11451.90	9300.72
2016	41428.00	3120.00	7.53	11747.00	9926.67
2017	42462.00	2433.00	5.73	11780.50	10350.53

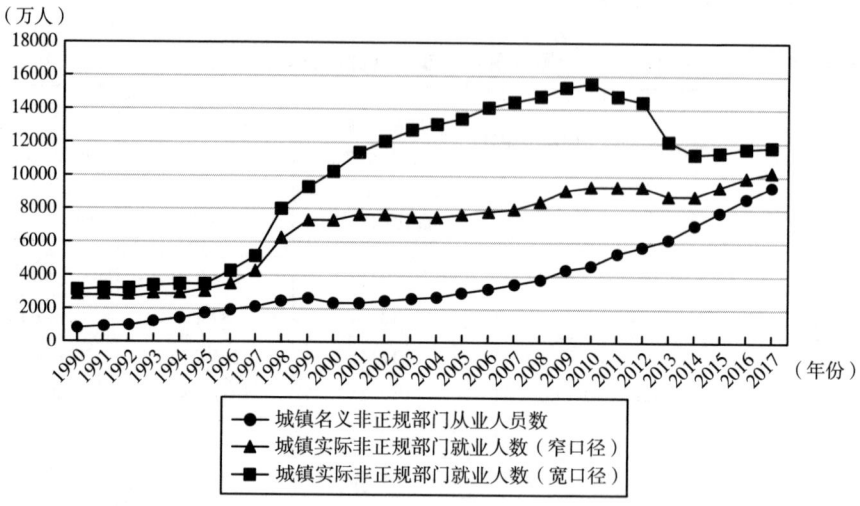

图6-6 1990~2017年我国城镇实际非正规部门就业规模发展趋势

（三）城镇非正规部门就业份额发展趋势和阶段特征考察：实际维度

我们以"宽口径的城镇非正规部门就业份额"和"窄口径的城镇非正规部门就业份额"两种口径来考察城镇实际非正规部门就业份额。其中，"宽口径的城镇非正规部门就业份额"是宽口径的城镇非正规部门就业人数与城镇就业人数之比；"窄口径的城镇非正规部门就业份额"是窄口径的城镇非正规部门就业人数与城镇就业人数之比。1990~2017年间，宽口径的城镇实际非正规部门就业份额和窄口径的城镇实际非正规部门就业份额发展趋势如表6-6和图6-7所示。

表6-6　1990~2017年中国城镇实际非正规部门就业份额发展情况

年份	城镇名义非正规部门就业份额（%）	城镇实际非正规部门就业份额（宽口径）（%）	城镇实际非正规部门就业份额（窄口径）（%）
1990	3.60	17.18	16.02
1991	3.96	17.01	15.84
1992	4.14	16.62	15.16
1993	5.09	17.42	15.36
1994	6.57	17.46	15.13
1995	8.19	17.14	15.02
1996	8.58	20.53	17.35
1997	9.24	24.12	19.94

续表

年份	城镇名义非正规部门就业份额（%）	城镇实际非正规部门就业份额（宽口径）（%）	城镇实际非正规部门就业份额（窄口径）（%）
1998	10.45	36.81	28.88
1999	10.77	41.28	32.01
2000	9.23	44.48	31.35
2001	8.83	47.56	31.40
2002	9.02	48.85	30.20
2003	9.06	49.09	28.39
2004	9.24	48.96	27.40
2005	9.78	48.28	26.93
2006	10.17	47.89	26.48
2007	10.69	47.07	25.95
2008	11.24	46.75	25.92
2009	12.74	46.38	27.32
2010	12.88	45.69	26.79
2011	14.55	41.51	26.16
2012	15.21	39.58	25.63
2013	16.06	31.85	22.81
2014	17.83	29.15	22.53
2015	19.30	28.34	23.02
2016	20.82	28.36	23.96
2017	22.01	27.74	24.38

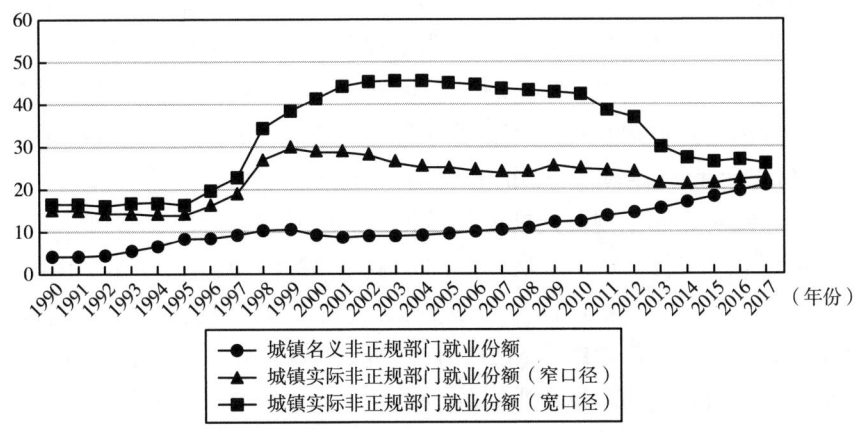

图6-7 1990~2017年我国城镇实际非正规部门就业份额发展趋势

计算结果表明，与城镇名义非正规部门就业份额相比，城镇实际非正规部门就业份额不仅较高且走势差异显著。1990~2017年间，我国宽口径的城镇实际非正规部门就业份额和窄口径的城镇实际非正规部门就业份额均经历倒"U"型的发展趋势。1990~1995年间，宽口径的城镇实际非正规部门就业份额和窄口径的城镇实际非正规部门就业份额均较为稳定，基本维持在17%和15%左右；1996年开始，城镇实际非正规部门就业份额快速递增，宽口径的城镇实际非正规部门就业份额于2003年达到最高点49.09%，窄口径的城镇实际非正规部门就业份额于1999年达到最高点32.01%，之后年份城镇实际非正规部门就业份额开始小幅下降，2017年，宽口径的城镇实际非正规部门就业份额和窄口径的城镇实际非正规部门就业份额分别达到27.74%和24.38%。

三、城市化进程与城镇非正规部门规模关系的初步判断

（一）全国层面的城市化进程与城镇非正规部门规模关系的初步判断

城市化进程与城镇实际非正规部门规模之间究竟呈现怎样的数量关系？我们进行了初步考察。

图6-8描述了1990~2017年间全国层面的城市化水平与窄口径城镇实际非正规部门就业份额的散点图。具体来看，1990~1995年，城市化水平从26.4%提升至29.0%，窄口径城镇实际非正规部门就业份额基本维持在15.0%左右；之后的4年迎来了城镇非正规部门实际就业规模的迅速扩张。其间，城市化水平从1995年的29.0%提升至1999年34.8%，窄口径城镇实际非正规部门就业规模则从17.35%提升至32.01%，上升了14.66个百分点。2000年起，伴随着城市化水平从32.01%逐年提升至2017年的58.5%，城镇实际非正规部门就业规模却步入缓慢收缩阶段，窄口径城镇实际非正规就业人数占城镇就业人数的比例从32.01%逐年降至2014年的22.53%，平均每年下降0.63个百分点，尽管在2015年之后，窄口径城镇实际非正规部门就业份额略有回升，但终究难改其倒"U"型的发展态势。整体来看，伴随着全国城市化水平的不断提升，窄口径城镇实际非正规就业人数占城镇就业人数的比例总体基本呈现"基本稳定—急剧提升—缓慢下降"的倒"U"型发展态势。

第六章 城市化进程与非正规部门规模关系的理论阐释与实证研究 149

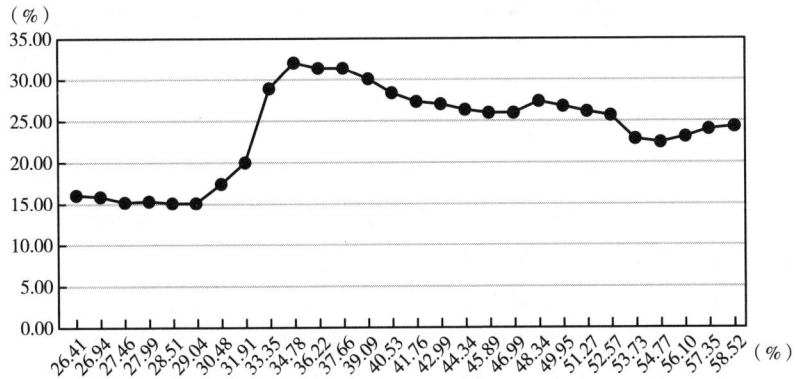

图6-8 全国城市化进程与窄口径城镇实际非正规部门就业份额关系（1990~2017年）

图6-9描述了1990~2017年间全国层面的城市化水平与宽口径城镇实际非正规部门就业份额的散点图。具体来看，1990~1995年，城市化水平从26.4%提升至29.0%，宽口径城镇非正规部门就业份额基本维持在17.0%左右；之后的8年迎来了城镇非正规部门就业规模的迅速扩张期。其间，城市化水平从1995年的29.0%提升至2003年40.5%，宽口径城镇非正规部门就业规模则从17.14%提升至49.09%，足足提升了近32个百分点。2004年起，伴随着城市化水平从40.5%逐年提升至2017年的58.5%，城镇非正规部门就业规模却步入缓慢收缩阶段，宽口径城镇非正规就业人数占城镇就业人数的比例从49.09%逐年降至2017年的27.74%，平均每年下降1.53个百分点。整体来看，全国层面的城市化进程与宽口径城镇实际非正规部门就业规模之间呈现倒"U"型发展态势。伴随着全国城市化水平的不断提升，宽口径城镇非正规就业人数占城镇就业人数的比例总体呈现"基本稳定—急剧提升—缓慢下降"的走势。

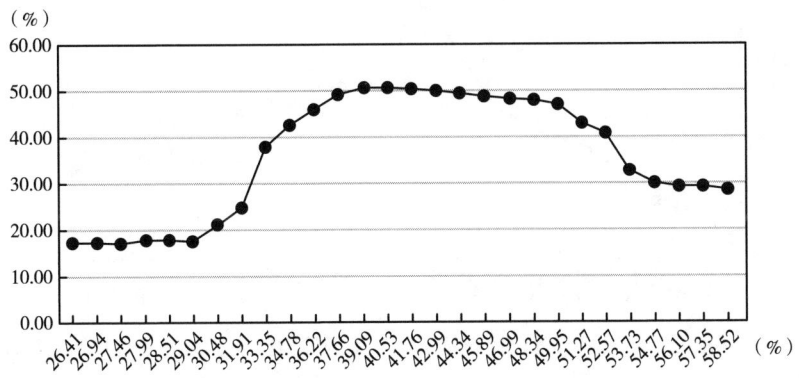

图6-9 全国城市化进程与宽口径城镇实际非正规部门就业份额关系（1990~2017年）

（二）省级层面的城市化进程与城镇非正规部门规模关系的初步判断

为准确判断我国城市化进程与城镇实际非正规部门规模之间的数量关系，我们选择了部分省份和直辖市的历史数据进行考察。我们选择了东部地区的北京市、中部地区的江西省和西部地区的广西壮族自治区开展城市化进程与城镇实际非正规部门规模数量关系的初步考察。

图6-10和图6-11分别描述了1990~2017年北京市的城市化水平与宽口径城镇实际非正规部门就业份额、城市化水平与窄口径城镇实际非正规部门就业份额。整体来看，北京市的城市化进程与城镇实际非正规部门就业规模之间呈现倒"U"型发展态势。伴随着北京城市化水平的不断提升，宽口径城镇非正规就业人数占城镇就业人数的比例和窄口径城镇非正规就业人数占城镇就业人数的比例均呈现"急剧提升—缓慢下降"的走势。1990~2003年，北京市城市化水平从73.48%提升至79.05%，宽口径城镇非正规部门就业份额从1.47%逐年提升至18.23%，窄口径城镇非正规部门就业份额从1.47%逐年提升至16.85%，平均每年提升1.29个百分点和1.18个百分点。从2004年起，城市化水平从79.53%逐年提升至2012年的86.20%，城镇非正规部门就业规模却步入缓慢收缩阶段，宽口径城镇非正规就业人数占城镇就业人数的比例从11.95%逐渐降至2017年6.25%，窄口径城镇非正规就业人数占城镇就业人数的比例也逐渐降至2017年4.21%。整体来看，随着北京城市化水平的不断提升，两种口径城镇实际非正规就业人数占城镇就业人数的比例总体均呈现"基本稳定—急剧提升—缓慢下降"的倒"U"型发展态势。

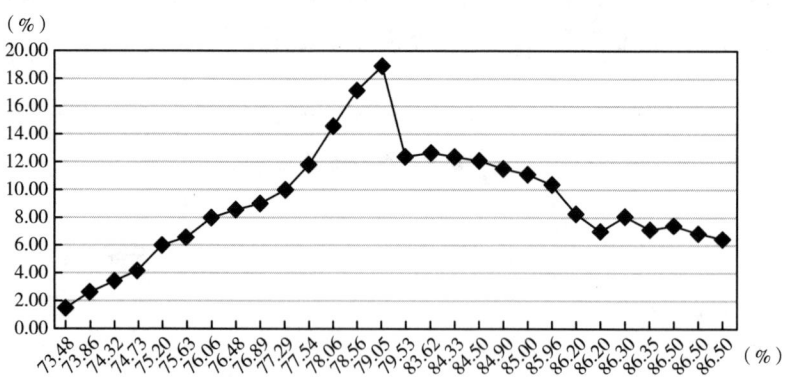

图6-10　北京城市化进程与宽口径城镇实际非正规部门就业份额关系（1990~2017年）

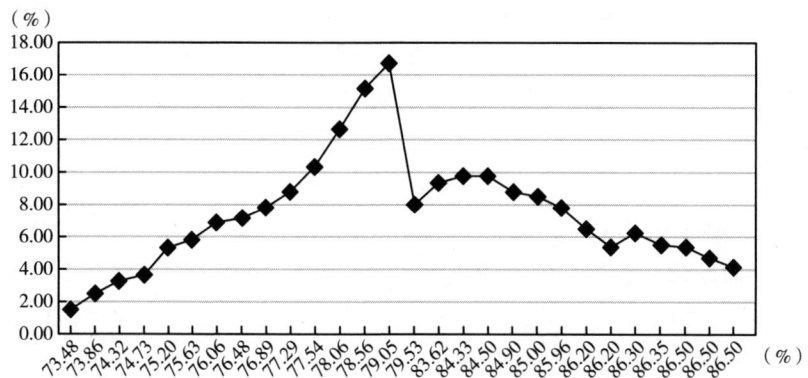

图 6 – 11　北京城市化进程与窄口径城镇实际非正规部门就业份额关系（1990~2017 年）

图 6 – 12 和图 6 – 13 分别描述了 1990~2017 年间江西省的城市化水平与宽口径城镇实际非正规部门就业份额、城市化水平与窄口径城镇实际非正规部

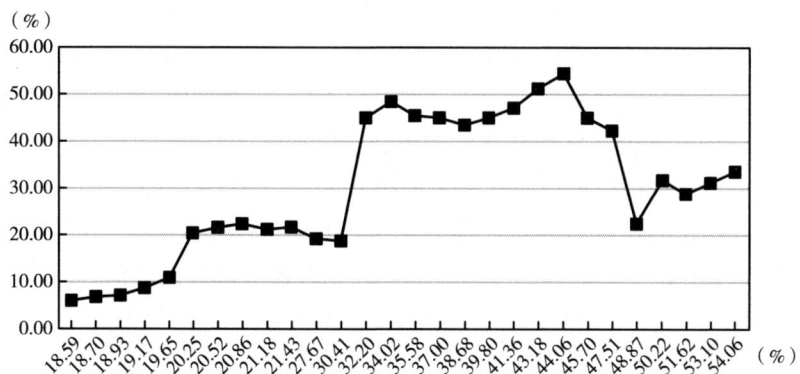

图 6 – 12　江西城市化进程与宽口径城镇实际非正规部门就业份额关系（1990~2017 年）

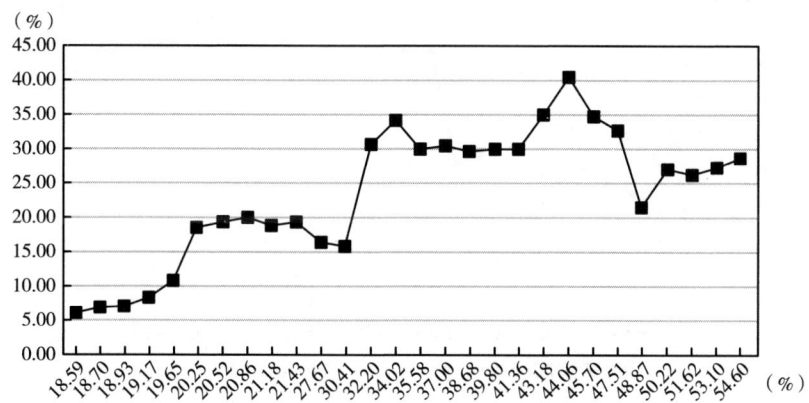

图 6 – 13　江西城市化进程与窄口径城镇实际非正规部门就业份额关系（1990~2017 年）

门就业份额。整体来看,江西省的城市化进程与城镇实际非正规部门就业规模之间呈现"波动提升—保持稳定—缓慢下降"的发展态势。

1990~2002年,江西省城市化水平从18.59%提升至32.20%,宽口径城镇非正规部门就业份额从6.05%逐年提升至43.89%,窄口径城镇非正规部门就业份额从6.05%逐年提升至31.07%,平均每年提升3.15个百分点和2.09个百分点。2003~2011年,城市化水平从34.02%依然逐年提升至2011年的45.70%,而城镇非正规部门就业规模虽存在小幅波动,但一直处于一个较为稳定的状态。2012年起,城镇非正规部门就业规模开始步入收缩阶段,宽口径城镇非正规就业人数占城镇就业人数的比例从41.32%降至2017年的32.99%,窄口径城镇非正规就业人数占城镇就业人数的比例也小幅降至2017年29.09%。江西省城市化水平与非正规部门就业规模之间也呈现倒"U"型的发展态势。

图6-14和图6-15分别描述了1990~2017年间广西壮族自治区的城市化水平与宽口径城镇实际非正规部门就业份额、城市化水平与窄口径城镇实际非正规部门就业份额。整体来看,广西壮族自治区的城市化进程与城镇实际非正规部门就业规模之间呈现"缓慢提升—急剧提升—缓慢下降"的发展态势。

1990~2000年间,广西壮族自治区城市化水平从15.36%提升至21.30%,宽口径城镇非正规部门就业份额从8.12%逐步提升至24.60%,窄口径城镇非正规部门就业份额从8.12%逐步提升至22.51%。2001~2010年,城市化水平从29.10%逐年提升至2010年的40.00%,宽口径城镇非正规部门就业份额从20.81%快速提升至68.64%,窄口径城镇非正规部门就业份额从20.27%快速

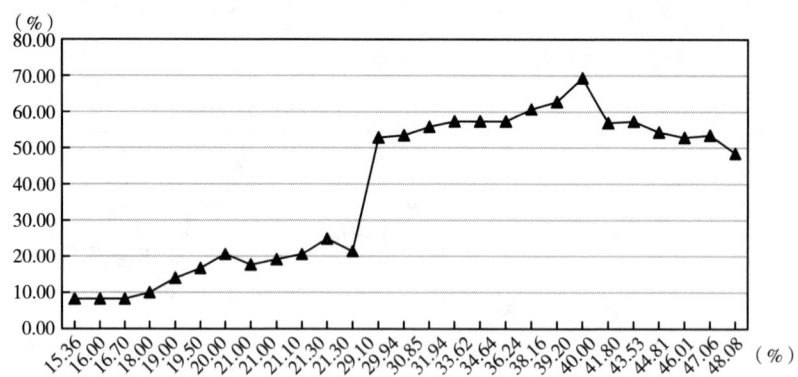

图6-14 广西壮族自治区城市化进程与宽口径城镇实际
非正规部门就业份额关系(1990~2017年)

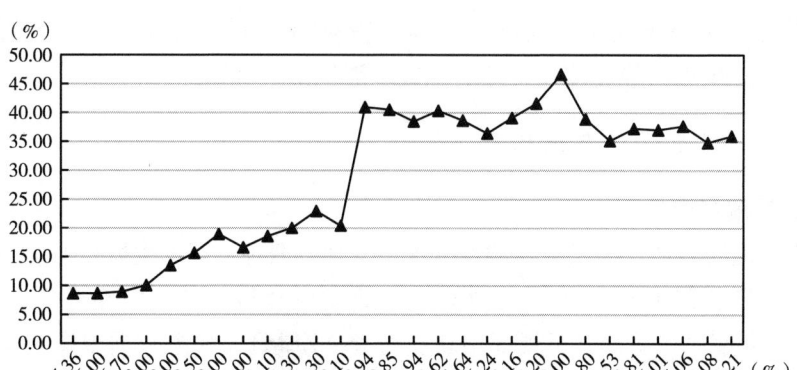

图 6-15 广西壮族自治区城市化进程与窄口径城镇实际
非正规部门就业份额关系（1990~2017年）

提升至45.99%。2011年起，城镇非正规部门就业规模开始步入缓慢收缩阶段，宽口径城镇非正规就业人数占城镇就业人数的比例从56.21%降至2017年的48.45%，窄口径城镇非正规就业人数占城镇就业人数的比例也小幅降至2017年35.62%。广西壮族自治区城市化水平与非正规部门就业规模之间依然呈现倒"U"型的发展态势。

第三节 城市化进程与城镇非正规部门规模关系的实证研究

一、模型设定和变量选择

（一）模型设定

为定量考察我国城镇非正规部门规模与城市化进程的关系，检验我国城镇非正规部门就业规模与城市化进程之间是否存在倒"U"型关系，本书构建如下计量模型。

$$EIS_{i,t} = \beta_0 + \beta_1 UR_{i,t} + \beta_2 UR_{i,t}^2 + \sum_{j=3}^{n} \beta_j X_{jit} + \varepsilon_{i,t} \quad (6-5)$$

$$X_{i,t} = [gap_{i,t}, tax_{i,t}, une_{i,t}, open_{i,t}, tfp_{i,t}]$$

其中，i代表地区，t代表时间，β_0代表常数项，$EIS_{i,t}$代表城镇非正规部门就业份额，UR代表城市化水平，UR^2代表城市化水平的二次项，gap代表城乡收入差距，tax 代表税收负担，une 代表城镇登记失业率，open 代表贸易开放程度，tfp 代表全要素生产率，ε_{it} 表示随机误差项。

(二) 变量说明与数据来源

1. 被解释变量

为保证模型估计结果的稳健性，本书分别以两种口径测度城镇非正规部门就业份额来衡量非正规部门就业规模，即宽口径城镇非正规部门就业份额（KEIS）和窄口径城镇非正规部门就业份额（ZEIS）。相关数据根据国家统计局网站、阿帕比数字资源平台、新中国 60 年统计资料汇编、各省统计年鉴、中国统计年鉴、中华人民共和国人力资源和社会保障部网站数据计算得到。

2. 核心解释变量

模型中的核心解释变量是城市化水平。刻画城市化水平的方法包括单指标测量法和多指标综合评价法。前者主要指直接选用人口指标、用地指标等单一指标来描述城市化水平；后者则选择城市化发展的若干指标，形成刻画城市化发展水平的描述指标体系，进而基于综合评价方法得出城市化发展水平。单指标测量法又可分城镇人口指标法、非农业人口指标法、城市用地规模指标法等；多指标综合评价法尚未形成统一的城市化水平描述指标体系。就已有文献来看，尽管简单的单指标测量法受到部分研究者的质疑，但基于城镇人口指标法的城市化水平刻画方法受到国内外研究者的普遍青睐，也得到了诸如联合国、世界银行等国际权威组织的广泛应用。本书亦选择城镇人口指标法，用城镇人口与总人口之比来刻画城市化水平，以城镇人口占总人口比例的变化衡量中国的城市化进程。

3. 其他控制变量

城镇非正规部门就业规模受其他诸多因素的影响，为避免遗漏变量偏误，我们在计量模型中引入一些控制变量。

（1）城乡收入差距。农民工是城镇非正规就业的主要群体之一，而城乡预期收入差异是农村劳动力迁移的主要内生动力。托克曼（Tokman，1978）、丁金宏和冷熙亮（2001）等持二元理论的研究者都认为，当正规部门不能提供足够的就业岗位以吸收转移劳动力时，城镇非正规部门便成为多数农村劳动力的必然选择。本书引入"城乡收入比"，即城镇家庭居民人均可支配收入与农村家庭居民人均纯收入之比，来控制城乡收入差距对非正规部门就业规模的影响。1990~2017 年各地区相关数据源自《新中国 60 年统计资料汇编》和《中国统计年鉴》。

(2) 税收负担。现有文献几乎一致认为税收负担是引致非正规部门就业规模变化的重要因素,原因是缴税将直接影响劳动者从事正规经济活动的成本,从而影响其选择"正规就业"或"非正规就业"(Loayza, 1996; Gërxhani, 2004),所以本书引入地方财政收入与地区生产总值之比作为税收负担变量,考察其对非正规部门就业规模的影响。

(3) 城镇失业率。多数研究表明,城镇登记失业人员是我国非正规部门就业的劳动力供给源(陆铭和田士超,2008),高失业率地区可能伴随较高的非正规部门就业规模,因此本书引入"城镇失业率"变量来控制失业率对非正规部门就业规模的影响。鉴于中国尚缺乏调查的失业率数据,我们选择统计年鉴记录的城镇登记失业率数据作为城镇失业率的测度指标。1990~1999年各地区相关数据源自《中国劳动工资统计年鉴》,2000~2017年各地区相关数据源自《中国统计年鉴》。

(4) 贸易开放。对外贸易的日益发展给国内的劳动力市场带来了深刻影响,这种影响不仅体现在传统意义上的就业水平和劳动者工资方面,更体现在劳动力市场非正规性程度的不断变化。国内外系列文献探讨了贸易开放与城市非正规就业规模之间的多种理论逻辑。

其一,贸易开放使生产企业面临更激烈的竞争,为保持或提高自身竞争力,生产企业往往通过解雇劳动力、改变雇佣规则或转变生产组织方式等途径降低生产成本,其后果是大量被解雇劳动力选择非正规就业,非正规就业规模得以扩张(Marjit, Kar and Beladi, 2007; Ghosh and Paul, 2008)。有些学者试图从不确定性需求视角来解释二元劳动力市场产生的本质原因,认为正是由于不确定的产品需求迫使企业维持双重的劳动力雇佣结构,即一部分是永久雇佣的劳动力,另一部分则是依据需求波动调整而临时雇佣的劳动力。基于双重劳动力市场框架,戈德堡和帕夫尼克(Goldberg and Pavcnik, 2003)构建了一个代表性企业模型,指出削减进口关税将降低企业需求分布的均值,加剧产品的需求波动,进而增加对非正规劳动力的雇佣;他们强调了劳动力市场灵活性在决定贸易自由化与非正规就业规模关系中的作用,劳动力市场越灵活则非正规就业规模越大。也有学者通过构建非正规部门和正规部门之间的生产关联来阐释贸易开放扩大非正规就业规模的影响机制。在雅布齐、贝拉迪和魏(Yabuuchi, Beladi and Wei, 2005)构建的三部门模型中,非正规部门为正规部门提供工业原料,贸易开放给进口竞争型企业以更大的竞争压力,使用相对便宜的非正规部门产品便成为这些企业不错的生存策略。

其二，较多研究者通过构建包含非正规劳动力市场的一般均衡模型来阐述贸易开放影响非正规就业规模的理论机制。在玛吉特（Marjit, 2003）构建的三部门准充分就业一般均衡模型中，非正规部门被划分为正规部门提供中间产品的资本密集型子部门和仅生产最终产品的劳动密集型子部门，如果贸易自由化导致正规部门萎缩，那么与其存在生产联系的资本密集型子部门也将萎缩，但劳动密集型子部门的就业规模将不断扩张。在马吉特和比斯瓦斯（Majit and Biswas, 2007）构建的劳动力雇佣一般均衡模型与梅蒂和玛吉特（Maiti and Marjit, 2008）构建的两部门开放经济一般均衡模型中，关税降低致使进口竞争型企业倍感压力，却进一步扩大了出口企业的市场份额。前者通过增加非正规就业岗位以降低生产成本，后者则通过生产活动的转包而将工作重心放在能带来更大利润的产品营销活动上，两个模型阐释了贸易开放扩大非正规就业规模的不同影响机制。相比之下，西莫利、普里米和普尼奥（Cimoli, Primi and Pugno, 2005）的一般均衡模型侧重于考察出口企业的新技术采用情况，出口企业通过率先采用新技术以提高自身的生产率，由于新技术具有劳动力节约性质，从而迫使出口企业通过裁员或雇佣非正规就业者来调整劳动力结构，致使非正规就业规模扩张。

不同的是，德国人卡斯蒂利亚（Aleman-Castilla, 2006）将正规部门和非正规部门引入异质性企业模型，认为贸易自由化致使企业发现进入正规部门更有利，而不是从事非正规生产，其行业内贸易的选择效应迫使生产率低的非正规企业退出行业，而生产率高的正规企业则获得国际市场份额。同样基于异质性企业模型，帕斯（Paz, 2012）将企业税收遵从决策行为引入分析框架，在他构建的小型开放经济模型中，本国和贸易国进口关税的变化都将影响本国企业缴纳工资税的行为，进而确定其是否提供非正规就业岗位。结果表明，本国关税自由化会扩大非正规就业规模，而出口目的地国家关税自由化措施却对本国非正规就业规模产生反向影响。

值得一提的是，科雷亚和迪马尤（Correa and Di Maio, 2013）将非正规部门引入李嘉图模型，阐释了贸易开放影响非正规就业规模的多重路径。首先，鉴于政府的关税收入仅用于购买正规部门产品，通过扩大税基而增加政府的关税收入，正规就业规模因正规部门产品需求上升而扩张。其次，关税减让在降低进口商品价格的同时也促进了正规部门产品的出口，非正规就业规模因正规产品和非正规产品的替代效应与正规部门产品需求量的增加而进一步缩减。最后，商品进口量的增加致使正规部门工资降低，迫使部分劳动力向非正规部门转移，非正规就业规模得以扩张。多种影响途径的共同作用使得贸易开放与非正规就业规模之间呈现倒"U"型关系。衡量贸易开放的指标包括贸易依存度、贸易平均加权关税率、集合关税率、外汇黑市溢价、Sach-warner 综合指标、Dollar 指标、Edwards 指标等，但目前尚缺乏一种普遍认同的选择方法。

基于其简单直观且能较准确反映贸易开放程度的性质以及国内外相关研究广泛采用的事实，本书选择贸易依存度作为衡量贸易开放的指标，即按境内目的地和货源地划分的进出口总额与地区生产总值之比来测度。同时，由于进出口数据以美元为计量单位，我们根据相应年度人民币对美元的平均汇率对其调整。相关数据源自国家统计局网站、《新中国60年统计资料汇编》、各省统计年鉴和中国统计年鉴。

（5）科技进步。本书使用全要素生产率来度量一个地区的技术进步水平。具体做法为：首先用以1990年为基期的固定资产投资价格指数对固定资本形成总额进行平减；然后利用较为普遍的永续盘存法（$K_t = I_t + (1-\delta)K_{t-1}$）估算各年份的资本存量，基期资本存量和折旧率参照张军等（2004）的方法[①]；最后通过索洛余值法（$\ln A = \ln(Y/L) - \alpha \times \ln(K/L)$）[②] 计算各地区全要素生产率，即技术进步。1990~2017年各地区相关数据源自《中国统计年鉴》和地区统计年鉴。

在省份研究样本的选取上，本书研究样本不含西藏、重庆（并入四川）、香港、澳门和台湾地区，样本数据时间跨度为 1990~2017 年。为消除价格因素的影响，涉及价值形态的数据均用固定资产投资价格指数或居民消费价格指数进行平减化处理（以 1990 年为基期）。表 6-7 报告了被解释变量、核心解释变量，以及其他控制变量的描述性统计信息。

表 6-7　　　　　　　　各变量的基本描述统计

变量	变量含义	衡量指标	样本地区	均值	最大值	最小值	标准差	观测数
KEIS	宽口径城镇非正规部门就业份额	（城镇个体从业人员 + 城镇未统计从业人员）/ 城镇就业人数	全样本	23.98	73.21	1.47	14.38	812
			东部	21.11	56.74	1.47	13.99	308
			中部	27.23	73.21	2.63	14.70	224
			西部	24.53	68.64	2.99	13.98	280

[①] 张军，吴桂英，张吉鹏. 中国省际物质资本存量估算：1952—2000 [J]. 经济研究，2004 (10)：35-44. 该文提供了以 2000 年现价计算的资本存量数据，折旧率取 9.6%。

[②] 其中 A 为全要素生产率，Y 为以 2000 年为基期的地区生产总值，K 为永续盘存法计算的物质资本存量，L 为用年末就业人数来衡量的劳动力投入，α 资本产出弹性，用经验值 0.6。

续表

变量	变量含义	衡量指标	样本地区	均值	最大值	最小值	标准差	观测数
ZEIS	窄口径城镇非正规部门就业份额	(城镇个体从业人员+城镇未统计从业人员×r)/城镇就业人数	全样本	19.19	55.37	1.47	10.25	812
			东部	15.59	44.77	1.47	9.03	308
			中部	22.77	55.37	2.63	10.87	224
			西部	20.28	46.25	1.52	9.75	280
UR	城市化水平	城镇人口/总人口	全样本	42.73	89.60	12.26	18.11	812
			东部	52.55	89.60	14.37	21.36	308
			中部	39.41	59.40	15.52	12.49	224
			西部	34.58	62.02	12.26	12.01	280
Open	贸易依存度	进出口总额/GDP	全样本	0.2893	2.054	0.0116	0.3407	812
			东部	0.59	2.05	0.08	0.40	308
			中部	0.11	0.35	0.04	0.05	224
			西部	0.11	0.41	0.01	0.05	280
Une	城镇失业率	城镇登记失业率	全样本	3.31	7.40	0.30	0.98	812
			东部	2.95	6.50	0.30	1.03	308
			中部	3.27	4.90	0.70	0.82	224
			西部	3.74	7.40	2.1	0.85	280
Gap	城乡收入差距	城镇居民家庭人均可支配收入/农村居民家庭人均纯收入	全样本	2.76	5.33	1.14	0.62	812
			东部	2.37	3.15	1.14	0.36	308
			中部	2.58	3.37	1.40	0.40	224
			西部	3.34	5.33	1.90	0.56	280
Tax	税收负担	地方财政收入/地区国内生产总值	全样本	12.87	32.70	6.24	4.33	812
			东部	13.71	32.70	6.24	5.18	308
			中部	10.94	19.40	6.84	2.56	224
			西部	13.48	26.57	6.48	3.95	280
Tfp	全要素生产率	索洛余值法测算结果	全样本	0.71	1.43	0.13	0.24	812
			东部	0.85	1.43	0.13	0..26	308
			中部	0.70	1.02	0.28	0.18	224
			西部	0.56	1.21	0.22	0.16	280

二、全样本实证结果及分析

(一) 面板数据单位根及协整检验

1. 面板数据单位根检验

为避免伪回归问题,需要对面板数据进行平稳性检验,考察各变量是否存在同阶单整。如果确定各变量存在同阶单整,则进一步作协整检验。根据原假设的不同可将单位根检验分为同质面板单位根检验(LLC 检验,Breitung 检验)、异质面板单位根检验(IPS 检验,Fisher-ADF)检验与不存在同质面板单位根检验(Hadri 检验)。本书选取 LLC 检验、Fisher-ADF 检验和 Hadri 检验三种方法对各变量进行检验。由表 6-8 可知,三种方法一致显示所有变量序列不存在单位根,满足协整检验的基本要求。

表 6-8　　　　　　　　面板单位根检验结果

变量	LLC	ADF-Fisher CH	Hadri
KEIS	-4.12***	166.02***	34.20***
ZEIS	-3.47***	182.82***	28.95***
UR	-23.37***	134.14***	32.90***
Open	-19.78***	210.90***	41.12***
Une	-15.39***	209.84***	18.58***
Gap	-6.83***	193.13***	29.71***
Tax	-7.25**	172.51***	22.12***
Tfp	-4.78***	181.01***	40.72***

注:***、** 分别表示1% 和5% 的显著性水平下拒绝原假设。

2. 面板数据协整检验

面板数据协整性检验的方法主要分为两大类:一类是基于回归残差的协整关系检验,如 ADF 检验、E-G 两阶段检验等;另一类则是基于回归系数的协整检验,如 Johansen 检验等。本书采用基于回归残差的 E-G 两步法对变量的长期关系进行协整性检验,主要包括 Pedroni 检验和 Kao 检验两种方法,这两种检验方法的原假设均为不存在协整关系,从面板数据中得到残差统计量进行检验,检验结果如表 6-9 所示。从 Pedroni 检验和 Kao 检验结果来看,检验结果均在 1% 的显著性水平下拒绝原假设,表明变量之间存在协整关系,即长期稳定关系,可以进行回归分析。

表6-9　　　　　　　　　　面板协整检验结果

	统计量	带有时间趋势	不带时间趋势
Pedroni 检验	Panel ADF	-9.56***	-10.76***
	Group ADF	-9.39***	-8.05***
Kao 检验	ADF	\multicolumn{2}{c}{-2.39***}	

注：*** 表示在1%的显著性水平下拒绝原假设。

（二）全样本实证结果及分析

面板数据模型主要存在三种设定形式，即混合效应模型、固定效应模型和随机效应模型，究竟采用何种形式需要进行模型设定检验。由表6-10可以看

表6-10　　　　　　　　　　全样本估计结果

变量	固定效应模型		混合模型		随机效应模型	
C	-13.25*** (1.86)	-28.11*** (3.24)	-11.51** (4.35)	-26.05*** (7.52)	-13.79*** (2.45)	-28.08*** (3.40)
Ur	1.38*** (0.10)	1.23*** (0.09)	1.70*** (0.25)	1.04*** (0.19)	1.46*** (0.10)	1.23*** (0.09)
Ur^2	-0.01*** (0.00)	-0.01*** (0.00)	-0.02*** (0.00)	-0.01*** (0.00)	-0.01*** (0.00)	-0.01*** (0.00)
Gap		5.18*** (0.94)		5.81** (3.17)		5.15*** (0.90)
Tax		-0.19 (0.17)		-0.57** (0.31)		-0.22 (0.16)
Une		0.30 (0.43)		-0.04 (0.86)		0.26 (0.43)
Open		-10.34*** (2.27)		-9.93*** (2.94)		-10.66*** (2.07)
Tfp		20.30*** (3.25)		34.11* (7.36)		22.12*** (3.11)
Ad-R^2	0.43	0.50	0.24	0.44	0.43	0.50
LR	35.55***	26.02***				
Hausman					12.37**	5.88***
观测值	812	812	812	812	812	812

注：***、**、*分别代表1%、5%和10%的显著性水平，括号内数字代表估计系数的标准误。

出，不同模型设定下的 F 检验、Ad-R^2 检验和 Hausman 检验一致认为固定效应模型为最优模型。考虑全样本包含 29 个地区 28 个年份的数据，可能存在截面异方差问题，本书使用加权广义最小二乘法进行估计。首先以非正规部门就业比重作为被解释变量，城市化水平及其平方项作为解释变量进行回归。结果发现，城市化水平的估计系数为 1.38，城市化水平二次项的估计系数为 -0.01，并且均通过 1% 的显著性检验，一定程度上表明非正规部门就业比重和城市化水平之间存在倒"U"型关系，和前文的描述性判断基本一致。为避免遗漏变量偏误，本书将其他影响非正规部门就业比重的变量纳入方程进行再估计。结果发现，城市化水平的估计系数为 1.23，城市化水平二次项的估计系数为 -0.01，也通过 1% 的显著性检验，说明非正规部门就业比重和城市化水平之间存在稳健的非线性关系。这意味着城市化发展初期，随着城市化水平提高，中国城镇非正规部门就业比重不断上升，一旦城市化水平突破了某一转折点，中国城镇非正规部门就业比重将开始下降。那么这一转折点究竟是多少呢？

根据本书研究样本的测算，发现城镇非正规部门就业比重开始下降的转折点为 61.50%。也就是说，当中国城市化水平低于 61.50% 时，非正规部门就业比重和城市化水平之间存在正相关关系，而当中国城市化水平高于 61.50% 时，非正规部门就业比重和城市化水平之间会呈现负相关关系，即非正规部门就业比重开始逐渐缩减，正规部门就业比重开始扩张。通过进一步地测算，我们发现，812 个观测值中有 698 个观测值（约 85.96%）的城市化水平低于这一转折点。为给出较为直接的事实证据，我们以城市化水平为标志，将所有观测值划分为两个类别（一类大于 61.50%，另一类小于 61.50%），分别观察非正规部门就业比重和城市化水平之间的关系，图 6-16 给出了两者关系的散点图。应该说，当前中国城市化水平比较低，依然伴随着非正规部门就业比重的扩张。

对于其他控制变量，城乡收入差距的估计系数为正且高度显著，说明城乡收入差距的扩大促进了我国非正规部门就业规模的扩张，一个合理的解释是，城乡收入差距的扩大加速了农村劳动力向城镇的转移（蔡昉和王德文，2003），而城镇劳动力市场的（多重）体制性分割（尤其是户籍制度的限制）使得非正规部门就业成为农村劳动力流入城市的主要就业渠道（李强和唐壮，2002；胡凤霞和姚先国，2011）。全要素生产率的估计系数为正且高度显著。随着科技进步水平的提高，资本的稀缺程度逐渐得到缓解，而劳动力价格日渐提高，于是，利润最大化的企业会选择更多地使用资本的技术和高技术生产设

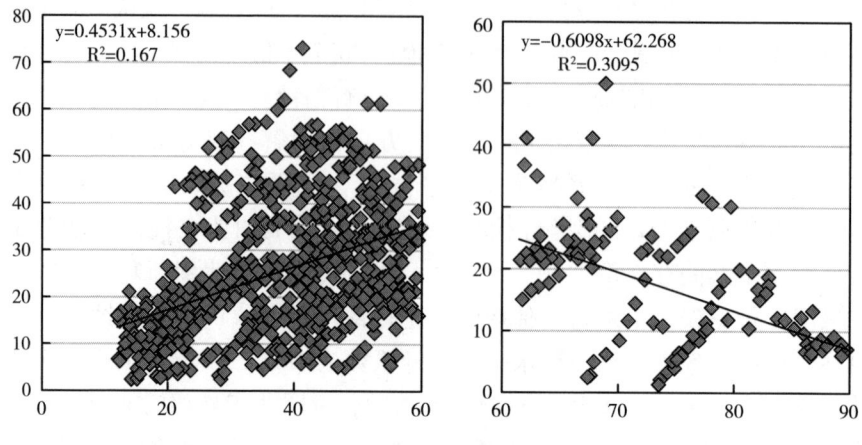

图6-16 非正规部门就业比重和城市化水平关系

备（陆铭和欧海军，2011），如此一来，企业会减少对劳动力的需求，经济增长的正规就业弹性会逐步降低，正规部门工作岗位迅速缩减。然而在城市化的发展趋势下，劳动力向城镇转移是大势所趋，正规部门就业岗位的萎缩必然导致非正规部门就业的扩张。

三、稳健估计结果及分析

前文从全国层面对中国非正规部门就业比重与城市化水平之间关系进行了实证考察。出于非正规部门就业比重测度口径差异的考虑，这里以窄口径的测算结果进行稳健性检验。另外，考虑到中国区域经济发展的不平衡性，我们把全样本分为沿海和内陆两个子样本，分别观察不同地区非正规部门就业和城市化水平之间的关系。

（一）稳健性检验一：窄口径的估计结果

表6-11报告了以窄口径测算的非正规部门就业比重作为被解释变量的估计结果。作为对比，我们也给出了不同模型设定下的固定效应模型、混合模型和随机效应模型，不难发现，各检验统计量一致认为固定效应模型为最优模型。

表6-11　　　　　　　　　　稳健性检验一

变量	固定效应模型		混合模型		随机效应模型	
C	-5.29*** (1.40)	-11.46*** (2.50)	-7.03** (3.05)	-15.43*** (5.62)	-6.38*** (1.69)	-12.70*** (2.44)
Ur	0.83*** (0.07)	0.76*** (0.07)	1.29*** (0.15)	0.85*** (0.14)	0.97*** (0.07)	0.79*** (0.07)
Ur^2	-0.005*** (0.00)	-0.006*** (0.00)	-0.014*** (0.00)	-0.009*** (0.00)	-0.007*** (0.00)	-0.007*** (0.00)
Gap		2.33*** (0.73)		3.34* (1.87)		2.50*** (0.67)
Tax		0.01 (0.13)		-0.22 (0.19)		-0.004 (0.12)
Une		0.12 (0.33)		-0.090 (0.63)		0.11 (0.33)
Open		-12.74*** (1.75)		-10.69*** (3.68)		-13.43*** (1.52)
Tfp		11.06*** (0.72)		21.35** (4.63)		13.77*** (2.34)
R^2	0.40	0.45	0.28	0.46	0.39	0.45
LR	25.87***	16.56***				
Hausman					56.88***	15.50**
观测值	812	812	812	812	812	812

注：***、**、*分别代表1%、5%和10%的显著性水平，括号内数字代表估计系数的标准误。

与宽口径的估计结果一致，城市化水平的估计系数为正，城市化水平二次项的估计系数为负，并且均高度显著，意味着非正规部门就业比重和城市化水平之间的倒"U"型关系得到进一步确认。进一步地测算发现，城市化水平的转折点为63.33%，也就是说，当城市化水平超过63.33%时，中国非正规部门就业比重将开始下降，和前述估计结果（61.50%）基本一致。国家统计局数据显示，2017年中国城镇化率为58.52%，与63.33%存在一定差距。这也就说明，随着城镇化推进步伐的加快，未来几年中国非正规部门就业比重依然会呈现上升趋势，政府部门在制定有关城镇劳动力的就业政策时，不能忽视城镇非正规部门就业人群。另外，其他控制变量的估计系数的符号和显著性也没有发生明显变化。城乡收入差距、政府税收负担、城镇登记失业率、全要素生产率均是解释中国非正规部门就业扩张的重要因素。

(二) 稳健性检验二：分区域的估计结果

接下来将全样本区分为沿海地区和内陆地区①两个子样本，对上文的估计结果做进一步的稳健性检验。表6-12同时报告了两个子样本的宽口径和窄口径的估计结果②。

表6-12　　　　　　　　区域样本估计结果

变量	沿海地区 宽口径	沿海地区 窄口径	内陆地区 宽口径	内陆地区 窄口径
C	-1.40 (5.05)	8.86** (3.91)	-29.79*** (4.19)	-9.52*** (2.99)
Ur	0.79*** (0.12)	0.47*** (0.09)	0.98*** (0.16)	0.27** (0.11)
Ur^2	-0.009*** (0.00)	-0.0047*** (0.00)	-0.005** (0.00)	-0.003** (0.00)
Gap	-6.18*** (2.35)	-6.12*** (1.82)	7.43*** (0.91)	4.17*** (0.66)
Tax	0.095 (0.22)	0.19 (0.17)	-0.56** (0.20)	-0.33** (0.14)
Une	3.44*** (0.81)	1.52** (0.63)	0.37 (0.45)	-0.12 (0.33)
Ope	-1.40 (2.43)	-4.31** (1.89)	-32.34*** (7.92)	-30.33*** (5.70)
Tfp	18.53*** (4.73)	8.87** (3.67)	25.65*** (3.74)	17.88*** (2.70)
R^2	0.41	0.29	0.64	0.66
LR	37.24***	15.36**	23.70***	21.02***
观测值	280	280	532	532

注：***、**分别代表1%和5%的显著性水平，括号内数字代表估计系数的标准误。

---

① 沿海地区包括10个省（区、市），分别是北京、天津、河北、上海、江苏、浙江、福建、山东、广东、海南；内陆地区包括19个省（区、市），分别是山西、安徽、江西、河南、湖北、湖南、内蒙古、广西、四川、贵州、云南、陕西、甘肃、青海、宁夏、新疆、辽宁、吉林和黑龙江。

② 本书同时估计了沿海地区和内陆地区的混合效应与随机效应模型，LR检验、Hausman检验和Ad-R^2均表明固定效应为最优模型，这里仅给出固定效应的测算结果。感兴趣的读者可以向作者索取。

不难看出，非正规部门就业比重和城市化水平之间的关系在沿海地区和内陆地区呈现不同的表现形式。在沿海地区，无论是宽口径抑或是窄口径，非正规部门就业比重和城市化水平之间均呈现显著的倒"U"型关系。而在内陆地区，宽口径的非正规部门就业比重和城市化水平之间呈现微弱的倒"U"型关系，而且窄口径的非正规部门就业比重和城市化水平之间的倒"U"型关系已经不再显著，代之以显著的正向关系。这非常容易解释，也完全符合本书的研究判断。相较而言，中西部地区城镇化率比较低，远未达到本书测算的非正规部门就业比重下降的临界点（61.50%或63.33%）。根据本书样本测算结果，发现2017年中国内陆地区仅两个省份的城镇化率超过60%，大多数省份远未达到全国层面的临界点，从而与非正规部门就业比重表现出显著的正向关系。由图6-17和图6-18可以看出，沿海和内陆地区宽口径非正规部门就业比重和城市化水平之间的关系。

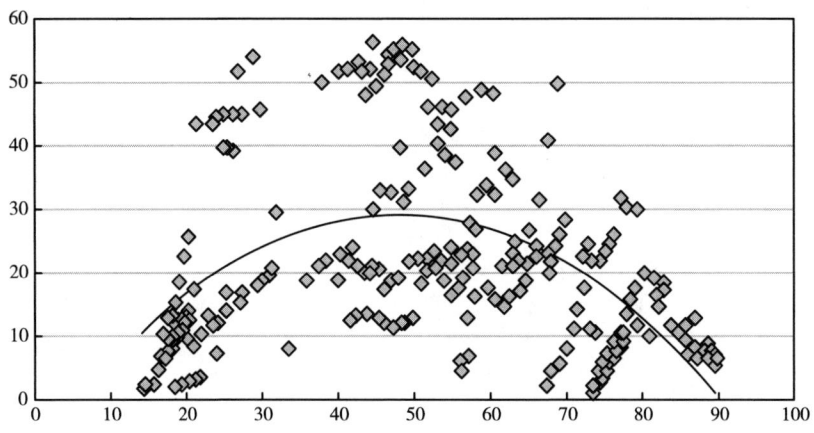

图6-17 沿海非正规部门就业和城市化水平之间的关系

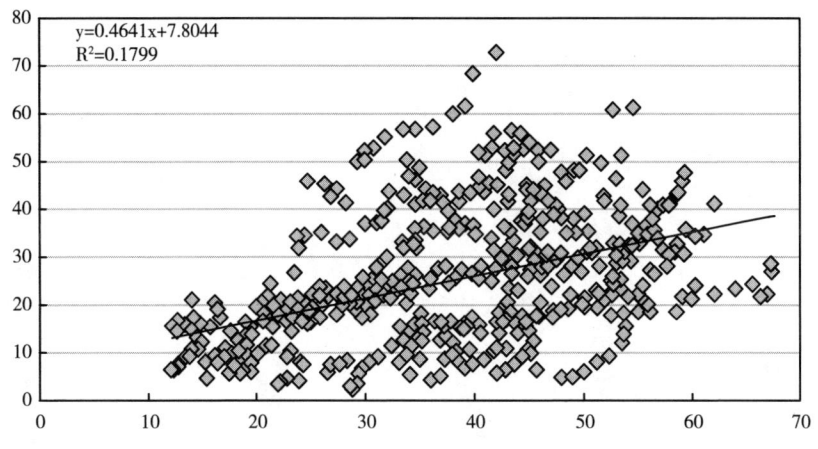

图6-18 内陆非正规部门就业和城市化水平之间的关系

对于其他控制变量，在内陆样本估计中城乡收入差距、全要素生产率与非正规部门就业比重呈现显著的正向关系，而在沿海样本估计中，城镇登记失业率与非正规部门就业比重也呈现出显著的正向关系。具体而言，城乡收入差距是农村剩余劳动力转移的主要动力，构成乡—城迁移过程中的城镇拉力因素，城镇登记失业率是乡—城迁移过程中的城镇推力因素，在城镇正规部门就业岗位无法吸纳所有劳动力时，它们是促使中国非正规部门就业扩张的重要因素。另外，全要素生产率和非正规部门就业比重之间存在正向关系。全要素生产率是衡量科技进步的重要指标，随着科技水平的提高，企业生产的资本化程度不断加强，对低技能劳动力的需求不断下降，从而滋生大量非正规部门就业。整体而言，大多数变量的正负性和显著性与全国层面的估计结果基本类似，稳健性结果进一步确认，非正规部门就业比重和城市化水平之间存在显著的倒"U"型关系。

第七章　城镇非正规部门就业规模分布动态演化特征研究

第一节　城镇非正规部门就业规模分布动态演化特征：全国视角

一、研究方法：标准的核密度模型

作为一个复杂的宏观变量，非正规部门就业规模分布特征难以通过传统的经典分布函数（如正态分布函数、对数分布函数、帕累托分布函数等）来刻画。普莱克特（Placket，1971）和西尔弗曼（Silverman，1986）的非参数核密度估计（kernel density estimator）是研究不均衡分布的一种相当流行的方法，与传统参数估计事先设定函数形式不同，非参数核估计的分布函数完全取决于数据，可以避免陷入先验论式的逻辑矛盾，在实践应用中，对未知分布的复杂变量的分布估计，往往具有非常好的适用性①。此外，就区域研究而言，非参数核密度估计方法的优势还在于可以通过分布图中波峰波谷的数量、形状以及位置变化，来判断非正规部门就业规模在区域间是否存在收敛或者发散现象。

假设随机变量 x_1，x_2，…，x_n 分布函数为 F，其相应的密度函数为 f，可定义非正规部门就业规模分布的标准核密度估计为：

$$\hat{f}(x) = \frac{1}{nh}\sum_{i=1}^{n} K\left(\frac{x - x_i}{h}\right) \qquad (7-1)$$

---

① 实际经济活动中，个体的密度分布往往是非对称的，且可能呈现高低不等的"多峰"波动状态，而参数估计往往要加以对称性、局部单调性等限制——这一方面是源于结果的难以预料（这也证实先验论的逻辑缺陷），另一方面是源于对复杂的非线性函数进行参数估计的困难。

其中 K(·) 是一个核函数，通常是一个对称的概率密度函数。

核函数是一种加权函数或平滑函数，包括高斯（正态）核、epanechnikov 核、三角核（triangular）、四次核（quartic）等类型。关于核函数的影响，迪纳多（J. DiNardo, 2001）提出，核轨迹"让数据说话"的精髓，并不会因为选择不同的核密度函数而改变，在数据保持不变的情况下，核函数的选择与最终核密度估计分布图不会出现明显的差异，在估计中无论使用哪个满足条件的函数作为核函数，都可以得到相同精度的估计结果。但是这并不是说核函数的选择对估算结果毫无作用，实际上，核函数的光滑性与最终核密度估计的光滑性呈正相关，也就是说，选取的核函数越光滑，核密度估计函数的光滑性越好。考虑到计算方便、拟合函数的光滑性，一般选用正态分布密度函数作为核函数进行拟合估计。

$$K(x) = \varphi(x) = \frac{1}{\sqrt{2\pi}} e^{(-x^2/2)} \quad (7-2)$$

在核密度估计时，窗宽 h 的选择十分重要。一般而言，窗宽大小与核估计的偏差正相关，与核估计的方差负相关，也就是说，窗宽变大会导致最终核估计"偏差变大的同时，方差缩小"。在实践中，样本越多，要求的窗宽应该越小，但不能太小，即 h 是 n 的函数，且应该满足下式：

$$\lim_{n \to \infty} h(n) = 0, \lim_{n \to \infty} nh(n) = n \to \infty \quad (7-3)$$

朱宏泉（2002）从理论上证明了，在适当的相依数据条件下，核估计量具有渐近正态性，而且如同参数模型一样具有 $n^{-1/2}$ 的收敛速度。

理论上窗宽 h 应该随 n→∞ 而趋于 0。若 h 太小，$\hat{f}$ 会受随机性的影响而呈现不规则形状；若 h 太大，则 $\hat{f}$ 会过度平均化而掩盖其某些性质。所以，核估计窗宽的选择必须在偏差和方差之间作一个权衡。

鲁德莫（Rudemo, 1982）和鲍曼（Bowman, 1984）提出，最优窗宽的选择应该使密度函数的积分均方差 $ISE(h_n) = \int (\hat{f}(x) - f(x))^2 dx$ 达到最小，斯科特（Scott, 1992）在选取正态核函数的条件下，采用交错鉴定法进行近似计算，得到最优窗宽应该满足：

$$\hat{h} = \min_h (ISE(h_n)) = \min_h \left[\frac{1}{2nh\sqrt{\pi}} + \frac{1}{n^2 h \sqrt{\pi}} \sum_{i<j} (e^{-\Delta_{ij}^2/4} - \sqrt{8} e^{-\Delta_{ij}^2/2}) \right]$$

$$(7-4)$$

其中，$\Delta_{ij} = \dfrac{X_i - X_j}{h}$，鉴于公式（6-4）计算的复杂性，本书提出一种简化算法，具体方法如下：

首先，根据西尔弗曼（1986）提出的一个基于数据自动优化的窗宽，即：

$$h = 0.9kN^{-1/5} \times \min\{s, R/1.34\} \quad (7-5)$$

其中：s 为样本标准差，N 为观察的样本容量；$R = X_{[0.75n]} - X_{[0.25n]}$，$X_{[\alpha]}$ 为 α 的分位点，对于标准正态核函数而言，k 为 0.5，利用 EVIEWS 的自带程序，我们可以得到一个初始窗宽 h_0，以初始窗宽 h_0 为基础，确定最佳窗宽取值区间为 $[0.5h_0, 1.5h_n]$，然后，利用试算法，以 $0.5h_0$ 为起点，$\dfrac{1}{10000}h_0$ 为步长，用 MATLAB 等专业软件进行循环计算，得到 10001 个 $ISE(h_n)$；然后选取 $ISE(h_n)$ 最小所对应的 h_0 为最佳窗宽 $\hat{h}$。

近年来，非参数核密度估计模型在刻画宏观经济变量区域分布特征中得到广泛应用，刘华军和鲍振（2013）利用标准核密度估计刻画中国农业碳排放的地区差距及其分布动态演进，结果显示，中国农业碳排放的地区差距在样本考察期内呈下降态势。武鹏和金相郁（2010）利用非参数核密度估计研究了 1952~2008 年间中国区域经济发展差距的数值分布，结果显示，长期以来，中国的区域经济发展都未出现"俱乐部"收敛的现象，邻近区域间的经济发展水平具有一定的相对收敛性。屈晓阳（2016）运用非参数核密度估计的方法对我国 2003 年及 2012 年城镇居民人均可支配收入和农村居民家庭人均纯收入两个指标数据进行分析，结果显示，就绝对水平而言，我国城乡居民的收入差距也在不断提高，而收入不平等也在不断增加。

二、全国城镇非正规部门就业规模分布动态演化特征：实际宽口径

利用非参数核密度估计方法可以直观呈现非正规部门就业规模的总体分布形态及演变特征。我们选取 1990 年、1995 年、2000 年、2005 年、2010 年、2015 年和 2017 年来刻画和展示实际宽口径的全国城镇非正规部门就业规模分布函数的动态演变路径，结果见图 7-1。

数据显示，实际宽口径的非正规部门就业规模具有以下演化规律：

（1）非正规部门就业规模区域分布均呈偏态分布，且随着时间整体向右偏移。1990~2017 年，非正规部门就业规模区域分布并没有呈现出对称性，总体向右偏移，但力度不一。具体而言，1990~2005 年，各代表年份相比于

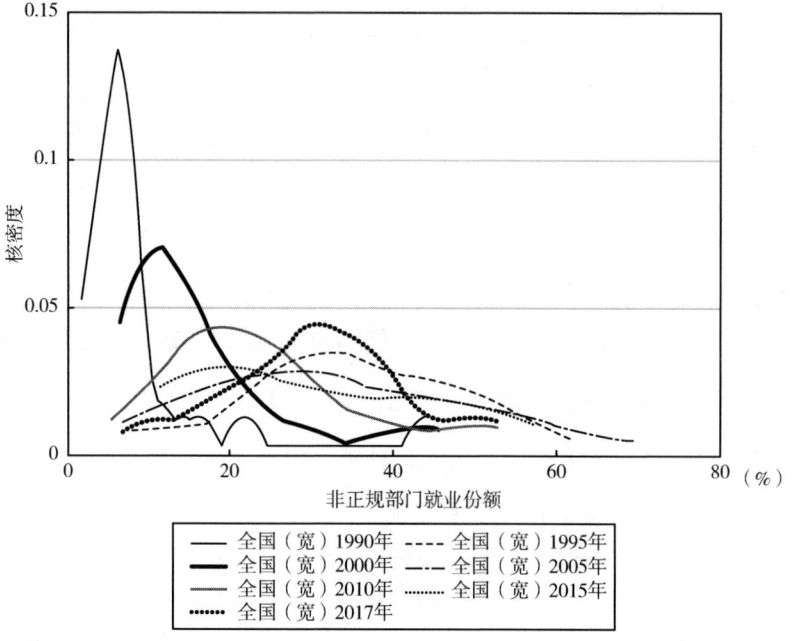

图 7-1 非正规部门就业规模分布核密度估计（实际宽口径）

前一代表年份均有明显的右移，说明这一时期是非正规部门加快发展期，各地非正规部门就业份额随着非正规经济的发展而迅速提升，这与这时段内迅速提高的市场化程度，不断开放的经济体制息息相关。而2010年、2015年、2017年相较于2005年，非正规部门就业规模虽也有所移动，但不甚明显，说明2003年以后非正规部门发展已进入平稳增长期，这主要是由于随着社会主义市场经济的不断完善，我国宏观调控的能力进一步增强，调控手段的更趋合理，熨平经济波动的能力较之前明显提升，各项制度和法规进一步完善。

（2）非正规部门就业规模区域分布随着时间推移，呈现"单峰—多峰"动态变化。1990~2017年，非正规部门就业规模区域分布由显著的"单峰"逐渐演变为呈现"双峰"特征，意味着一定时间内区域非正规部门就业规模存在"俱乐部"收敛。（1）1990年、1995年和2000年表现为较为显著的"单峰"特征，说明这一时期，各省份非正规部门就业比重差异较小，主要在0.1~0.2附近收敛。（2）相较于2000年，2005年的"单峰"特征消失，出现2个"缓峰"，且分布覆盖区间增大，说明各省份非正规部门就业规模差异增大，分别向0.2和0.4个点收敛。（3）相较于2005年，2010年与2015年非正规部门就业规模区域分布又逐渐趋于"单峰"特征，但是主峰峰度较2005年略有升高，表明各省非正规部门就业规模的差异性缩小，主要向0.3的比重点收敛。(4) 相较于 2015 年，2017 年非正规部门就业规模区域分布又呈现出向"双峰"方向发展，"双峰"较 2005 年均大幅向右偏移，说明这一时期非正规部门就业规模份额进一步提高，主要向 0.3 和 0.45 附近收敛。

三、全国城镇非正规部门就业规模分布动态演化特征：实际窄口径

实际窄口径的全国城镇非正规部门就业规模分布函数的动态演变路径如图 7-2 所示。

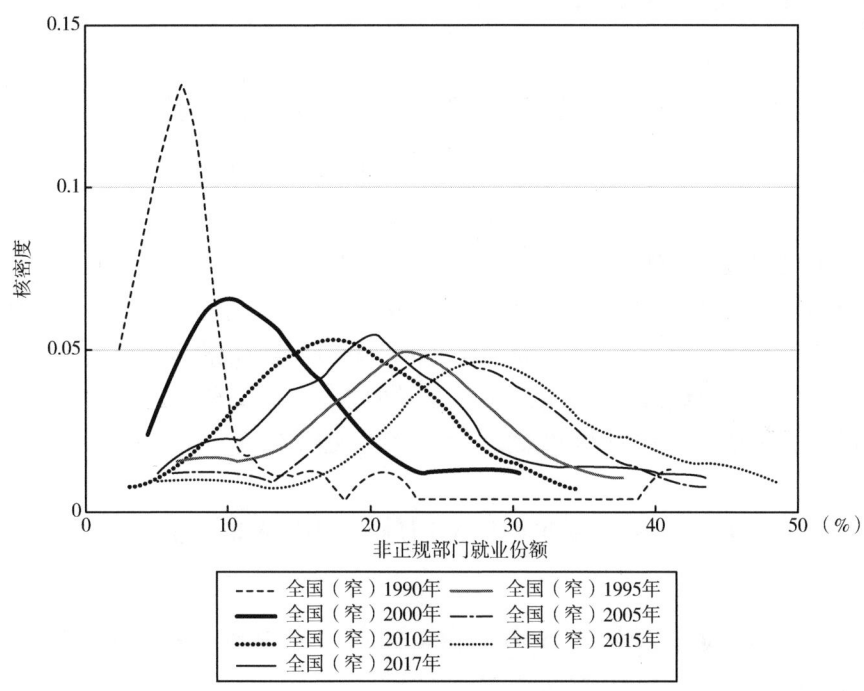

图 7-2　非正规部门就业规模分布核密度估计（实际窄口径）

（1）与宽口径的非正规部门就业规模分布的演变状况相一致，窄口径的非正规部门就业份额区域分布也同样呈偏态分布，且随着时间整体向右偏移。1990~2000 年，非正规部门就业规模区域分布并没有呈现出对称性，总体向右偏移，各代表年份相比于前一代表年份均有明显的右移，表明这一时期是非正规部门加快发展期，各地非正规部门就业份额随着非正规经济的发展而迅速提升。而进入 2000 年以后，各代表年份的非正规部门就业规模分布曲线虽也有所移动，但明显没有前几个代表年份变动那么大，说明 2000 年以后非正规

部门已进入平稳增长期,其就业人口比重渐趋稳定。

(2) 非正规部门就业规模分布主要呈现"单峰"状态,随着时间推移,各省份非正规就业份额逐渐趋于均衡。1990~2010年,非正规部门就业规模区域分布密度函数分布均呈现显著的"单峰"特征,表明此时期区域非正规部门规模分布主要集中于某一点附近。但是2000~2017年的非正规部门就业份额分布曲线不但向右明显移动,且逐渐呈现出对称性,其峰度也随之降低,表明随着社会主义市场经济的不断完善,不同地区的法律、法规进一步完善,引致非正规经济发展的均衡发展,最终逐渐降低核密度曲线的峰度,使得2000年后的核密度曲线逐渐趋于平缓。

第二节 城镇非正规部门就业规模分布动态演化特征:地区视角

我国疆域辽阔、地大物博,地区经济社会发展水平却因区域资源禀赋、发展基础和发展路径的原因而存在巨大差异,因而各地区的非正规部门就业规模分布也呈现一定的区域特点。为准确刻画出非正规部门就业规模区域分布特征及演变路径,本节将继续沿用非参数核密度估计的方法,以此分别描述1990~2017年沿海和内陆地区的核密度曲线变动特征,结果见图7-3~图7-16。

一、1990年地区城镇非正规部门就业规模分布特征

(一) 1990年沿海地区城镇非正规部门就业规模分布特征:宽、窄口径对比

图7-3展示了1990年沿海地区宽、窄口径非正规部门就业规模核密度估计的对比情况。从图中可以看出:(1) 此时期,宽口径的非正规部门就业规模分布曲线仅在0.05比重附近,比窄口径非正规部门就业份额曲线略低一点点,而在0.1附近稍稍高出,可见宽口径和窄口径下的核密度曲线并没有出现显著差异;(2) 宽口径和窄口径下的核密度曲线主要呈现"单峰""翘尾"的分布形态,表明此时沿海地区各省份的非正规就业规模分布相对不均,各省份非正规就业份额虽主要集中在0.05附近,但是由于江苏省当年的非正规就业份额在0.4357,所以导致了"翘尾"的分布形态。

第七章 城镇非正规部门就业规模分布动态演化特征研究 173

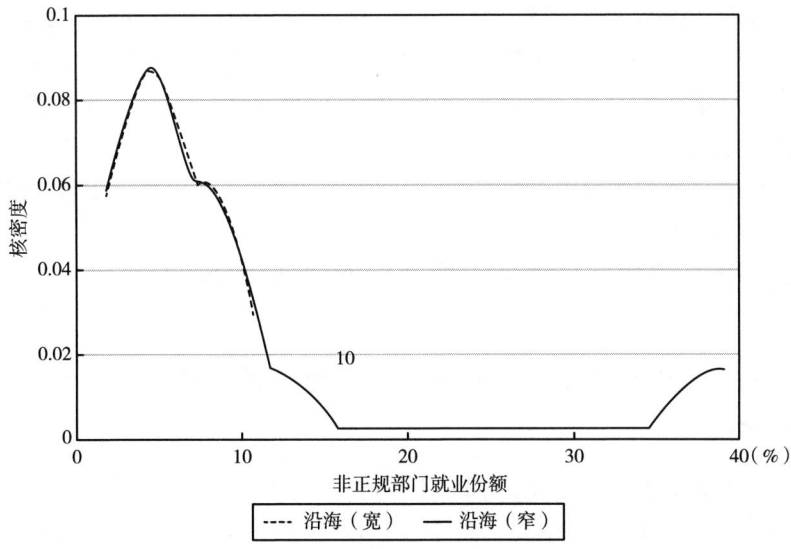

图7-3 1990年沿海地区非正规部门就业规模核密度估计

(二) 1990年内陆地区城镇非正规部门就业规模分布特征: 宽、窄口径对比

图7-4展示了1990年内陆地区宽、窄口径下非正规部门就业规模核密度估计的对比情况。从图7-4中可以看出:(1) 与沿海地区类似,宽口径非正规部

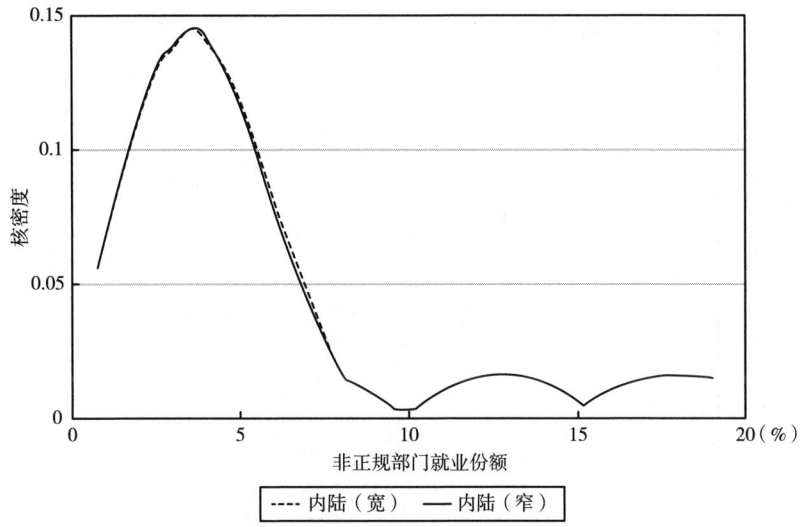

图7-4 1990年内陆地区非正规部门就业规模核密度估计

门就业份额的核密度曲线和窄口径非正规部门就业份额的核密度曲线几乎不存在差异;(2) 两种口径的非正规部门就业份额的核密度曲线均在 0.05 附近呈现"单峰",虽然两者也存在"翘尾"之处,但是核密度曲线右尾相较沿海地区的核密度曲线而言更为平缓,表明内陆地区各省份非正规就业规模分布虽然相对不均,但从份额较小的省份到份额较大的省份之间均有过渡,不存在显著的断层现象。

二、1995 年地区城镇非正规部门就业规模分布特征

(一) 1995 年沿海地区城镇非正规部门就业规模分布特征:宽、窄口径对比

图 7 - 5 展示了 1995 年沿海地区宽、窄口径非正规部门就业规模核密度估计的对比情况。从图中可以看出:(1) 两种口径的非正规部门就业规模的核密度曲线形态虽然近似,但两者在横轴存在显著差异,宽口径的非正规部门就业规模的核密度曲线明显比窄口径下的要偏向横轴右方,表明宽口径下各省份非正规部门就业规模份额要比窄口径下的份额大;(2) 宽口径和窄口径的非正规部门就业规模的核密度曲线均呈现"N"型变动,其中,窄口径非正规部门就业规模分别在 0.09 和 0.22 附近出现一峰一谷,宽口径非正规部门就业规模的峰值则在 0.105 左右,直至接近 0.3 才达到其核密度的最小值。相比两个核密度曲线峰度高低,结合其分布形态,可以发现,宽口径的非正规部门就业规模要比

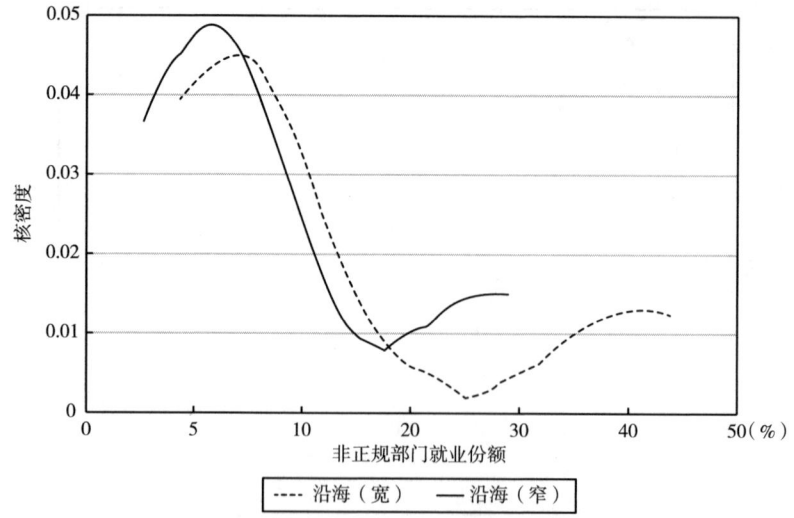

图 7 - 5 1995 年沿海地区非正规部门就业规模核密度估计

第七章 城镇非正规部门就业规模分布动态演化特征研究 175

窄口径非正规部门就业规模分布要更加分散，存在显著的高低两大集团分布模式。

(二) 1995 年内陆地区城镇非正规部门就业规模分布特征：宽、窄口径对比

图 7-6 展示了 1995 年内陆地区宽、窄口径非正规部门就业规模核密度估计的对比情况。从图中可以看出：(1) 此时期，宽口径下的非正规部门就业规模分布曲线仅在 0.10 比重之前比窄口径下非正规部门就业份额曲线略低，而后则与窄口径下的核密度曲线几乎重合，可见内陆地区的宽、窄两种口径下的核密度曲线差异并不很大；(2) 宽口径和窄口径下的核密度曲线均呈现显著的"单峰"右偏分布形态，各省份宽、窄口径下的非正规就业份额主要集中在 0.11 和 0.12 附近，表明 1995 年内陆地区各省份的非正规就业规模分布相对集中，宽口径下的非正规就业份额与窄口径下的非正规就业份额的偏离幅度并非很显著。

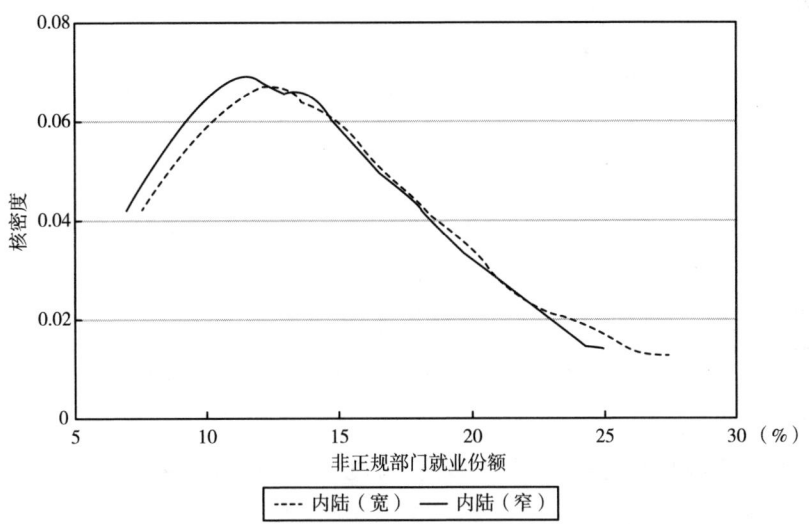

图 7-6 1995 年内陆地区非正规部门就业规模核密度估计

三、2000 年地区城镇非正规部门就业规模分布特征

(一) 2000 年沿海地区城镇非正规部门就业规模分布特征：宽、窄口径对比

与 1995 年相比，2000 年沿海地区城镇非正规部门就业规模的核密度估计发

生了显著变化（见图7-7）。(1) 宽、窄两种口径的非正规部门就业规模的核密度曲线形态存在显著差异，其中，宽口径的非正规部门就业规模核密度曲线由1995年的"N"型逐渐转化为接近右偏的"钟型"分布，而窄口径的非正规部门就业规模的核密度曲线则呈现显著的左偏形态。(2) 宽、窄口径的非正规部门就业规模的核密度曲线的峰值分别出现在0.19和0.2左右，与1995年宽、窄口径的两个核密度曲线峰值出现在0.09和0.22相比，说明此段时间内沿海地区宽、窄口径的非正规就业规模均有所扩大，其在全体城镇就业中的所占份额进一步得到提升，使得俱乐部收敛分布的状态发生根本性变化，各省的非正规部门就业份额进一步集中。

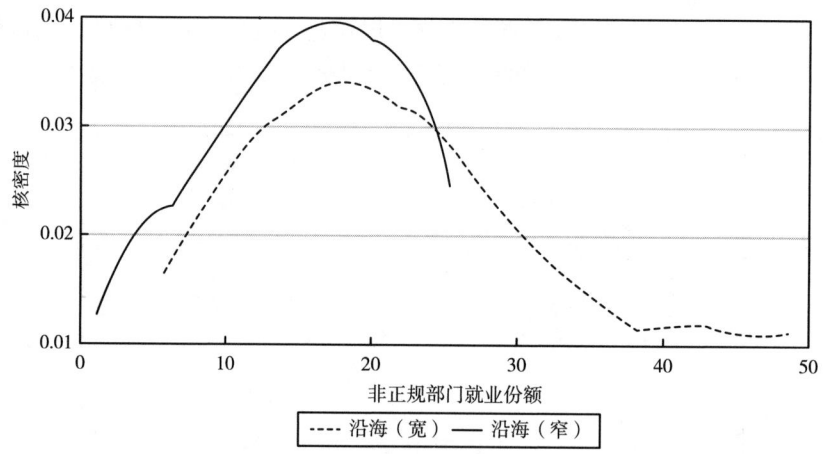

图7-7 2000年沿海地区非正规部门就业规模核密度估计

（二）2000年内陆地区城镇非正规部门就业规模分布特征：宽、窄口径对比

图7-8展示了2000年内陆地区宽、窄口径非正规部门就业规模核密度估计的对比情况。从图中可以看出：(1) 内陆地区非正规部门宽、窄口径就业份额的核密度曲线存在显著差异，窄口径下核密度曲线的峰度要比宽口径要高很多，而且窄口径下核密度曲线的偏态与宽口径相比并不十分显著；(2) 宽口径下的非正规部门就业规模分布曲线虽然在0.18附近达到峰值，但与其1995年宽口径下的分布形态相比，其峰度呈现显著降低，而且右偏更加严重，表明随着改革开放的深入，此段时间内，宽口径下内陆地区非正规部门就业份额显著提升，其分布曲线发生较大变化；而窄口径下的内陆地区非正规部门就

业份额的核密度曲线在其峰值点右边的曲线虽然有若干波折,但是与其 1995 年相比并没出现显著变化。

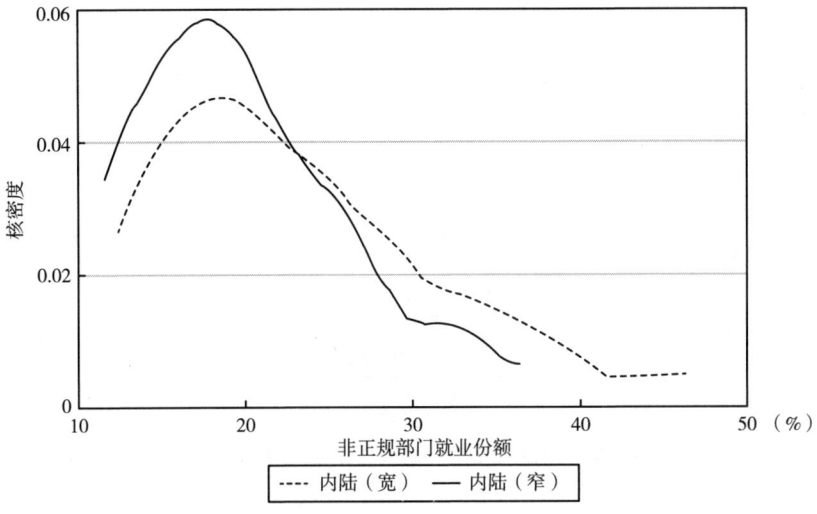

图 7-8　2000 年内陆地区非正规部门就业规模核密度估计

四、2005 年地区城镇非正规部门就业规模分布特征

(一) 2005 年沿海地区城镇非正规部门就业规模分布特征:宽、窄口径对比

图 7-9 展示了 2005 年沿海地区宽、窄口径非正规部门就业规模核密度估计的对比情况。从图中可以看出:(1) 宽、窄两种口径的非正规部门就业规模的核密度曲线形态存在显著差异,其中宽口径非正规部门就业规模核密度曲线是右偏分布,而窄口径的非正规部门就业规模的核密度曲线则是存在"双峰"形态的左偏分布;(2) 与 2000 年相比,宽、窄口径非正规部门就业规模的核密度曲线均向右移动,表明两种口径的非正规部门就业比重总体上进一步上升,但窄口径非正规部门就业规模分布呈现"双峰"的俱乐部收敛状态,分别集中于 0.1 和 0.2 两处,而宽口径的沿海地区各省份非正规部门就业份额则主要集中于 0.2 处且其峰度也明显要比窄口径的非正规部门就业份额分布的峰度偏低。总体来看,宽口径各省份非正规部门就业人数所占份额要显著高于其窄口径非正规部门就业人数所占份额。

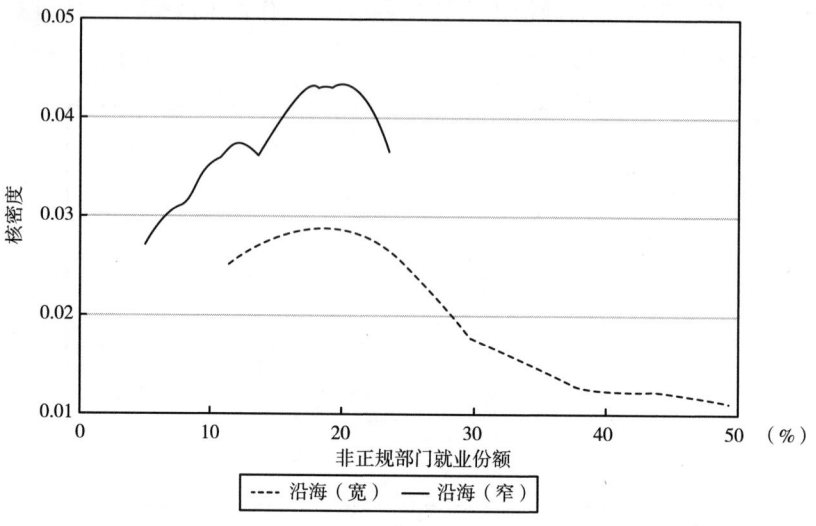

图7-9　2005年沿海地区非正规部门就业规模核密度估计

（二）2005年内陆地区城镇非正规部门就业规模分布特征：宽、窄口径对比

从图7-10所示的2005年内陆地区非正规部门就业规模宽、窄口径下核密度估计可以看出：（1）内陆地区非正规部门宽、窄口径就业份额的核

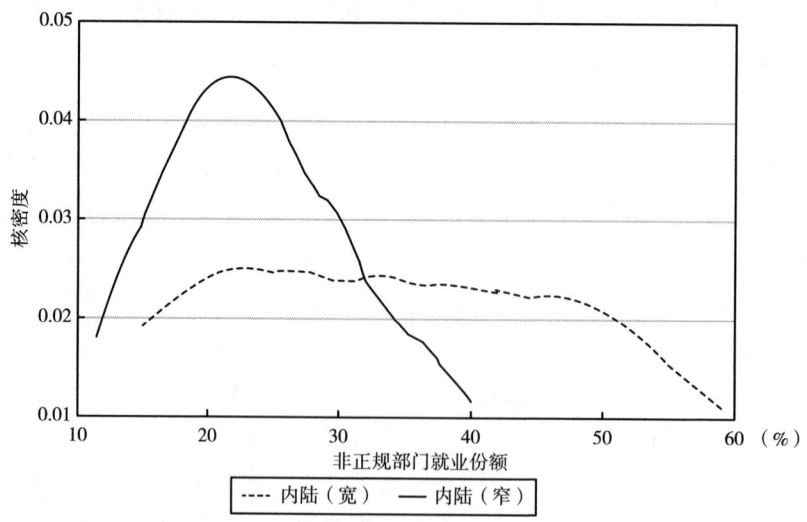

图7-10　2005年内陆地区非正规部门就业规模核密度估计

第七章　城镇非正规部门就业规模分布动态演化特征研究　179

密度曲线存在显著差异，窄口径非正规部门就业规模核密度曲线呈倒"V"型分布形态，而宽口径非正规部门就业规模的核密度曲线则平缓很多；（2）窄口径下，内陆地区各省份城镇非正规部门就业所占份额主要集中在0.2附近，但与其2000年窄口径下的分布形态相比，其核密度曲线波折程度有所改善，峰度进一步下降，而非正规就业份额在0.3~0.4范围曲线下面积的增大，表明内陆地区非正规就业份额高的省份数量有所增多，逐渐拉大省际间差距，而宽口径非正规部门就业规模相对平缓的分布形态则暗示内陆地区各省份非正规就业份额呈现均衡分布模式，这一点与窄口径非正规就业规模分布存在极大差异。

五、2010年地区城镇非正规部门就业规模分布特征

（一）2010年沿海地区城镇非正规部门就业规模分布特征：宽、窄口径对比

图7-11是2010年沿海地区非正规部门就业规模宽、窄口径下核密度估计的对比情况。数据显示：（1）宽、窄两种口径的非正规部门就业规模的核密度曲线均是"单峰"形态，非正规部门就业份额主要集中于0.2附近，两种口径的核密度曲线形态差异显著，其中宽口径非正规部门就业规模核密度曲线是右偏分布，而窄口径的非正规部门就业规模的核密度曲线则呈左偏形态；

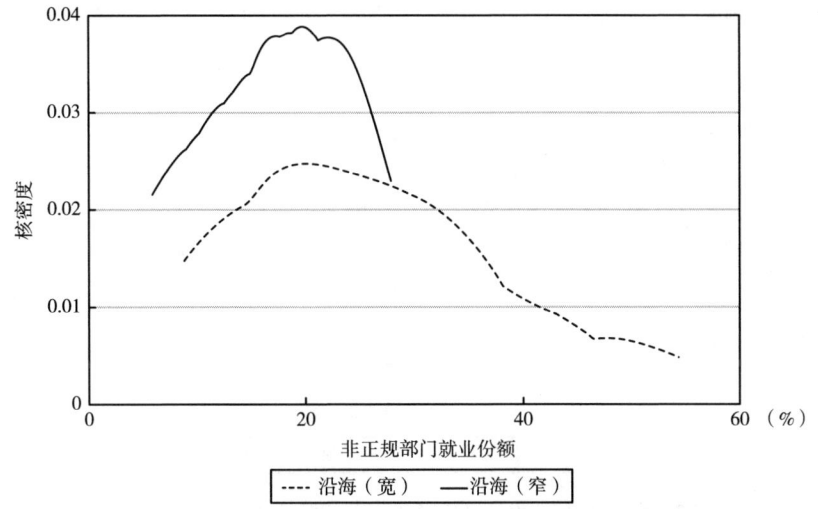

图7-11　2010年沿海地区非正规部门就业规模核密度估计

(2) 虽然宽、窄口径非正规部门就业规模的核密度曲线显示,沿海各省的非正规就业份额仍然主要集中于 0.2 左右,但 2010 年两种口径的非正规部门就业规模的核密度曲线均与 2005 年的核密度曲线在细微之处存在不同,其中较为明显的就是窄口径的非正规部门就业规模的核密度曲线则从 2005 年"双峰"演变为 2010 年的"单峰"形态。

(二) 2010 年内陆地区城镇非正规部门就业规模分布特征：宽、窄口径对比

与 2005 年相比,2010 年内陆地区城镇非正规部门就业规模分布核密度曲线发生了一定变化,其具体分布形态见图 7-12 所示。从图中可以看出：(1) 宽、窄两口径的非正规部门就业规模分布均呈正态分布,但两者差异显著,其中,宽口径下内陆地区各省份非正规就业份额主要集中于 0.4 附近,而窄口径下各省份非正规就业份额则集中在 0.25 左右；(2) 与 2005 年相比,2010 年窄口径非正规部门就业核密度曲线的倒"V"型有所改变,呈现"钟型"分布；而宽口径非正规部门就业核密度曲线更是从相对平缓的分布形态演变为"钟型",可见 2005 ~ 2010 年间宽口径的非正规就业规模分布有集中趋向。

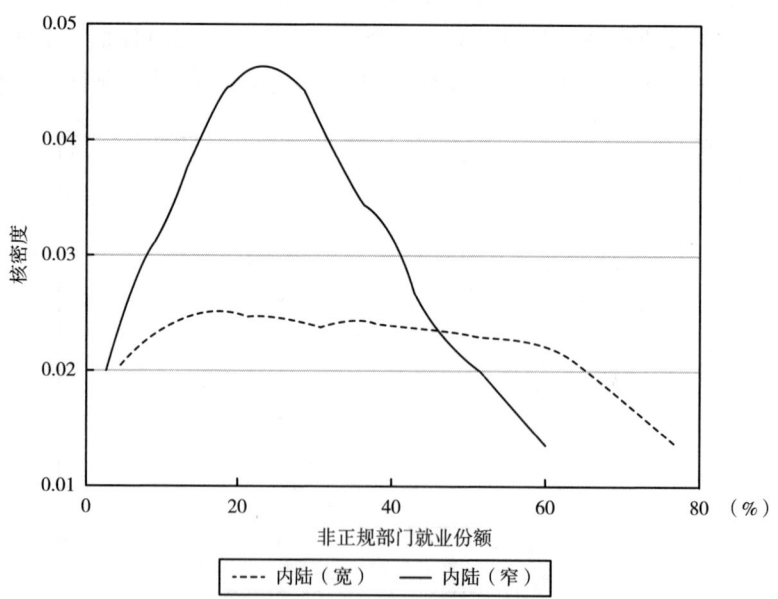

图 7-12　2010 年内陆地区非正规部门就业规模核密度估计

六、2015 年地区城镇非正规部门就业规模分布特征

(一) 2015 年沿海地区城镇非正规部门就业规模分布特征：宽、窄口径对比

图 7-13 展示了 2015 年沿海地区宽、窄口径非正规部门就业规模核密度曲线对比情况。据图显示可知：(1) 两种口径沿海地区非正规部门就业规模的核密度曲线均呈现"双峰"形态，宽口径沿海地区非正规部门就业规模的两个主峰主要集中于 0.2 和 0.25 处。窄口径非正规部门就业份额则主要集中于 0.15 和 0.25 附近，可见两种口径的分布存在一定差异；(2) 与 2010 年相比，宽口径沿海地区非正规部门就业规模的核密度曲线更为完整，而且其分布范围进一步扩大，而窄口径非正规部门就业规模的核密度曲线分布范围则有略微收缩，可见各省份窄口径非正规部门就业份额的差异有所缩小，暗示这一时段中随着各项法制法规的完善，各省份非正规经济发展受到限制，其就业人员规模所占份额有所下降。

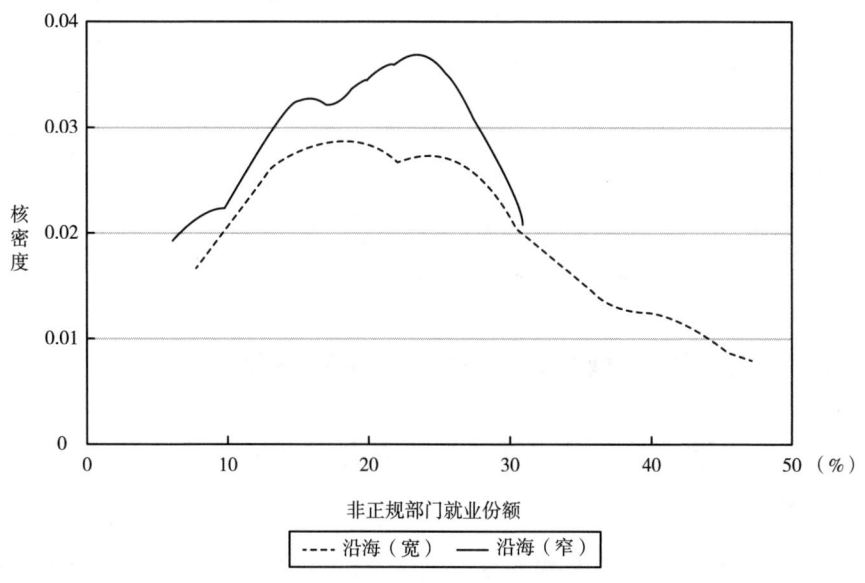

图 7-13 2015 年沿海地区非正规部门就业规模核密度估计

(二) 2015 年内陆地区城镇非正规部门就业规模分布特征：宽、窄口径对比

图 7-14 为 2015 年内陆地区城镇非正规部门就业规模分布核密度估计。

从图中可以看出：(1) 宽、窄两种口径的非正规部门就业规模的核密度曲线形态存在一些差异，其中窄口径非正规部门就业规模核密度曲线是右偏分布，而宽口径的非正规部门就业规模的核密度曲线则是存在现"单峰""翘尾"的分布形态；(2) 宽口径内陆地区各省份非正规部门就业人口所占份额集中在 0.35 附近，窄口径内陆地区各省份非正规部门就业人口所占份额则主要集中在 0.25~0.30 范围内。与 2010 年相比，两种口径的非正规部门就业份额的正态分布均不复存在，由于法制法规逐渐完善，窄口径下内陆地区各省份非正规部门就业规模平稳扩大，而宽口径内陆各省份非正规就业规模差距也有缩小趋势。

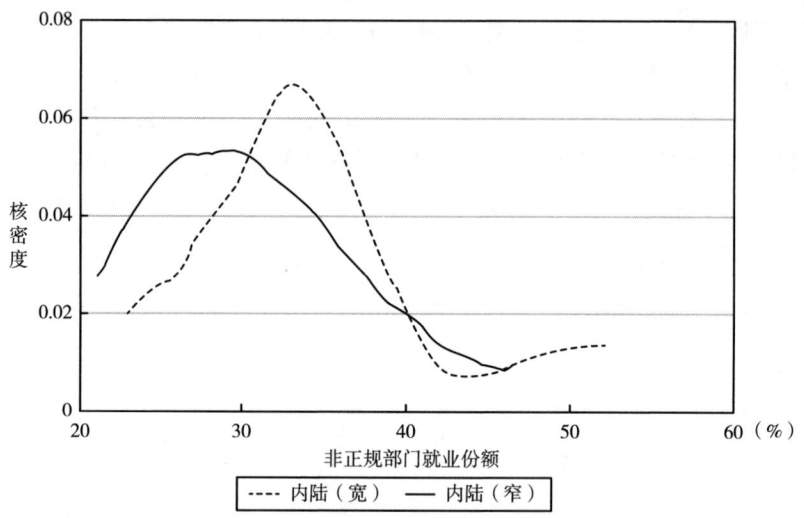

图 7-14　2015 年内陆地区非正规部门就业规模核密度估计

七、2017 年地区城镇非正规部门就业规模分布特征

(一) 2017 年沿海地区城镇非正规部门就业规模分布特征：宽、窄口径对比

图 7-15 展示了 2017 年沿海地区宽、窄口径非正规部门就业规模核密度曲线对比情况。据图显示可知：(1) 宽口径沿海地区非正规部门就业规模的核密度曲线仍延续了 2015 年的"双峰"形态，两个主峰主要集中于 0.20 和 0.35 处。窄口径非正规部门就业份额则主要集中于 0.30 附近，呈"单峰"分布形态，可见两种口径的分布存在较大差异；(2) 与 2015 年相比，宽口径沿海地区非正规部门就业规模的核密度曲线形态并未发生太大改变，其分布范围

则进一步扩大，而窄口径非正规部门就业规模的核密度曲线形态从"双峰"变为"单峰"，分布范围同样有所扩大，其就业人员规模所占份额继续稳步增长。

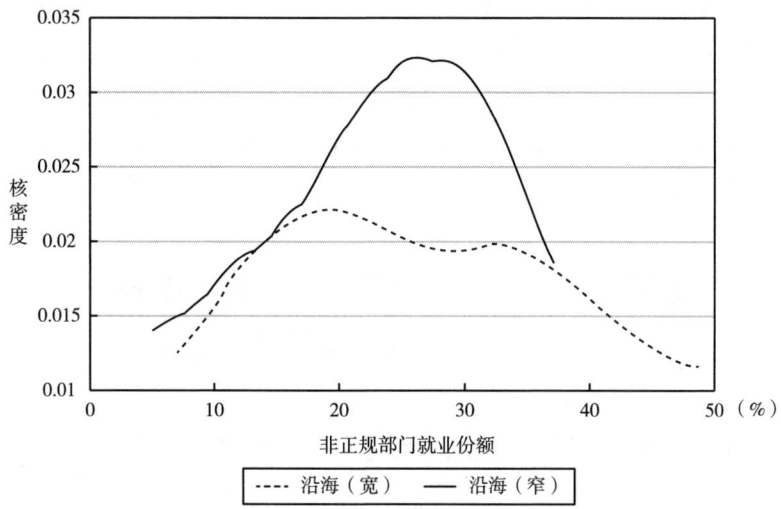

图 7-15 2017 年沿海地区非正规部门就业规模核密度估计

（二）2017 年内陆地区城镇非正规部门就业规模分布特征：宽、窄口径对比

图 7-16 为 2017 年内陆地区城镇非正规部门就业规模分布核密度估计。

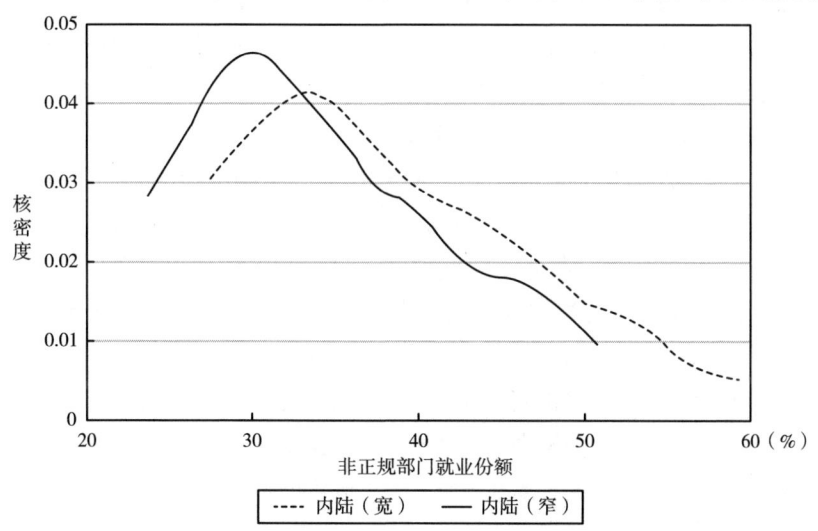

图 7-16 2017 年内陆地区非正规部门就业规模核密度估计

从图中可以看出：（1）两种口径的非正规部门就业规模的核密度曲线形态虽然近似，但两者在横轴存在显著差异，宽口径的非正规部门就业规模的核密度曲线明显比窄口径下的要偏向横轴右方，表明宽口径下各省份非正规部门就业规模份额要比窄口径下的份额大；（2）宽口径和窄口径下的核密度曲线均呈现显著的"单峰"右偏分布形态，各省份宽、窄口径下的非正规就业份额主要集中在 0.35 和 0.30 附近。与 2015 年相比，两种口径的非正规部门就业份额的分布形态逐渐趋于一致，其就业份额整体上也呈现扩大趋势。

第三节　城镇非正规部门就业规模分布空间集聚特征演化分析

一、研究方法：探索性空间数据分析 ESDA

虽然全国非正规部门就业规模分布和分地区非正规部门就业规模分布分析核密度曲线图能够提供非正规部门的时空演化变动规律，但这还不足以深入认识更小尺度上的非正规部门就业规模空间聚集和结构变迁模式；而且在经济发展过程中，各省域之间的人流、物流和资金流等时刻进行着交换，它们之间存在着这样或那样的各种联系。用著名的 Tobler 地理学第一定律来说就是"任何事物之间总是相关的，而距离近的事物的相关性要比距离远的事物之间大"。因此，那些相近的省份的数据就会表现出一定的相关性，导致经典统计推断方法的直接运用不再恰当，而探索性的空间数据分析（exploratory spatial data analysis，ESDA）则为我们提供了一种合适的分析方法。

ESDA 是在探索性数据分析方法（exploratory data analysis，EDA）的基础上发展而来，其秉承 EDA 技术对数据来源总体不作服从特定分布假定的特点，并结合图形分析等可视化技术来探测空间分布的非随机性和空间自相关。用一句话来说就是，ESDA 是根据数据结构来反映空间关系，这种方法本质上是由数据驱动的探索过程，目的是"让数据自己说话"。

ESDA 包含全局空间自相关分析和局域空间自相关分析两部分内容。全局空间自相关用以分析空间数据在整个研究区域的空间关联模式，而局域空间自相关分析则是考查某一区域单元上某种属性值与其邻近区域单元同一种数据关联性的技术。

1. 全局自相关 Moran's I 指数

Moran's I 指数是一种常用检验全局聚类的方法（Cliff and Ord, 1973）。如

果 x_i 是区域 i 的空间变量，$\bar{x}$ 是该变量的平均值；n 同样为观测区域的个数；w_{ij} 表示观测单元 i 与单元 j 之间的空间权重，那么，Moran's I 指数的计算公式如（7-6）式所示：

$$I = \frac{n}{\sum_{i=1}^{n}\sum_{j\neq i}^{n}w_{ij}} \times \frac{\sum_{i=1}^{n}\sum_{j\neq i}^{n}w_{ij}(x_i - \bar{x})(x_j - \bar{x})}{\sum_{i=1}^{n}(x_i - \bar{x})^2}$$

$$= \frac{1}{\sum_{i=1}^{n}\sum_{j\neq i}^{n}w_{ij}} \times \frac{\sum_{i=1}^{n}\sum_{j\neq i}^{n}w_{ij}(x_i - \bar{x})(x_j - \bar{x})}{\frac{1}{n}\sum_{i=1}^{n}(x_i - \bar{x})^2} \quad (7-6)$$

显然，Moran's I 指数表达式右边第二项的分子采用了协方差形式，于是 Moran's I 的大小决定于单元 i 与单元 j 的变量值相对于均值的偏离程度；可以推断得出 Moran's I 指数的变化范围为（-1, 1）。如果空间过程是不相关的，则 I 的期望值接近于 0；当 Moran's I 值为负时，一般表示负的空间自相关；而 I 值为正时，则表示正的自相关。

2. 局域自相关分析

全局空间自相关分析方法只是提供有限的空间相关的度量，却不足以说明不同区域的空间关联模式，而局域空间自相关分析方法则可以弥补这一不足。相对于全局空间自相关分析，局域自相关分析更注重分析空间差异，寻找空间异质性存在的证据。常用的有：空间相关局部指标（local indicators of spatial association, LISA）和 Moran 散点图。

LISA 是基于 Moran's I 指数的局部化版本。对于所观测的区域单元 i，其局部 Moran's I 统计量定义为：

$$I_i = \frac{z_i}{m_2} \times \sum_{j} w_{ij}z_j = Z_i \sum_{j} w_{ij}Z_j \quad (7-7)$$

其中：z_i 和 z_j 是观测值与均值的偏差，即 $z_i = x_i - \bar{x}$，$z_j = x_j - \bar{x}$；$m_2 = \sum_{i=1}^{n} z_i^2/n$ 为第二样本矩；显然 Z_i、Z_j 就是属性值的标准化形式。当局部 Moran I 为正值且能够通过显著性检验时，表示存在相似属性值的空间集聚；为负值时，则表明局域空间模式是不相似属性值的集聚。

除了用 Moran's I 指数形式具体测度局域空间相关性之外，还可以使用 Moran 散点图对变量 z 和其空间滞后 Wz 的数据对进行可视化的二维图示（Anselin，1995）。二维散点图虽然不可以得到局部空间相关的显著性指标值，但是该方法相对来说更直观、易懂。其最重要的优势还在于，它可以进一步地具体分析空间单元与其周围区域单元之间是"高值—高值""低值—低值""高值—低值"还是"低值—高值"的空间关联模式。

二、城镇非正规部门就业规模分布空间结构分布特征分析

（一）城镇非正规部门就业规模分布空间结构特征：实际宽口径

运用 ESDA 技术绘制宽口径下我国的 29 个省份非正规部门就业规模五分位图，即按照各省份就业份额的大小将其个数划分为相对均衡的 5 等份，结果以五分位表形式呈现于表 7-1。结果显示，不但各个省份非正规部门就业规模有所扩张，而且其规模分布的空间结构也发生了很大的变化。

表 7-1　代表年份非正规部门就业份额变动五分位表（实际宽口径）

年份	区组一	区组二	区组三	区组四	区组五
1990	河北、北京、山东、山西、甘肃、上海	黑龙江、内蒙古、青海、河南、湖南、宁夏	辽宁、天津、浙江、江西、云南	吉林、安徽、福建、海南、广西、陕西	江苏、广东、贵州、四川、湖北、新疆
1995	辽宁、河北、北京、上海、山西、宁夏、天津	内蒙古、甘肃、陕西、云南、海南、浙江	黑龙江、吉林、河南、福建	安徽、广东、广西、贵州、湖南、新疆	山东、江苏、青海、四川、湖北、江西
2000	宁夏、北京、福建、上海、云南、新疆	辽宁、山西、河南、江西、湖南、海南	安徽、陕西、四川、贵州、黑龙江	内蒙古、河北、天津、浙江、广东、广西	吉林、山东、江苏、湖北、甘肃、青海
2005	北京、上海、山西、陕西、福建、新疆	辽宁、内蒙古、宁夏、河南、海南、浙江	黑龙江、河北、天津、云南、四川	吉林、安徽、广东、湖南、青海、甘肃	山东、江苏、湖北、江西、贵州、广西
2010	北京、上海、山西、陕西、福建、新疆	辽宁、内蒙古、河南、浙江、广东、海南	河北、天津、宁夏、云南、四川	黑龙江、吉林、江苏、湖南、甘肃、青海	山东、安徽、湖北、江西、广西、贵州
2015	北京、天津、上海、福建、上海、山西	辽宁、浙江、江西、广东、云南、新疆	江苏、河南、湖南、贵州、四川	内蒙古、甘肃、宁夏、陕西、湖北、安徽	黑龙江、吉林、河北、山东、广西、青海

注：本研究选取 1990 年、1995 年、2000 年、2005 年、2010 年和 2015 年六个代表年份分析分省域非正规部门就业份额的变动特征。由于西藏自治区和香港、澳门、台湾等地区数据缺失，因此并未在表中出现。

（1）非正规部门就业规模最小的2个区组中的省份，从集中于北方地区逐渐向西部地区扩散，然后发展至2015年的呈现分散分布状态，而非正规部门就业规模最大的2个区组中的省份前后则相对较为一致，主要集中在青海、四川、贵州、广西和中部地区，这与前面分地区非正规部门规模结构变迁的分析结论相对应。

（2）非正规部门就业规模最大的那个区组所包含省份在时间维度上的变化呈现出一种阶段性特征——从1990年的西部省份（如新疆）和东部沿海地区（如江苏）共存，逐步转变为2005年和2010年的主要集中于中部地区，而后又转化为2015年的东北黑龙江省和吉林省、环渤海地区河北和山东省以及西部的青海省相对分散的分布状态，表明了非正规部门就业规模在空间上存在"先东进后向西、向北发展"的空间结构变迁模式，显然与中国区域性经济发展战略的演变进程相一致。

（二）城镇非正规部门就业规模分布空间结构特征：实际窄口径

表7-2是窄口径下我国的29个省份非正规部门就业规模五分位表。对比

表7-2　代表年份非正规部门就业份额变动五分位表（实际窄口径）

年份	区组一	区组二	区组三	区组四	区组五
1990	河北、山西、北京、上海、山东、甘肃	黑龙江、内蒙古、宁夏、青海、河南、湖南	辽宁、天津、浙江、江西、云南	吉林、陕西、安徽、福建、贵州、海南	江苏、湖北、四川、贵州、广东、新疆
1995	河北、北京、天津、上海、宁夏	辽宁、陕西、甘肃、浙江、云南、海南	黑龙江、内蒙古、河南、福建、新疆	吉林、安徽、广东、贵州、广西、湖南	山东、江苏、湖北、四川、青海、江西
2000	北京、天津、上海、宁夏、福建、山西	辽宁、河南、江西、云南、四川、新疆	黑龙江、广东、湖南、贵州、海南	河北、浙江、安徽、陕西、甘肃、广西	吉林、内蒙古、青海、湖北、山东、江苏
2005	北京、天津、上海、福建、山西、陕西	内蒙古、河北、宁夏、新疆、四川、浙江	黑龙江、辽宁、河南、云南、海南	山东、江苏、甘肃、贵州、湖南、广东	吉林、安徽、湖北、江西、广西、青海
2010	北京、天津、上海、福建、陕西、新疆	辽宁、山西、浙江、江苏、海南、四川	内蒙古、河北、广东、云南、河南	黑龙江、吉林、山东、青海、甘肃	宁夏、贵州、广西、湖北、江西、安徽
2015	北京、天津、上海、江苏、云南、福建	山西、浙江、广东、海南、贵州、湖南	河南、江西、甘肃、四川、新疆	辽宁、河北、山东、宁夏、陕西、湖北	黑龙江、吉林、内蒙古、青海、广西、安徽

来看，窄口径下我国29个省域非正规部门就业规模演变与宽口径下的演变趋势类似，在各省份非正规部门就业规模扩张的同时，规模分布空间结构发生了相似的演变。

（1）窄口径下非正规部门就业规模最小2个区组中的省份，也是从集中于北方边疆和环渤海地区逐渐向西部地区扩散，最后发展至2015年的分散分布；而非正规部门就业规模最大的区组中的省份变化较为显著，由1990年的四川、湖北、贵州、新疆、江苏和广东地区，逐步演变为2015年的内蒙古、黑龙江、青海、吉林、安徽和广西。

（2）窄口径非正规部门就业规模最小的那个区组所包含省份在时间维度上的变化呈现出一致性特征——从1990年的北京、河北、山西、甘肃、山东和上海，至2000年的北京、天津、山西、宁夏、福建和上海，再演化为2010年的北京、天津、新疆、上海、陕西和福建，直至2015年的北京、天津、上海、云南、福建和江苏，依据这些省份出现的频次和地域范围来看，窄口径非正规部门就业规模最小的那个区组所包含的省份主要集中于沿海地区，从经济层面来看这并不难理解：沿海地区经济发展较早且发展基础良好，在经济发展的同时这些省份的各项经济规章制度也随之发展完善，在促进正规经济良性发展的同时也抑制了非正规经济的发展，从而使得这些省份的非正规就业规模处于较低的水平。

通过以上对宽、窄两种口径下的中国各省份非正规就业规模演变分析不难看出，中国的改革开放政策存在一定的阶段性和偏向性——从东部沿海地区逐步向内陆延伸，使各地区在吸纳农村剩余劳动力和出现部门分化的过程中呈现出时空阶段性特征。不过随着改革开放的深入和各地区经济振兴计划的实施，各地区非正规部门规模占比已经逐渐稳定，显示出各地区非正规部门就业规模的时空变化已经处于一个动态的均衡之中。

三、城镇非正规部门就业规模分布空间集聚模式分析

为探讨各个省域非正规部门规模之间存在的空间聚集模式，在此采用局部Moran's I系数并辅以Moran散点图等方法对其分布的局部特征进行研究，其中Moran散点图表明的是某一空间地域单元与其周围单元之间的空间关系。

（一）城镇非正规部门就业规模分布空间结构特征：实际宽口径

图7-17是宽口径下各省份非正规部门就业规模分布格局Moran散点图（基于一阶queen邻接权重矩阵，以下同）。图中直线斜率代表了Moran's I系数

第七章 城镇非正规部门就业规模分布动态演化特征研究

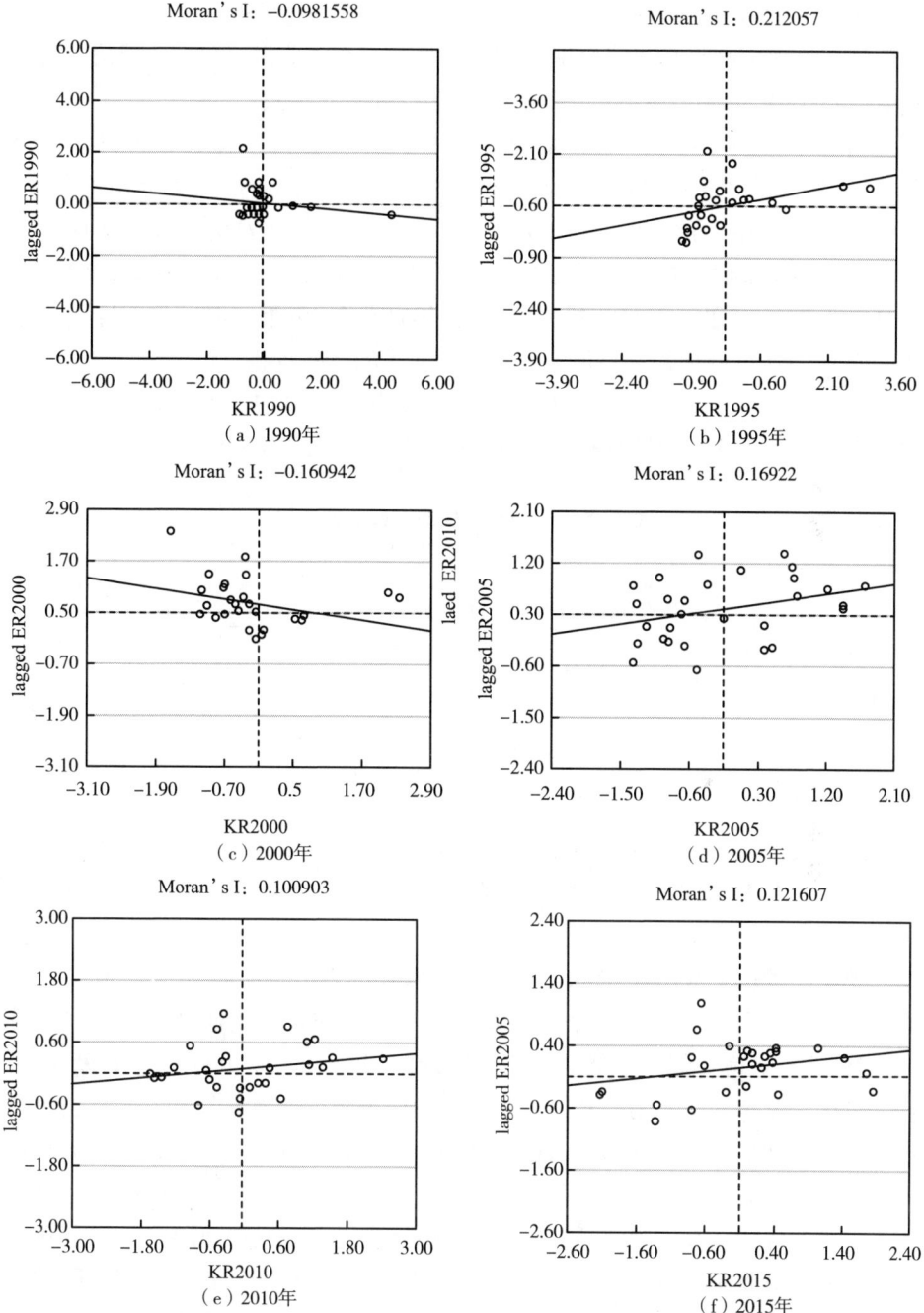

图7-17 非正规部门就业规模分布格局Moran散点图（宽口径）

值，而第一至第四象限则分别表示的是空间单元与其相邻近空间单元的非正规部门规模呈现出高值与高值集聚（HH）、低值与高值集聚（LH）、低值与低值集聚（LL）以及高值与低值集聚（HL）的空间分布模式。

图 7-17 中（a）～（f）依次展示了 1990 年、1995 年、2000 年、2005 年、2010 年和 2015 年宽口径下各省非正规部门就业份额 Moran 散点分布状况。从图中可以看出：在各代表年份中，全局 Moran's I 系数发生三次方向性的变化，Moran's I 系数值自 1990 年的 -0.0981558，变为 1995 年的 0.212057，然后又转为 2000 年的 -0.160942，而 2005 年直至 2015 年，各省非正规就业份额的 Moran's I 系数值均为正值，显示其存在正的空间自相关性。

根据 Moran 散点图各个象限分布的省份数量，可以进一步分析各代表年份之间省域非正规部门规模分布的局域空间特性（详见表 7-3）。

表 7-3　　　　非正规部门规模集聚模式（实际宽口径）

空间集聚模式	省份数量					
	1990 年	1995 年	2000 年	2005 年	2010 年	2015 年
第一象限（HH）	2	10	2	9	8	14
第二象限（LH）	8	7	13	7	7	5
第三象限（LL）	15	11	6	10	10	7
第四象限（HL）	4	1	8	3	4	3

结合表 7-3 和图 7-17 可以得到以下结论。

第一，在 1990 年的非正规部门规模分布局部 Moran 散点图中落入第一至第四象限的省份数量分别为 2 个、8 个、15 个和 4 个；1995 年与 1990 年相比，第一象限的省份个数出现较大增长，由 1990 年的 2 增加为 10 个，其余象限个数依次为 7 个、11 个和 1 个，从而导致了"高非正规就业规模—高空间滞后""低非正规就业规模—低空间滞后"的空间模式。而 2000 年与 1995 年相比又发生了显著变化，第一和第三象限的省份个数均呈现显著减少，第二和第四象限分别增加了 6 个和 7 个省份，从而使得 1995 年的"高非正规就业规模—高空间滞后""低非正规就业规模—低空间滞后"的空间模式转变为"低非正规就业规模—高空间滞后""高非正规就业规模—低空间滞后"的空间模式，从而使得 Moran's I 系数正负性再次发生转变。而 2005 年、2010 年和 2015 年各象限的省份个数较为稳定，没有发生较大的变化，多数省份都是集中于第一和第三象限内，从而保证了 Moran's I 系数值为正，也即表示该时段内各省份非正规就业规模存在"高非正规就业规模—高空间滞后""低非正规就业规模—低空间滞后"的空间模式，这一结论与前面从 Moran 散点图的直观判断相一致。

第二，从时间演进的角度来看，第一、第三象限的省份数量变化相对较大，而第二和第四象限的省份数量则基本保持稳定。其中，第一象限的省份个数从 1990 年的 2 个增加至 1995 年的 10 个，然后又减少至 2000 年的 2 个，其后 2005 年与 2010 年中该象限的省份个数保持在 10 个左右，而后上升至 2015 年的 14 个。第三象限的省份个数则呈现两个阶段的下降趋势，从 1990 年的 15 个降至 2000 年的 6 个，然后在 2005 年增长至 10 个之后又连续下降至 2015 年的 7 个。据此可知，非正规部门就业规模在局部区域的空间分布格局具有先极化后分散的发展趋势。

第三，从各省份与其相邻近省份的非正规部门规模间的空间关系变迁角度来看，发生空间模式转变的省份往往是那些处于两种空间模式位置交接的地方，也即各省份非正规部门就业规模的空间扩散模式往往不是跳跃式的演进模式，而是按渐进渗透式的方式来实现的，这一点可以从表 7-4 非正规部门规模空间集聚模式演变发生显著性变化的省份名单中加以证实。

表 7-4　　　　非正规部门规模集聚模式演变（实际宽口径）

空间集聚模式	各象限增加的省份					
	1990~1995 年	1995~2000 年	2000~2005 年	2005~2010 年	2010~2015 年
第一象限（HH）	江西 2，湖南 2，山东 2，安徽 2，湖北 4，贵州 4，江苏 4，广东 4		江西 2，湖南 2，安徽 2，贵州 3，湖北 4，广西 4，广东 4		四川 2，河南 2，宁夏 3，内蒙古 3，陕西 3，青海 4，黑龙江 4，吉林 4，甘肃 4
第二象限（LH）	新疆 3，河南 3，海南 3	安徽 1，江西 1，四川 1，湖南 1，宁夏 3，河北 3，辽宁 3，黑龙江 3	云南 3，浙江 4	广东 1	辽宁 3，山西 3
第三象限（LL）		贵州 1，云南 2	宁夏 2，河北 2，海南 2，辽宁 2，黑龙江 2，内蒙古 4	上海 2	江西 1，福建 2，浙江 2
第四象限（HL）	青海 3	广西 1，广东 1，湖北 1，浙江 2，内蒙古 3，甘肃 3，吉林 3		黑龙江 3	广西 1，江苏 1，河北 3

注：省域名称后面的数字表示该省份上一代表年份所在的象限，如"江西 2"表示江西省在上一个观测年份是在第二象限，以下同。

前述分析大致描述了宽口径下各省份非正规部门就业规模分布的局部聚集特征，并没有具体刻画这些局部聚集特征的空间分布状况，而表 7-5 中则给出了不同年份各个省份局部 Moran's I 系数值的五分组情况。

表 7-5　　代表年份局部 Moran's I 系数五分组表（宽口径）

年份	区组一	区组二	区组三	区组四	区组五
1990	山东、江苏、上海、湖北、湖南、浙江	新疆、广东、安徽、江西、贵州、云南	福建、海南、河南、广西、陕西	青海、甘肃、黑龙江、吉林、辽宁、四川	内蒙古、宁夏、河北、北京、天津、山西
1995	新疆、青海、上海、浙江、河南、云南	甘肃、福建、广东、海南、广西、贵州	黑龙江、吉林、辽宁、江西、湖北、四川	内蒙古、河北、安徽、湖南、陕西	宁夏、北京、天津、山东、江苏、山西
2000	新疆、宁夏、辽宁、上海、河南、湖北	青海、甘肃、内蒙古、黑龙江、安徽、湖南、广西	吉林、浙江、福建、江西、四川	河北、广东、海南、山西、陕西	北京、天津、山东、江苏、贵州、云南
2005	新疆、甘肃、吉林、上海、福建、云南	青海、黑龙江、浙江、海南、河南、四川	辽宁、江苏、江西、广东、湖北、陕西	内蒙古、宁夏、河北、天津、江西、广西、贵州	北京、山东、安徽、湖南、广西、山西
2010	新疆、甘肃、福建、广东、四川、云南	青海、黑龙江、吉林、浙江、海南、河南	宁夏、河北、天津、江苏、陕西	内蒙古、辽宁、北京、上海、江西、湖北	山东、安徽、湖南、广西、山西、贵州
2015	新疆、河北、广东、广西、山西、云南	辽宁、江苏、海南、河南、湖南、陕西	安徽、江西、湖北、贵州、四川	青海、甘肃、内蒙古、宁夏、吉林、浙江	黑龙江、北京、天津、山东、上海、福建

从表 7-5 中可以看出：局部 Moran's I 系数值较大的区组所包含的省份从 1990 年主要集中在北方边疆和环渤海地区（如北京、天津、山西、内蒙古、河北和宁夏），逐渐向中部和东部沿海地区转变，直至 2015 年主要集中于北京、天津、黑龙江、山东、上海和福建地区。结合 2015 年各省份实际非正规部门就业人员所占份额数据来看，以山东、黑龙江等为代表的省份明显属于高值与高值相集聚的区域，而经济发达的北京、上海等省份则以其相对完善的经济法制法规，限制了非正规经济的发展，从而呈现低值与低值集聚的局域模式，而在这些高值与高值集聚或低值与低值集聚的区域中间夹杂的则是那些局部 Moran's I 系数为负值的分组。

(二) 城镇非正规部门就业规模分布空间结构特征：实际窄口径

图 7 – 18 中 (a) ~ (f) 依次展示了 1990 年、1995 年、2000 年、2005 年、2010 年和 2015 年实际窄口径下各省非正规部门就业份额 Moran 散点分布状况。与宽口径下的各省非正规部门就业份额 Moran 散点类似，各代表年份中窄口径下各省非正规部门就业份额的 Moran's I 系数也同样发生三次方向转变，Moran's I 系数值自 1990 年的 –0.0959164，变为 1995 年的 0.184795，然后又转为 2000 年的 –0.10905，而自 2005 年之后的代表年份 Moran's I 系数值均为正值，分别为 2005 年的 0.248492、2010 年的 0.172129 和 2015 年的 0.249665，从而暗示此阶段各省份非正规就业规模之间其存在正空间自相关性。

表 7 – 6 显示了实际窄口径非正规部门规模集聚模式，与宽口径的分析类似。

表 7 – 6 非正规部门规模集聚模式（实际窄口径）

空间集聚模式	省份数量					
	1990 年	1995 年	2000 年	2005 年	2010 年	2015 年
第一象限（HH）	2	10	8	10	10	11
第二象限（LH）	9	7	11	5	8	6
第三象限（LL）	14	10	4	10	7	8
第四象限（HL）	4	2	6	4	4	4

结合表 7 – 6 和图 7 – 18 可以得到以下结论。

第一，在 1990 年的非正规部门规模分布局部 Moran 散点图中落入第一至第四象限的省份数量分别为 2 个、9 个、14 个和 4 个；1995 年与 1990 年相比，第一象限的省份个数由 1990 年的 2 个增加为 10 个，其余象限个数依次为 7 个、10 个和 2 个，即该年份各省非正规就业规模存在"高非正规就业规模—高空间滞后""低非正规就业规模—低空间滞后"的空间模式。与 1995 年相比，2000 年的第三象限较少了 6 个省份，第二和第四象限均增加了 4 个省份，从而使得 1995 年的"高非正规就业规模—高空间滞后""低非正规就业规模—低空间滞后"的空间模式转变为"低非正规就业规模—高空间滞后""高非正规就业规模—低空间滞后"的空间模式，最终导致 Moran's I 系数正负性再次发生转变。而 2005 ~ 2015 年各象限的省份个数较为稳定，没有发生较大的变化，多数省份都是集中于第一和第三象限内，从而保证了 Moran's I 系数为正，即表示该时段内各省份非正规就业规模存在"高非正规就业规模—高空

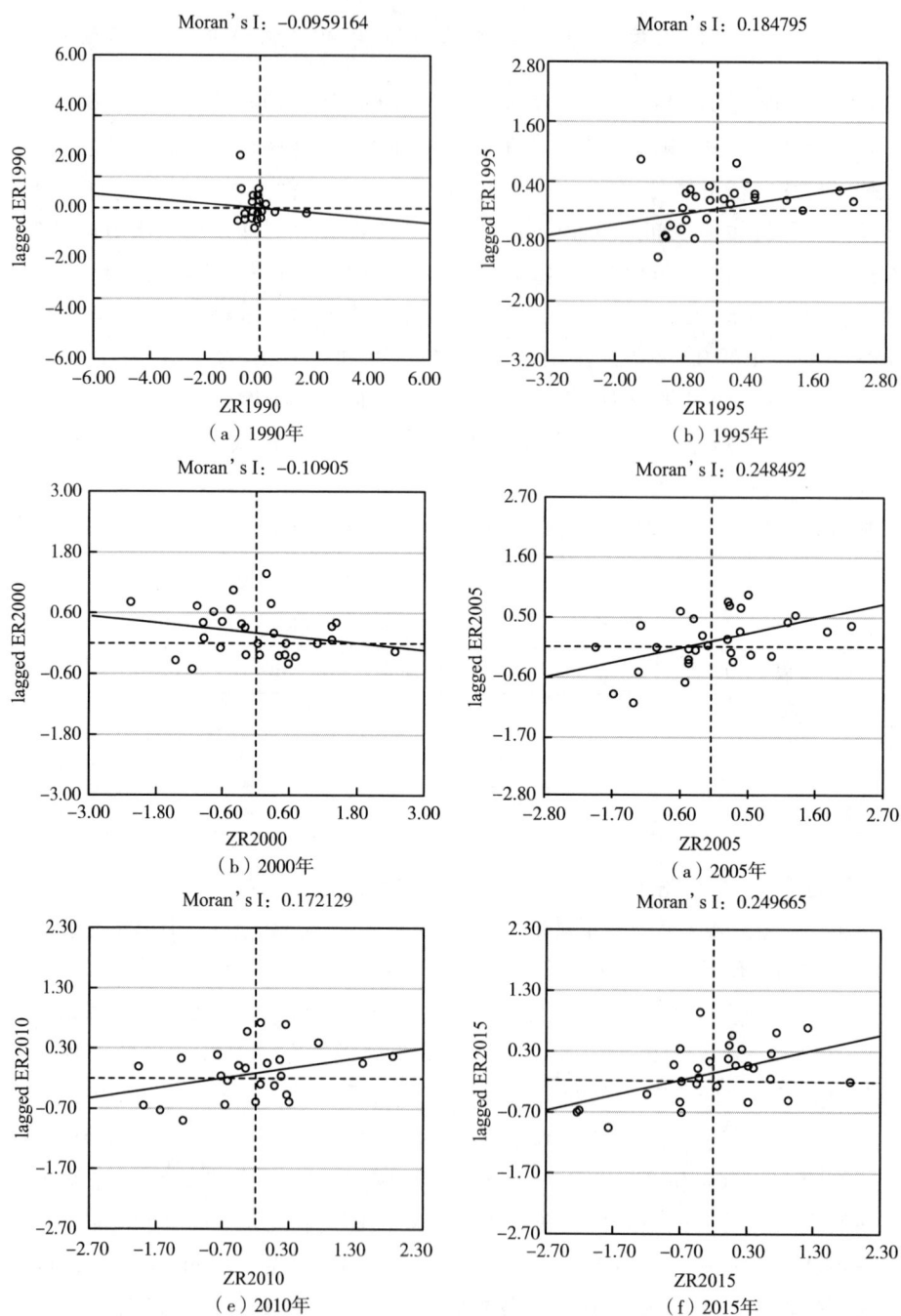

图7-18 非正规部门就业规模分布格局 Moran 散点图（窄口径）

间滞后""低非正规就业规模—低空间滞后"的空间模式,这一结论与前面从Moran散点图的直观判断一致。

第二,在时间演进角度上,第一和第三象限的省份数量变化相对较大,而第二和第四象限的省份数量则基本保持稳定。其中,第一象限的省份个数从1990年的2个增加至1995年的10个,其后代表年份中该象限的省份个数均保持在10个左右;而第三象限的省份个数则呈现两个阶段的下降趋势,从1990年的14个下降至2000年的4个,然后在2005年增长至10个之后基本保持不变。结合各个省份非正规部门就业人员所占份额的实际变动情况,可以判定窄口径下非正规部门就业规模在局部区域的空间分布格局具有先极化后分散的发展趋势。

从各省份与其相邻近省份的非正规部门规模间的空间关系变迁角度来看,发生空间模式转变的省份往往是那些处于两种空间模式位置交接的地方,也即各省份非正规部门就业规模的空间扩散不是跳跃式发展模式,而是按渐进渗透式的方式来实现的,这一点可以从表7-7窄口径下非正规部门规模空间集聚模式演变中得到证实。

表7-7　　　非正规部门规模集聚模式演变(实际窄口径)

空间集聚模式	各象限增加的省份				
	1990~1995年	1995~2000年	2000~2005年	2005~2010年	2010~2015年
第一象限(HH)	山东2,安徽2,江西2,湖南2,湖北4,贵州4,江苏4,广东4	甘肃2,内蒙古3,黑龙江3,陕西3,吉林4	江西2,湖南2,云南3,贵州3,广西4,广东4,湖北4	吉林4	河南2,辽宁2,陕西3,内蒙古4,宁夏4,甘肃4
第二象限(LH)	河南3,甘肃3,新疆3	四川1,江西1,湖南1,宁夏3,辽宁3,山西3,海南3		广东1,辽宁3,浙江3	湖南1,云南1,贵州1,山西3
第三象限(LL)	海南2	贵州1,云南2	内蒙古1,陕西1,宁夏2,山西2,辽宁2,上海2,北京3,河北4,浙江4	江苏4	广东1,海南2,福建2,浙江3
第四象限(HL)	青海3,吉林3	湖北1,广西1,广东1,浙江2,河北3	吉林1,甘肃1,江苏1	宁夏3,内蒙古3	广西1,江西1,河北3

为了进一步具体刻画各省份非正规部门就业规模分布的局部聚集特征，表7-8中给出了窄口径下各个代表年份非正规部门就业规模分布局部 Moran's I 系数值的五分组情况。由表7-5和表7-8可知：窄口径下的非正规部门就业规模分布局部 Moran's I 系数值较大的区组所包含省份及其空间演变路径基本一致，唯一存在较大差异的是，2015年的窄口径非正规部门就业规模分布局部 Moran's I 系数较大的区组主要集中在中部的内蒙古、黑龙江、吉林和东部沿海地区的北京、天津和上海。结合各省份实际非正规部门规模数据来看，内蒙古、黑龙江、吉林明显属于高值与高值相集聚的区域，而东部的天津、上海、北京等地区以其发达的正规经济和相对完善的经济法规法制，使得当地的非正规部门就业份额相对较低，从而导致了这些地区是非正规就业份额低值与低值集聚。显然，这些区域的非正规部门就业份额的空间集聚模式既与各省份的先天禀赋（如人口、经济基础、社会文化等）有关，也与其经济发展水平和法制水平等有关，最重要的是与国家的经济发展战略存在显著关联，故而省域非正规部门就业规模空间聚集模式的变迁具有空间阶梯性和阶段性特征。

表 7-8 代表年份局部 Moran's I 系数五分组表（窄口径）

年份	区组一	区组二	区组三	区组四	区组五
1990	山东、江苏、上海、浙江、湖北、湖南	新疆、广东、安徽、江西、贵州、云南	福建、海南、河南、广西、陕西	甘肃、青海、黑龙江、吉林、辽宁、四川	宁夏、内蒙古、河北、北京、天津、山西
1995	新疆、甘肃、上海、浙江、河南、云南	青海、黑龙江、吉林、福建、海南、广西	内蒙古、广东、贵州、四川、陕西	辽宁、河北、安徽、江西、湖北、湖南	宁夏、北京、天津、山东、江苏、山西
2000	宁夏、新疆、辽宁、上海、湖北、山西	青海、浙江、福建、河南、广西、四川	河北、江苏、广东、江西、湖南、	甘肃、内蒙古、海南、贵州、陕西、云南	黑龙江、吉林、北京、天津、山东、安徽
2005	新疆、甘肃、青海、吉林、福建、四川	黑龙江、辽宁、江苏、浙江、海南、河南	宁夏、内蒙古、山东、上海、陕西	河北、广东、江西、湖北、贵州、云南	北京、天津、安徽、湖南、广西、山西
2010	宁夏、新疆、甘肃、福建、广东、陕西	内蒙古、青海、辽宁、河北、河南、四川	黑龙江、吉林、江苏、浙江、海南	山东、江西、湖北、湖南、山西、贵州	北京、天津、上海、安徽、广西、贵州
2015	新疆、河北、湖南、广西、山西、云南	青海、广东、海南、江西、贵州、四川	山东、安徽、河南、湖北、陕西	宁夏、甘肃、辽宁、江苏、浙江、福建	内蒙古、黑龙江、吉林、北京、天津、上海

第八章　非正规部门影响居民收入的理论机制与乘数效应研究

第一节　非正规部门影响居民收入的理论机制考察

一、非正规部门构成居民收入的直接来源

既有研究几乎一致认为,非正规部门不仅对农村居民家庭的生计策略发挥着重要作用,同时也构成了广大城镇居民收入的重要来源(Tickamyer and Wood, 2003; Slack and Jensen, 2004; Grimm and Lay, 2011)。《中国城镇住户调查手册》(国家统计局,2006)将居民收入的直接来源分为四类:工资性收入、经营净收入、财产性收入、转移性收入。其中工资性收入主要指居民通过提供劳动力(即就业)获得相应的劳动报酬,包括所从事主要职业的工资以及从事第二职业、其他兼职和零星劳动得到的其他劳动收入。经营净收入主要指居民家庭或居民个人从事生产经营活动获得的净收入,是全部生产经营收入中扣除生产成本和税金后的所得收入。财产性收入主要指居民拥有的动产(如银行存款、有价证券等)与不动产(如房屋、车辆、土地、收藏品等)所获得的收入,包括出让财产使用权所获得的利息、租金、专利收入等,财产营运所获得的红利收入、财产增值收益等。转移性收入指国家机关、企事业单位、社会团体及其他社会组织对居民家庭的各种转移支付和居民家庭间的收入转移,包括政府对个人收入转移的离退休金、失业救济金、赔偿等,单位对个人收入转移的辞退金、保险索赔、住房公积金、家庭间的赠送和赡养等。

从与生产活动的关系来看,工资性收入、经营性收入和财产收入与生产活动直接相关。其中,工资性收入只涉及劳动力生产要素,是对参与生产活动的劳动力要素的货币支付;经营性收入则同时涉及劳动力要素和资本要素,是对参与生产经营活动的劳动力要素及资本要素的货币支付;财产性收入也与生

活动存在一定的关联，是对参与生产活动的土地、房屋等生产要素的货币支付。比较而言，转移性收入与生产活动的关联则相对较弱，一般并不涉及生产要素。居民收入的各种来源、获取途径及与生产要素的关系如表 8-1 所示。

表 8-1　　　　　　居民收入来源、获取途径与生产要素

收入来源	工资性收入	经营净收入	财产性收入	转移性收入
获取途径	劳动就业	从事生产经营活动	财产租赁或财产转让	国家机关、企事业单位等或其他居民转移支付
生产要素	劳动力要素	劳动力要素和资本要素	土地房屋等要素	—

作为一个生产部门，非正规部门与工资性收入、经营净收入密切相关。一方面，非正规部门创造了大量的工作岗位，使劳动者通过非正规部门就业的形式获取工资性收入；另一方面，由大量住户非法人企业构成的非正规部门同时也是劳动者的创业之源，这些非法人企业的经营者（也包括自雇佣者）既是生产资料所有者，又是生产活动的直接参与者。其所获得的经营净收入既是其所提供劳动力的货币支付，也是其所提供生产资料的报酬回报，具有劳动收入和资本收入的双重性质。据此，我们将非正规部门影响居民收入的直接途径区分为两条。(1) 工资性收入途径，即劳动者通过非正规部门就业的形式获得工资性收入，据此增加居民收入；(2) 混合收入途径，该途径也可称经营净收入途径，即劳动者通过自雇佣或经营家庭企业的形式获得经营净收入，以此增加居民收入。图 8-1 描述了非正规部门直接影响居民收入的理论

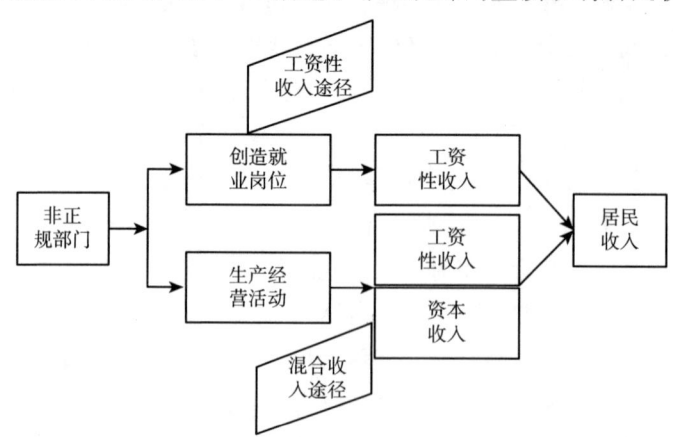

图 8-1　非正规部门直接影响居民收入的理论机制

机制。一般地，区分两条途径的主要标准是对劳动者就业身份的判断：如果劳动者的就业身份是非正规雇员，非正规部门对其收入的影响主要以工资性收入途径为主；如果劳动者的就业身份是非正规雇主、非正规企业合伙人或自雇佣就业者，非正规部门对其收入的影响则以经营净收入途径为主。

二、非正规部门构成居民收入的间接来源

非正规部门间接影响居民收入的理论机制如图8-2所示。考察非正规部门构成居民收入的间接来源可基于三类视角。（1）与正规部门关联视角。非正规部门通过与正规部门的生产关联，进而影响两部门就业者的收入水平，我们称这种影响为"生产关联效应"。既有研究一致表明，作为一个生产部门，非正规部门的发展并非孤立，其与正规部门存在多种形式的生产关联：当非正规部门为正规部门生产中间投入产品时，非正规部门与正规部门的生产关联就体现为典型的"前向生产关联效应"。当非正规部门接受正规部门外包业务而完成正规部门所要求的产品时，非正规部门与正规部门的生产关联就体现为典型的"后向生产关联效应"。此时，非正规部门的发展不仅直接影响非正规部门内部就业者的收入水平，还将通过生产关联效应把这种影响传递至正规部门就业者的收入水平。（2）内部城镇化视角。非正规部门通过内部城镇化进而影响部门就业者的收入水平，我们称这种影响为"内部城镇化效应"。在非正规部门就业人数不断扩展的同时还表现出由农村向城镇转移的动态特性，我们将非正规部门就业人员向城镇不断聚集，城镇非正规部门规模不断扩大的过程称为"非正规部门内部城镇化过程"。无论是对城镇居民，还是对农村居民，非正规部门内部城镇化不仅已成为整体城镇化发展有力推手，更成为提升居民收入水平的主要途径。（3）产业结构变迁视角，即非正规部门通过内部产业结构的不断优化进而影响其部门就业者的收入水平，我们称这种影响为"产业结构变迁效应"。各国实践表明，产业结构的调整和升级是影响居民收入分

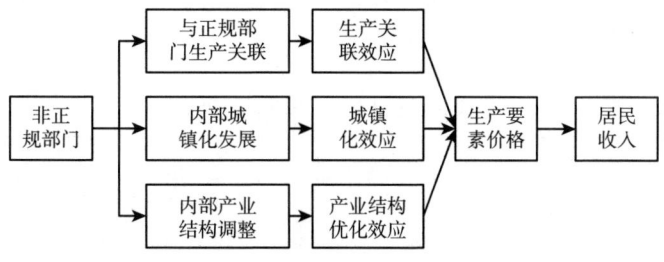

图8-2 非正规部门间接影响居民收入的理论机制

配的重要因素。从生产要素的构成来看，非正规部门产业结构升级往往表现为非正规部门单位从劳动密集型产业向资本技术密集型产业的转化，这必将改变社会对不同生产要素的需求，进而影响不同生产要素所有者的收入，从而影响居民收入分配。

第二节　包含非正规部门的宏观社会核算矩阵设计与编制

一、宏观 SAM-2015 账户及结构设计

（一）宏观 SAM-2015 账户设计

我们遵循"自上而下（top-down）方法"编制包含非正规部门的宏观社会核算矩阵。因此，开展 2015 年中国宏观社会核算矩阵（简称"宏观 SAM-2015"）的设计与编制便构成了必要的前提。我们设计的 SAM-2015 主要涉及 11 个账户，其中的 10 个为实体账户，1 个为汇总账户（汇总账户属于过渡性账户），各账户具体名称如表 8-2 所示。

表 8-2　　　　　　　宏观 SAM-2015 账户设计

序号	1	2	3	4	5	6
账户	商品	活动	要素—劳动力	要素—资本	居民	企业
序号	7	8	9	10	11	
账户	政府	资本	存货变动	其他国家和地区	汇总	

实体账户用于记录和描述某一特定时期内经济体中的真实经济流量的状态，根据其在国民经济运行过程中所发挥的作用，可划归为商品账户、生产活动账户、生产要素账户、机构部门账户、资本形成账户和对外贸易账户 6 大类账户，具体说明见表 8-3。

表 8-3　　　　　　　宏观 SAM-2015 账户分类及说明

序号	账户大类	涉及账户	账户说明
1	商品账户	商品	反映所有商品的供给与需求
2	生产活动账户	活动	反映国内生产部门的生产活动投入与产出

续表

序号	账户大类	涉及账户	账户说明
3	生产要素账户	要素—劳动力	反映要素投入及要素收入的分配
		要素—资本	
4	机构部门账户	居民	反映各机构部门的收入来源、开支项目和收支结余
		企业	
		政府	
5	资本形成账户	资本	反映固定资本形成和各项储蓄以及当期存货的净变动
		存货变动	
6	对外贸易账户	其他国家和地区	反映对外经济联系，主要涉及国际贸易和国际性的收入转移

（二）描述性账户结构设计

根据表 8 - 3 中的账户设置，宏观 SAM-2015 的描述性账户结构如表 8 - 4 所示。

1. 商品账户

商品账户用于反映社会产品的供给与需求。商品账户支出包括对国内产品的购买、从国外进口商品，同时缴纳必要的税收款项，这些商品主要用于满足中间投入和机构部门的消费需求与最终投资需求。

2. 生产活动账户

生产活动账户主要用来描述生产部门使用原材料、中间投入品并雇佣劳动力和资本等生产要素进行商品生产的过程。生产活动的支出由中间投入和增加值构成，生产活动的收入则主要来自国内市场上的商品销售。

3. 生产要素账户

生产要素账户包括劳动力要素和资本要素两个子账户，其收入表现为通过出卖劳动力而获取的劳动者报酬和提供资本而获取的资本收益。同时，这些收入又以劳动收入、资本收入、营业盈余、投资收益的形式分配给各机构部门。

4. 机构部门账户

机构部门主要包括居民部门、企业部门和政府部门。居民收入来自劳动力和资本的要素报酬以及企业部门、政府部门和国外的转移支付。居民支出则主要包括对商品的消费和个人所得税的支付，剩余收入进入资本账户成为居民储蓄。企业收入主要源自经营利润和政府转移支付，用以缴纳各种税务并负担一定的转移支付，剩余收入进入资本账户成为企业储蓄。政府部门实际上是商品

表 8-4　宏观 ISAM 描述性账户结构

		1	2	3	4	5	6	7	8	9	10	11
		商品	活动	劳动力要素	资本要素	居民	企业	政府	资本	存货变动	其他国家和地区	合计
1	商品		中间投入			居民消费		政府消费	固定资本形成	存货净变动	出口	总需求
2	活动	国内总产出										总产出
3	劳动力要素		劳动者报酬									要素总收入
4	资本要素		资本收益									
5	居民			劳动收入	营业盈余		企业转移支付	政府转移支付			居民国外收益	居民总收入
6	企业				资本收入			政府补贴				企业总收入
7	政府	进口税	生产税净额			个人所得税	企业直接税				政府国外收益	政府总收入
8	资本					居民储蓄	企业储蓄	政府储蓄			国外净储蓄	总储蓄
9	存货变动								存货变动			存货净变动
10	其他国家和地区	进口			国外资本投资收益			政府转移支付				外汇总支出
11	合计	总供给	总投入	要素总支出		居民总支出	企业总支出	政府总支出	总投资	存货净变动	外汇总收入	

和服务的购买者，以政府消费的形式将其现金支出到商品账户所提供的服务上，其他的政府支出包括对居民和企业的补贴和转移支付以及对国外的转移支付等，其余部分则归入资本账户成为政府储蓄。

5. 资本形成账户

资本形成账户包括资本和存货变动两个子账户。来自居民、企业、政府和国外的储蓄构成资本账户的总收入，并最终以固定资本形成和存货变动的形式形成投资；存货变动账户单列反映了当期存货的净变动。

6. 对外贸易账户

从支出角度看，对外贸易交易包括国内进口商品的支出、对要素支付报酬和政府转移支付；从收入角度看则相当于本国从国外获得收入，包括出口所得和转移支付等。外汇收入与总进口之差即为来自国外的净资本流入。

二、宏观 SAM-2015 编制及账户细化

(一) 宏观 SAM-2015 具体编制

1. 商品账户编制

商品账户对应表 8-4 中的第 1 行和第 1 列，其账户编制体现为中间投入、居民消费、政府消费、出口、固定资本形成、国内总产出、进口、进口税收和存货净变动共计 9 个项目的数据采集和估计。2015 年投入产出表和《中国统计年鉴 2016》构成了最主要的数据来源。

（1）中间投入。中间投入反映了一定时期内全国所有常住单位在生产或提供货物、服务的过程中消耗和使用的所有非固定资产货物和服务的价值。该数据的取值直接源于 2015 年投入产出基本流量表（中间使用部分）。

（2）居民消费。居民消费表示全国常住住户在一定时期内对货物和服务全部最终消费支出中的居民消费统计数值，包括农村居民消费和城镇居民消费。该数据的取值直接源于《中国统计年鉴 2016》的"支出法国内生产总值结构"。

（3）政府消费。政府消费是政府部门向全社会提供公共服务的消费支出和以免费或以较低价格向居民住户提供的货物和服务的净支出。该数据的取值直接源于《中国统计年鉴 2016》的"支出法国内生产总值结构"。

（4）出口。出口表示本国常住单位向国外出售或无偿转让的各种货物和服务的价值。该项数据直接源于《中国统计年鉴 2016》的"货物进出口总额"。

（5）固定资本形成。固定资本形成是生产者在一定时期内获得的固定资产与处置固定资产后的价值差额，是用于固定资产积累的最终产品价值。该项数据直接来源于《2016年中国统计年鉴》的"支出法国内生产总值结构"。

（6）国内总产出。国内总产出是国内各生产单位在一定时期内所生产的全部货物和服务的总价值。该项数据的取值源自2015年投入产出基本流量表（中间使用部分）。

（7）进口。进口是本国常住单位从国外购买或无偿得到的各种货物和服务的价值。该项数据直接取自《中国统计年鉴2016》的"货物进出口总额表"。

（8）进口税收。进口税收是因进口国外的商品而向政府上缴的税收。进口税收主要包括关税和进口货物增值税、消费税两部分。2015年关税为2560.84亿元，进口货物增值税和消费税为12533.35亿元，合计得15094.19亿元。相关数据源自《中国统计年鉴2016》的"中央和地方财政主要收入项目"。

（9）存货净变动。存货净变动表示全国常住单位在一定时期内存货实物量变动的市场价值，即期末价值与期初价值之差，再扣除当期由于价格变动而产生的持有收益。需要指出的是，存货净变动是SAM-2015商品账户的平衡项，其数据与《中国统计年鉴2016》支出法国内生产总值结构表中的数据并不完全一致。

据此，商品账户的复式记账结果如表8-5所示。

表8-5　　　　　　　　商品账户复式记账结果　　　　　　　单位：亿元

国内市场总供给		国内市场总需求		
国内总产出	2081447	中间投入		1401192
进口	104336	最终消费		359517
进口税收	15094		居民消费	264758
			政府消费	94759
		出口		141167
		资本形成		299001
			固定资本形成	301961
			存货净变动	-2960
合计	2200877	合计		2200877

2. 活动账户编制

活动账户对应表8-4中的第2行和第2列，其账户编制体现为国内总产出、中间投入、劳动者报酬、资本收益和生产税净额共计5个项目的数据采集和估计。2015年投入产出表和《中国统计年鉴2016》构成了最主要的数据来源。

（1）国内总产出和中间投入。国内总产出取值与商品账户中的"国内总产出"项目数值一致。中间投入取值与商品账户中的"中间投入"项目数值一致。

（2）劳动者报酬。劳动者报酬是劳动者从其所在生产单位通过各种渠道得到的所有货币形式或实物形式的劳动收入，代表了劳动这种生产要素从生产的价值中所获得的收入。我们将2015年各地区劳动者报酬加总得到2015年全国劳动者报酬总额346159亿元，数据源自《中国统计年鉴2016》"地区生产总值收入法构成项目（2015年）"。

（3）资本收益。资本收益包括固定资产折旧和营业盈余两部分。前者表示在一定时期内为补偿生产活动中所耗用的固定资产而提取的价值，代表固定资产在生产过程中磨损的价值；后者是生产单位总产出扣除中间消耗、劳动报酬、生产税净额和固定资产消耗以后的余额。我们将各地区固定资产折旧加总得到2015年全国固定资产折旧总额95181亿元；营业盈余是活动账户的平衡项，与各地区营业盈余合计值并不完全一致。相关数据源于《中国统计年鉴2016》的"地区生产总值收入法构成项目（2015年）"。

（4）生产税净额。生产税净额是生产税与生产补贴的差额。其中，生产税是生产单位因从事生产销售等经营活动以及在这些经营活动中购买、进口和使用货物或服务而向国家缴纳的税金。生产补贴是国家针对货物和服务的生产或进口对生产单位所做的补贴，可视为负的生产税。我们将各地区生产税净额加总得到2015年全国生产税净额总额107444亿元，主要数据源自《中国统计年鉴2016》的"地区生产总值收入法构成项目（2015年）"。

据此，活动账户的复式记账结果如表8-6所示。

表8-6　　　　　　　　活动账户复式记账结果　　　　　　　　单位：亿元

总投入			总产出	
中间投入		1401192	国内总产出	2081447
要素投入		572811		
	劳动者报酬	346159		
	资本收益	226652		
生产税净额		107444		
合计		2081447	合计	2081447

3. 劳动力要素账户编制

劳动力要素账户对应表 8-4 中的第 3 行和第 3 列，主要涉及劳动者报酬和居民劳动收入两个项目的数据采集和估计。其中，劳动者报酬与活动账户中的"劳动者报酬"项目数值一致；居民的劳动收入与劳动者报酬相等，反映了劳动力要素的收入分配。相关数据源于《中国统计年鉴2016》的"地区生产总值收入法构成项目（2015 年）"。据此，劳动力要素账户的复式记账结果见表 8-7。

表 8-7　　　　　　劳动力要素账户复式记账结果　　　　　　单位：亿元

支出		收入	
居民的劳动收入	346159	劳动者报酬	346159
合计	346159	合计	346159

4. 资本要素账户编制

资本要素账户对应表 8-4 中的第 4 行和第 4 列，该账户编制涉及资本收益、居民资本收益、企业资本收益和国外投资者投资收益四个项目的数据采集与估计。主要数据来源为《中国统计年鉴2017》的"资金流量表（非金融交易，2015 年）"。

（1）资本收益。与活动账户中的"资本收益"项目数值一致。

（2）居民资本收益。居民资本收益反映了居民收入中的资本性收入部分，即资本要素收入对国内居民的分配。居民资本收益具体包括利息、红利和其他三部分。2012 年住户部门的利息收入为 19534.1 亿元，红利收入为 2314.6 亿元，其他收入为 3060.1 亿元，合计得 24908.8 亿元。相关数据源自《中国统计年鉴2017》的"资金流量表（非金融交易，2015 年）"。

（3）企业资本收益。企业资本收益是资本要素账户的平衡项，用于反映资本要素收入分配给国内居民和国外投资者之后的留存收益。

（4）国外投资者投资收益。国外投资者投资收益主要反映资本要素收入对国外投资者的分配。国外投资者资本收益可用国外部门净财产收入表示，即资金流量表中国外部门财产收入的来源值减去运用值。2015 年国外部门财产收入的来源值为 16123.1 亿元，国外部门财产收入的运用值为 11818.1 亿元，计算得 2012 年国外投资者资本收益为 4305 亿元。相关数据源自《中国统计年鉴2017》的"资金流量表（非金融交易，2015 年）"。

据此，资本要素账户的复式记账结果如表 8-8 所示。

表 8-8　　　　　　　　资本要素账户复式记账结果　　　　　单位：亿元

支出		收入	
资本收益的分配	226652	资本收益	226652
居民资本收益	24909		
企业资本收益	197438		
国外投资者投资收益	4305		
合计	226652	合计	226652

5. 居民账户编制

居民账户对应表 8-4 中的第 5 行和第 5 列，该账户涉及劳动者报酬、居民资本收益、企业对居民的转移性支付、政府对居民的转移性支付、居民国外收益等 8 个项目的数据收集和估算。其中，劳动者报酬取值与活动账户中的"劳动者报酬"项目数值一致。居民资本收益取值与资本要素账户中的"居民资本收益"项目数值一致。企业对居民的转移性支付是居民账户的平衡项。居民消费取值与商品账户中的"居民消费"项目数值一致。

（1）政府对居民的转移性支付。政府财政资金对居民的单向转移，表现为无偿的货币支付。政府对居民的转移性支付具体包括社会保障和就业支出、国内债务利息付息和政策性补贴支出。2015 年社会保障和就业支出为 19018.69 亿元，国内债务付息为 2841.58 亿元，政策性补贴支出为 971.9 亿元，合计 22832.17 亿元。相关数据源自《中国财政年鉴 2016》的"2015 年全国公共财政支出决算表"。

（2）居民国外收益。居民国外收益表示国外资金对国内居民的单向转移，可用经常转移中二次收入分解得到。相关数据源自《中国统计年鉴 2016》的"国际收支平衡表（2015 年）"。

（3）个人所得税。个人所得税是国家对个人（自然人）取得的各项所得征收的一种所得税。该项目具体取值直接源自《2016 年中国统计年鉴》的"各项税收"。

（4）居民储蓄。居民储蓄是居民的可支配收入用于最终消费支出后所剩的余额，可以用住户部门总储蓄项的来源部分表示。该项数据源自《中国统计年鉴 2017》的"资金流量表（非金融交易，2015 年）"。

据此，居民账户复试记账结果见表 8-9。

表 8-9 居民账户复式记账结果 单位：亿元

支出		收入	
居民消费	264758	劳动者报酬	346159
个人所得税	8617	居民资本收益	24909
居民储蓄	156649	企业对居民的转移性支付	36611
		政府对居民的转移性支付	22832
		居民国外收益	-487
合计	430024	合计	430024

6. 政府账户编制

政府账户对应表 8-4 中的第 7 行和第 7 列，该账户的编制涉及进口税收、生产税净额、个人所得税等共计 10 个项目的数据搜集和估计。其中，进口税收取值与商品账户中的"进口税收"项目数值一致。生产税净额取值与活动账户中的"生产税净额"项目数值一致。个人所得税取值与居民账户中的"个人所得税"项目数值一致。企业直接税主要反映企业向政府交纳的各种所得税，相关数据直接取自《中国财政年鉴 2016》的"2015 年全国公共财政收入决算表"。政府国外收益反映各级政府与国外的经常转移收入或支出，可用经常转移中二次收入分解得到，相关数据源自《中国统计年鉴 2016》的"国际收支平衡表（2015 年）"。政府消费取值与商品账户中的"政府消费"项目数值一致。政府对居民的转移性支付取值与居民账户中的"政府对居民的转移性支付"项目数值一致。政府对企业的补贴是政府账户的平衡项。政府对国外的转移性支付主要包括政府对国外的援助支出和支付给国外借款的利息两部分内容。根据《中国财政年鉴 2016》中"2015 年全国公共财政支出决算表"有关数据，2015 年政府对国外的援助支出 195.37 亿元，国外债务付息 25.33 亿元，合计得 220.7 亿元。政府储蓄指一般政府部门的经常性收入大于经常性支出的余额，可用政府部门总储蓄的来源项表示。该项数据源自《2017 年中国统计年鉴》的"资金流量表（非金融交易，2015 年）"。

据此，企业账户的复试记账结果如表 8-10 所示。

7. 企业账户编制

企业账户对应表 8-4 中的第 6 行和第 6 列，该账户的编制涉及企业资本收益、政府对企业的补助等共计 5 个项目的数据搜集和估计。其中，企业资本收益取值与资本要素账户中的"企业资本收益"项目数值一致。政府对企业的补贴取值与政府账户中的"政府对企业的补贴"项目数值一致。企业对居民的转移性支付与居民账户中的"企业对居民的转移性支付"项目数值一致。

表8-10　　　　　　　　政府账户复式记账结果　　　　　　　　单位：亿元

支出		收入	
政府消费	94759	进口税收	15094
政府对居民的转移性支付	22832	生产税净额	107444
政府对企业的补贴	9525	个人所得税	8617
政府对国外的转移性支付	221	企业直接税	27134
政府储蓄	30900	政府国外收益	-52
合计	158237	合计	158237

企业直接税取值与政府账户中的"企业直接税"项目数值一致。企业储蓄是企业账户的平衡项。

据此，企业账户的复制记账结果如表8-11所示。

表8-11　　　　　　　　企业账户复式记账结果　　　　　　　　单位：亿元

支出		收入	
企业对居民的转移性支付	36611	企业资本收益	197438
企业直接税	27134	政府对企业的补贴	9525
企业储蓄	143218		
合计	206963	合计	206963

8. 其他国家和地区账户编制

其他国家和地区账户对应表8-4中的第10行和第10列，该账户的编制涉及出口、国外资本投资收益、政府对国外的转移性支付等共计7个项目的数据整理和估计。

其中，进口取值与商品账户中的"进口"项目数值一致。国外资本投资收益取值与资本要素账户中的"国外投资者投资收益"项目数值一致。政府对国外的转移性支付取值与政府账户中的"政府对国外的转移性支付"项目数值一致。出口取值与商品账户中的"出口"项目数值一致。居民国外收益取值与居民账户中的"居民国外收益"项目数值一致。政府国外收益取值与政府账户中的"政府国外收益"项目数值一致。国外净储蓄是其他国家和地区账户的平衡项。

据此，其他国家和地区账户的复式记账结果如表8-12所示。

表 8-12　　　　　其他国家和地区账户的复式记账结果　　　　　单位：亿元

支出		收入	
出口	141167	进口	104336
居民国外收益	-487	国外资本投资收益	4305
政府国外收益	-52	政府对国外的转移性支付	221
国外净储蓄	-31766		
合计	108862	合计	108862

9. 资本账户编制

资本账户对应表 8-4 中的第 8 行和第 8 列，该账户的编制涉及固定资本形成、存货净变动、居民储蓄等共计 6 个项目的数据搜集和估算。

其中，居民储蓄取值与居民账户中的"居民储蓄"项目数值一致。企业储蓄取值与企业账户中的"企业储蓄"项目数值一致。政府储蓄取值与政府账户中的"政府储蓄"项目数值一致。国外净储蓄取值与其他国家和地区账户中的"国外净储蓄"项目数值一致。固定资本形成取值与商品账户中的"固定资本形成"项目数值一致。存货净变动取值与商品账户中的"存货净变动"项目数值一致。

据此，资本账户的复式记账结果如表 8-13 所示。

表 8-13　　　　　资本账户的复式记账结果　　　　　单位：亿元

总投资		总储蓄	
固定资本形成	301961	居民储蓄	156649
存货净变动	-2960	企业储蓄	143218
		政府储蓄	30900
		国外净储蓄	-31766
合计	299001	合计	299001

10. 存货变动账户编制

存货变动账户对应表 8-4 中的第 9 行和第 9 列。如果上述 9 个账户均实现收支平衡的话，存货变动账户也一定是平衡的。

11. 汇总账户编制

汇总账户对应表 8-4 中的第 11 行和第 11 列，其第 i 个行账户与第 i 个列账户所对应的数值必须保持相等。

12. 宏观 SAM-2015 编制结果

以上 11 个账户汇总即可得到宏观 SAM-2015，具体如表 8-14 所示。表中各账户元素数值将作为编制包含非正规部门的细化宏观社会核算矩阵的控制总数。

表 8-14　宏观 SAM-2015 编制结果

单位：亿元

项目		1 商品	2 活动	3 劳动力要素	4 资本要素	5 居民	6 企业	7 政府	8 资本	9 存货变动	10 其他国家和地区	11 合计
1	商品		1401192			264758		94759	301961	-2960	141167	2200877
2	活动	2081447										2081447
3	劳动力要素		346159									346159
4	资本要素		226652									226652
5	居民			346159	24909		36611	22832			-487	430024
6	企业		107444		197438			9525				206963
7	政府	15094				8617	27134				-52	158237
8	资本					156649	143218	30900			-31766	299001
9	存货变动								-2960			-2960
10	其他国家和地区	104336			4305			221	299001	-2960		108862
11	合计	2200877	2081447	346159	226652	430024	206963	158237	299001	-2960	108862	6055262

（二）宏观 SAM-2015 账户细分

采用"自上而下（top-down）方法"编制包含非正规部门的宏观社会核算矩阵（简称"宏观 ISAM-2015"）需要对宏观 SAM-2015 中活动账户、商品账户、生产要素账户和居民账户进一步细化，以此分化出包含非正规部门的各类账户。

1. SAM-2015 活动账户细化：三分法

活动部门是用于市场交换产品的创造部门。根据生产主体的法律地位和生产活动的产业类型，我们将生产活动部门划分为"农业部门（agriculture sector）、正规部门（formal sector）和非正规部门（informal sector）"三类。其中，农业部门是指以土地资源为生产对象的部门，将该部门单列是出于对 ICLS 将农业生产活动排除在非正规部门生产范围之外的考虑（ILO，1993）；正规部门指生产单位具有法人资格，进行注册、登记，具有独立核算会计账户的生产单位，主要是指非金融企业部门、金融企业部门和政府部门；非正规部门指生产单位不具有法人资格，不具有独立核算会计账户的生产单位，其隶属于住户部门，是住户部门下属的一个子部门。

2. SAM-2015 商品账户细化：三分法

对应地，商品账户亦被划分三类，分别是农产品（agriculture products）、正规部门商品（formal sector goods）和非正规部门商品（informal sector goods），具体划分情况如表 8 - 15 所示。

表 8 - 15　　　　宏观 SAM-2015 活动账户和商品账户的细化

活动账户细化	农业部门	正规部门	非正规部门
商品账户细化	农产品	正规部门产品	非正规部门产品

一般而言，活动账户反映国内厂商生产活动的投入与产出，商品账户反映所有商品的供给与需求，在宏观 SAM-2015 中分别设置活动账户和商品账户是为了区别反映上述两种经济现象。实际上，在细化 SAM-2015 的过程中，活动账户和商品账户所包含的部门及其分类通常是一致（王其文和李善同，2008），两者可以合并为一个商品/活动账户，这样可以缩小社会核算矩阵的阶数，便于运算处理。因此，细分的商品账户中"农产品"等价于"农业部门"，"正规部门商品"等价于"正规部门"，"非正规部门商品"等价于"非正规部门"。

3. SAM-2015 生产要素账户细化：三分法

生产要素是进行生产经营活动时所需要的各种社会资源，是维系国民经济运行及市场主体生产经营过程中所必须具备的基本因素。宏观 ISAM-2015 中已经将生产要素划分为劳动力和资本两类。鉴于非正规部门无法准确划分劳动投入与资本投入的具体情况,我们将其投入的生产要素统称为"混合要素"。据此,细化 ISAM 中的生产要素账户可以被划分为三个账户,分别是劳动力要素账户、资本要素账户和混合要素账户①,具体划分情况如表 8 – 16 所示。其中,劳动力要素账户主要用以描述劳动力的投入以及该要素收入的分配;资本要素账户用以描述资本要素的收入及其分配;同样地,混合要素则用以核算该要素的收入与分配情况。

表 8 – 16　　　　　　　宏观 SAM-2015 生产要素账户细化

生产要素划分	劳动力要素	资本要素	混合要素
收入类型划分	劳动收入	资本收入(包括国外资本投资收益)、营业盈余	经营收入(混合收入)

4. SAM-2015 居民账户细化:区域收入双重分类

为更充分地记录不同区域和不同收入居民群体的收支来源与使用去向,从而更好地揭示非正规部门对不同区域和不同收入居民群体收入的影响力度和影响路径,我们将居民账户划分为"城镇居民和农村居民"两部分。对于前者,我们按照人均可支配收入的高低,按 10%、10%、20%、20%、20%、10%、10% 的比例,进一步将城镇居民依次划分成"最高收入户、较高收入户、中等偏上收入户、中等收入户、中等偏下收入户、较低收入户、最低收入户"七组;对于后者,则依据人均纯收入的高低,按 20%、20%、20%、20%、20% 的比例,将农村居民依次划分成"高收入户、中等偏上收入户、中等收入户、中等偏下收入户、低收入户"五组。具体细分情况如表 8 – 17 所示。

表 8 – 17　　　　　　　宏观 SAM-2015 居民账户细化

城镇居民	农村居民
(1) 最高收入户 (2) 较高收入户 (3) 中等偏上收入户 (4) 中等收入户 (5) 中等偏下收入户 (6) 较低收入户 (7) 最低收入户	(1) 高收入户 (2) 中等偏上收入户 (3) 中等收入户 (4) 中等偏下收入户 (5) 低收入户

---

① 对应地,由于无法准确区分劳动收入与资本收入,我们将其所获得的收入统称为"经营收入"。

三、细化宏观 ISAM-2015 基本假设和描述性账户结构设计

(一) 宏观 ISAM-2015 基本假设

1. 商品/活动部门基本假设

从商品/活动部门涉及的产业范围看，农业部门局限于第一产业，正规部门和非正规部门则涉及第二、第三产业。同时，我们假设第二、第三产业的每一个细分产业同时包括正规部门和非正规部门。鉴于非正规部门包括观测到的部分和未被观测到的部分，ISAM-2015 所涉及的非正规部门仅指观测到的非正规部门，即有证照的个体工商户。

2. 政府消费基本假设

假设政府消费支出仅针对农业部门和正规部门，即政府购买的产品包括正规部门产品和农产品，并不购买非正规部门商品。

3. 出口基本假设

尽管我国政府允许个体工商户从事出口业务，但其出口量一直较少（其在整个出口额的比例基本可忽略不计）。为便于数据采集和估算，我们假设非正规部门商品仅供国内消费并不用于出口，农产品和正规部门商品既可供国内机构部门消费又可用于出口。

4. 进口基本假设

假设农产品和正规部门商品既可产自国内也可以从国外进口，而非正规部门商品只能产自国内并不能从国外进口。

5. 进口税基本假设

由于非正规部门商品并不出口，故不存在进口税，而农产品和正规部门商品存在进口税。

6. 生产要素基本假设

假设农业部门和正规部门中的生产要素分为劳动力要素和资本要素两类，对应收入为劳动者报酬和资本收益；非正规部门的生产要素并不严格区分劳动力和资本，统称为混合要素，其对应的收入称为"经营收入（混合收入）"。

(二) 宏观 ISAM-2015 描述性账户结构设计

我们设计的宏观 ISAM-2015 描述性账户结构如表 8-18 所示。需要说明的是，鉴于篇幅原因，我们未将居民账户细化成的 12 个子账户在表 8-18 中予以详细描述。

表 8-18　宏观 ISAM-2015 描述性账户结构

			1	2	3	4	5	6	7	8	9	10	11	12	13
			商品/活动			生产要素			机构部门			资本形成		对外贸易	合计
	项目		农业部门	正规部门	非正规部门	劳动力	资本	混合	居民	企业	政府	资本	存货变动	其他国家和地区	
1	商品/活动	农业部门	中间投入 + 国内总产出						居民消费		政府消费	固定资本形成	存货净变动	出口	总需求/总产出
2		正规部门													
3		非正规部门													
4	生产要素	劳动力	劳动者报酬												要素总收入
5		资本	资本收益												
6		混合			经营收入										
7	机构部门	居民				劳动收入	资本收入	混合收入		企业转移支付	政府转移支付			居民国外收益	居民总收入
8		企业					营业盈余				政府补贴				企业总收入
9		政府	进口税 + 生产税净额		生产税净额				个人所得税	企业直接税				政府国外收益	政府总收入

续表

项目		1	2	3	4	5	6	7	8	9	10	11	12	13
		商品/活动			生产要素			机构部门			资本形成		对外贸易	合计
		农业部门	正规部门	非正规部门	劳动力	资本	混合	居民	企业	政府	资本	存货变动	其他国家和地区	
10	资本形成												国外储蓄	总储蓄
11	存货变动										存货变动			存货净变动
12	对外贸易 其他国家和地区	进口			国外资本投资收益				政府转移支付					外汇总支出
13	合计	总供给/总投入			要素总支出			居民总支出	企业总支出	政府总支出	总投资	存货净变动	外汇总收入	

四、细化宏观 ISAM-2015 编制结果

(一)按三部门划分的细化宏观 ISAM-2015 商品账户具体编制

1. 中间投入

商品/活动账户被划分成农产品、正规部门和非正规部门三项,因此需要一个 3 阶矩阵来描述不同生产部门的中间投入。沿该矩阵的行方向看,每一行数值反映某生产部门生产的货物或服务提供给各生产部门使用的价值量,即中间使用;沿该矩阵的列方向看,每一列数值反映某生产部门在生产过程中消耗各生产部门的货物和服务的价值量,即中间投入。对该 3 阶矩阵相关项目估算的数据来源于《中国统计年鉴 2016》的"就业基本情况"、2015 年投入产出基本流量表(中间使用部分)和《中国经济普查年鉴 2013》的"按行业分组的有证照个体经营户数和人数"。

(1)按三次产业划分的投入产出基本流量表(中间使用部分)。2015 年投入产出基本流量表(中间使用部分)描述了当年各产业的投入产出情况,结果如表 8-19 所示。

表 8-19　　　　2015 年按产业划分的投入产出基本流量表　　　单位:亿元

生产部门	第一产业	第二产业	第三产业	中间使用
第一产业	13900	67478	6214	87592
第二产业	25655	801342	117730	944727
第三产业	4597	187713	176563	368873
中间投入	44152	1056533	300507	1401192

(2)按三部门划分的投入产出基本流量表(中间使用部分)的估算。我们采用按比例分配法对 2015 年按三部门划分的投入产出流量表进行估算。鉴于非正规部门单位的生产效率往往低于正规部门单位,其中间投入率必将高于正规部门。同时,非正规部门的异质性决定了高层非正规部门的生产效率高于低层非正规部门,而非正规部门的产业性质往往能构成识别高低层非正规部门的标准[①]。

[①] 豪斯(House,1984)和阿里马(Arimah,2001)等建议将"具有较高收入、投入较多资金、雇佣较多工人"的单位视为高层非正规部门,而将"收入相对较低、不使用或使用少量资金、不雇佣工人(生产者主要以家庭成员为主)"的单位归入低层非正规部门。拉尼斯和斯图尔特(Ranis and Stewart,1999)不仅追加了"生产中间产品"这条标准,还根据生产单位的产业特征进行区分。彼得斯等(2010)则按照产业内人均固定资本、产业内户均从业人数和产业内拥有固定生产场所企业的比例这三个标志进行划分。

我们据此假设第二产业非正规部门就业者人均中间投入是第二产业就业者人均中间投入的1.4倍；第三产业非正规部门就业者人均中间投入是第三产业就业者人均中间投入的1.2倍。那么，便可分别估计得到第二、第三产业中间投入的正规部门比例和非正规部门比例（计算过程如表8-20所示）。结合表8-20数据即可推算得到按三部门（农业部门、正规部门和非正规部门）划分的2015年投入产出基本流量表，如表8-21所示。

表8-20　2015年第二、第三产业中间投入的非正规部门比例分配结果

项　目	第二产业	第三产业
中间投入（亿元）	1056533	300507
就业人数（万人）	22693	32839
每位就业者人均中间投入（万元/人）	46.56	9.15
非正规部门就业者人均中间投入（万元/人）	65.18	10.98
非正规部门就业人数（万人）	1352.08	10329.92
非正规部门中间投入（亿元）	88129.69	113433.87
正规部门就业人数（万人）	21340.92	22509.08
正规部门中间投入（亿元）	968403.31	187073.13
非正规部门中间投入比重（%）	8.34	37.75
正规部门中间投入比重（%）	91.66	62.25

注：以《中国经济普查年鉴2013》发布的2015年第二三产业有证照就业人数总额为权重，对2012年第二三产业非正规部门就业人数进行分配。

表8-21　　2015年按三部门划分的投入产出基本流量表 I　　单位：亿元

生产部门	农业部门	正规部门	非正规部门	中间使用
农业部门	13900	65719	7973	87592
正规部门	26378	915944	153238	1095560
非正规部门	3875	173812	40353	218040
中间投入	44153	1155475	201564	1401192

（3）对2015年非正规部门总产出和增加值的估算。参考胡鞍钢和赵黎（2006）的观点，对非正规部门总产出的估算遵循以下三个公式：

$$\text{非正规部门中间投入} = \text{非正规部门总产出} - \text{非正规部门增加值} \quad (8-1)$$

$$\text{非正规部门总产出} = \text{全国非农产业平均劳动生产率 I} \times \text{非正规部门就业人数} \quad (8-2)$$

非正规部门增加值 = 全国非农产业平均劳动生产率Ⅱ × 非正规部门就业人数

(8-3)

将表 8-21 中的 1401192 亿元作为中间投入细分的控制总数，继而得到正规部门中间投入和总产出估算结果，如表 8-22 所示。

（4）对 2015 年按三部门划分的投入产出基本流量表Ⅰ的调平：基于 RAS 方法。鉴于表 8-21 中三部门的中间投入数值与表 8-22 数值并不一致，我们通过 RAS 方法对其进行调平。设给定的列和（从左到右）依次为 44153 亿元、1071565 亿元、285474 亿元，给定的行和（从上到下）依次为 70522 亿元、1050743 亿元、279927 亿元。其中，给定的行和是通过以中间投入总额（中间使用总额）为控制数，以三部门总产出所占份额为权重计算得到。经调平后的 2015 年按三部门划分的投入产出基本流量表如表 8-23 所示。

表 8-22　　　　2015 年三部门中间投入和总产出数据估算结果

项目	数值
非正规部门就业人数（万人）	11682
第二、第三产业总就业人数（万人）	55532
全国非农产业平均劳动生产率Ⅰ（万元/人）	35.69
全国非农产业平均劳动生产率Ⅱ（万元/人）	11.25
非正规部门总产出（亿元）	416875
非正规部门增加值（亿元）	131402
非正规部门中间投入（亿元）	285474
农业部门总产出（亿元）	105024
农业部门中间投入（亿元）	44153
正规部门总产出（亿元）	1559548
正规部门中间投入（亿元）	1071565

注：全国非农产业平均劳动生产率Ⅰ = 第二三产业总产出/第二三产业就业人数（连飞，2011）；全国非农产业平均劳动生产率Ⅱ = 第二三产业增加值/第二三产业就业人数（范剑勇，2006）

表 8-23　　　按三部门划分的 2015 年投入产出基本流量表Ⅱ　　　单位：亿元

生产部门	农业部门	正规部门	非正规部门	中间使用
农业部门	11986	49519	9017	70522
正规部门	26969	818307	205467	1050743
非正规部门	5198	203739	70990	279927
中间投入	44153	1071565	285474	1401192

2. 居民消费

以表 8-14 中的 264758 亿元为总控制数，将居民消费进一步划分为农业部门居民消费、非正规部门居民消费和正规部门居民消费。构成我们对居民消费相关项目估算的数据来源包括 2015 年投入产出基本流量表（最终使用部分）、《中国统计年鉴 2016》的"人口数及构成""城镇居民人均收支情况""农村居民人均收支情况"和"支出法国内生产总值结构"。

（1）农业部门居民消费。根据 2015 年投入产出基本流量表（最终使用部分）得到，2015 年农业部门居民消费约为 18102 亿元。

（2）非正规部门居民消费。参考沈晓栋和李金昌（2011）的观点，对 2015 年非正规部门居民消费的估算根据以下公式①：

$$\begin{aligned}非正规部门居民消费 = &GDP\ 支出法核算中的居民消费 - 城镇居民人均消费\\&支出 \times 城镇居民总人口 - 农村居民人均消费支出\\&\times 农村居民总人口\end{aligned} \quad (8-4)$$

（3）正规部门居民消费。我们采用"剩余法"对 2015 年正规部门的居民消费予以估算，即②：

$$\begin{aligned}正规部门居民消费 = &居民消费总控制数 - 农业部门居民消费 -\\&非正规部门居民消费\end{aligned} \quad (8-5)$$

3. 政府消费

以表 8-14 中的 94759 亿元为总控制数，将政府消费进一步划分为农业部门政府消费和正规部门政府消费。构成我们估算的数据来源包括 2015 年投入产出基本流量表（最终使用部分）。

（1）农业部门政府消费。2015 年投入产出基本流量表（最终使用部分）数据显示，2015 年农业部门政府消费为约 1083 亿元。

（2）正规部门政府消费。我们采用"剩余法"估算 2015 年正规部门政府消费数值，估算公式为③：

$$正规部门政府消费 = 政府消费总控制数 - 农业部门政府消费 \quad (8-6)$$

4. 固定资本形成

以表 8-14 中 301961 亿元为总控制数，将固定资本形成进一步划分为农

---

① 2015 年城镇居民总人数为 77116 万人，农村居民总人数为 60346 万人，城镇居民人均消费支出为 21392.4 元，农村居民人均消费支出为 9222.6 元，由此计算得到非正规部门居民消费为 44134 亿元。

② 正规部门居民消费的计算结果为 202522 亿元。

③ 正规部门政府消费的计算结果为 93676 亿元。

业部门固定资本形成、正规部门固定资本形成和非正规部门固定资本形成。对该三个项目的估算数据来源于 2015 年投入产出基本流量表（最终使用部分）和《中国统计年鉴 2016》的"就业基本情况"。

（1）农业部门固定资本形成。根据 2015 年投入产出基本流量表（最终使用部分）得到，2015 年农业部门固定资本形成约为 3258 亿元。

（2）非正规部门固定资本形成估算（可以个体经济投资代替）。我们采用个体经济投资代替非正规部门固定资本形成。根据《中国统计年鉴 2016》中的"分地区按登记注册类型分全社会固定资产投资（2015 年）"得到个体经济投资为 12439 亿元。

（3）正规部门固定资本形成。我们采用"剩余法"估算 2015 年正规部门固定资产形成，估算公式为①：

$$正规部门固定资本形成 = 固定资本形成总控制数 - 农业部门固定资本形成 - 非正规部门固定资本形成 \quad (8-7)$$

5. 存货净变动

以表 8-14 中 -2960 亿元为总控制数，将存货净变动进一步划分为农业部门存货净变动、正规部门存货净变动和非正规部门存货净变动三项。以农业部门固定资本形成、正规部门固定资本形成和非正规部门固定资本形成占总固定资本形成的比重为权重，计算得到农业部门存货净变动为 -32 亿元，正规部门存货净变动为 -2806 亿元，非正规部门存货净变动为 -122 亿元。

6. 出口

以表 8-14 中 141167 亿元为总控制数，将出口进一步划分为农业部门出口和正规部门出口两项，估算数据来源为 2015 年投入产出基本流量表（最终使用部分）。

（1）农业部门出口额。2015 年投入产出基本流量表（最终使用部分）数据显示，2015 年农业部门出口额为 9151855 万元，约 915 亿元。

（2）对正规部门出口额。我们采用"剩余法"对 2015 年正规部门出口额展开估算，估算公式为②：

$$正规部门出口额 = 出口额总控制数 - 农业部门出口额 \quad (8-8)$$

7. 国内总产出

根据表 8-22 得到农业部门总产出为 105024 亿元，正规部门总产出为

---

① 正规部门固定资本形成的计算结果为 286264 亿元。
② 正规部门出口额估算结果为 140252 亿元。

1559548 亿元，非正规部门总产出为 416875 亿元。

8. 进口

以表 8-14 中进口 104336 亿元为总控制数，进一步划分为农业部门进口和正规部门进口两项。构成我们估算的数据来源包括 2015 年投入产出基本流量表（最终使用部分）。

（1）农业部门进口额。2015 年投入产出基本流量表（最终使用部分）数据显示，2015 年农业部门进口为 52210006 万元，约 5221 亿元。

（2）正规部门进口额。我们采用"剩余法"对 2015 年正规部门进口额展开估算。估算公式为①：

$$\text{正规部门进口} = \text{进口总控制数} - \text{农业部门进口} \quad (8-9)$$

9. 进口税

以表 8-14 中 15094 亿元为总控制数，将进口税进一步划分为农业部门进口税和正规部门进口税两项。

（1）农业部门进口税的估算。《2015 年关税实施方案》数据显示，2015 年我国农产品的平均关税税率为 15.1%。根据中国海关进出口数据网相关数据，我们假设农产品的平均增值税税率为 13%，进口消费税税率为 0②，则农产品进口税可通过以下公式得以估算③：

$$\text{农业部门进口} = \text{农产品进口额} \times (\text{平均关税税率} + \text{平均增值税税率}) \quad (8-10)$$

（2）正规部门进口税的估算。我们采用"剩余法"对 2015 年正规部门进口税展开估算，估算公式为④：

$$\text{正规部门进口税} = \text{进口税总控制数} - \text{农产品进口税} \quad (8-11)$$

（二）细化宏观 ISAM-2015 活动账户具体编制

1. 国内总产出

由于农业部门唯一生产农产品，正规部门唯一生产正规部门商品，非正规部门唯一生产非正规部门商品，因此国内总产出应体现为一个 3 阶矩阵且只在

---

① 正规部门进口额估算结果为 99115 亿元。
② 根据进出口数据网相关数据估算得到，原始数据详见 http://www.jcksj.com。
③ 农业部门进口税计算结果为：5221 × (15.1% + 13%) = 1467 亿元。
④ 正规部门进口税估算结果为 13627 亿元。

第八章 非正规部门影响居民收入的理论机制与乘数效应研究

对角线上存在不为 0 值的元素，具体结果如表 8-24 所示。

表 8-24　　　　　　2015 年三部门国内总产出　　　　　单位：亿元

生产部门	农业部门	正规部门	非正规部门
农业部门	105024		
正规部门		1559548	
非正规部门			416875

2. 劳动者报酬

就我国实践和已有文献来看，界定劳动报酬可采用四种口径，不同口径对应的统计内涵不尽相同，如表 8-25 所示。1993 年版 SNA 推荐采用口径 3，即仅视雇员报酬为劳动报酬[①]；国家统计局在第一次经济普查前采用口径 1，即不仅视雇员报酬为劳动报酬，还视农户混合收入和自雇佣者混合收入为劳动报酬；不同的是，国家统计局于 2004 年删减掉口径 1 中自雇佣者混合收入转而采用口径 2，因此我国目前统计的劳动报酬其实质是"雇员报酬与农户混合收入"的合计[②]。我们以表 8-14 中 346159 亿元为总控制数，将其进一步划分为农业部门劳动者报酬（农户混合收入）、正规部门劳动者报酬和非正规部门劳动者报酬（非正规部门雇员）三项[③]。估算数据来源为《中国统计年鉴 2013》中的"农村居民家庭生产性固定资产原值（年底数）""农村居民家庭基本情况"、《中国统计年鉴 2016》中的"人口数及构成""各地区按行业分城镇私营单位就业人员平均工资（2015 年）""按行业分城镇单位就业人员平均工资"和《中国税务年鉴 2016》中的"2015 年全国税务部门组织收入分税种分级次情况""2015 年国家税务局组织收入分税种分级次情况""2015 年地方税务局组织收入分税种分级次情况"。

表 8-25　　　　　　劳动报酬统计口径与对应内涵

口径	口径一	口径二	口径三	口径四
统计内涵	雇员报酬 + 农户混合收入 + 自雇佣者混合收入	雇员报酬 + 农户混合收入	雇员报酬	雇员报酬 + 农户劳动报酬 + 自雇佣者劳动报酬

---

① 所谓雇员报酬是指"雇员为其所在单位工作所获得的现金或实物报酬总额"。
② 特别需要指出的是，这里的雇员报酬既包括正规部门雇员报酬，也包括非正规部门雇员报酬。非正规部门雇主的收入被记为"营业盈余"，并入企业部门的"营业盈余"账户。
③ 《中国非经济普查年度国内生产总值核算方法》规定：因农户从事的农林牧渔业活动的劳动者报酬和营业盈余很难分清，国有和集体农场的财务资料也难以收集到，因此把营业盈余与劳动者报酬合并，统一作为劳动者报酬处理（国民经济核算司，2010）。

(1) 农业部门劳动者报酬（农户混合收入）的估算。由于缺少分产业的收入法增加值数据，本书借鉴《中国非经济普查年度国内生产总值核算方法》（国民经济核算司，2010）中农林牧渔业收入法增加值的计算方式，采用以下公式对 2015 年农业部门劳动者报酬（农户混合收入）进行估算①：

$$农林牧渔业劳动者报酬 = 生产法增加值 - 生产税净额 - 固定资产折旧 \qquad (8-12)$$

$$农林牧渔业生产税净额 = 烟叶税 \qquad (8-13)$$

$$固定资产折旧 = (农村居民家庭户均拥有农林牧渔业生产性$$
$$固定资产原值乡村户数) \times 折旧率(6.7\%) \qquad (8-14)$$

(2) 非正规部门劳动者报酬（只涉及非正规部门雇员）的估算。对非正规部门劳动者报酬的估算前提是，将非正规部门就业人数分成非正规雇主人数和非正规雇员人数。对 2015 年非正规雇主人数和非正规雇员人数的估算参考李琦（2012）提出的计算方法。根据以下公式得到非正规部门劳动者报酬②：

$$非正规部门劳动者报酬 = 2015 年非正规雇员人数$$
$$\times \frac{2004 年私营单位从业者年均工资}{2004 年城镇单位从业者平均工资}$$
$$\times 2015 年城镇单位就业者年均工资 \qquad (8-15)$$

(3) 正规部门劳动者报酬的估算。我们采用"剩余法"估算 2015 年正规部门劳动者报酬，具体公式和计算结果如式（8-16）和表 8-26 所示。

$$正规部门劳动者报酬 = 劳动者报酬总控制数 - 农业部门劳动者$$
$$报酬 - 非正规部门劳动者报酬 \qquad (8-16)$$

表 8-26　　　　　　　　三部门劳动者报酬分配

项　目	农业部门	正规部门	非正规部门
劳动者报酬（亿元）	59294	255519	31346

3. 资本收益

资本收益可进一步细分为农业部门资本收益和正规部门资本收益两项。需要注意的是，由于混合要素收入被统计成营业盈余并包含于资本收益项目中，

---

① 农林牧渔业劳动者报酬为 59294 亿元。
② 非正规部门劳动者报酬为 31346 亿元。

对农业部门资本收益和正规部门资本收益的估算并不能直接以表 8-14 中 226652 亿元为总控制数。

（1）农业部门资本收益估算。根据 2015 年投入产出基本流量表（中间使用部分）得到，2015 年农业部门资本收益（固定资产折旧 + 营业盈余）为 33233524 万元，约 3323 亿元。

（2）正规部门资本收益估算。对 2015 年正规部门的资本收益，我们采用"剩余法"进行估算，具体公式为①：

$$\text{正规部门资本收益} = \text{资本收益总控制数} - \text{农业部门资本收益} - \text{非正规部门混合要素收入} \quad (8-17)$$

4. 混合要素收入

混合要素收入的估算实质上是对非正规雇主混合收入（营业盈余）的估算。就已有的研究来看，估算混合收入存在两种代表性的思路：一种是根据农村居民家庭人均经营纯收入和城镇居民人均经营净收入来估算（张车伟和张士斌，2010；吕光明，2011）；另一种是基于经济普查数据计算个体经济人均营业盈余，而后推算非普查年份的混合收入（白重恩和钱震杰，2009；李琦，2012；李清华，2013）。鉴于第一种估算思路可能将来自农业和未被观测非正规部门的混合收入归入 ISAM-2015，从而推高非正规部门对居民收入的影响力度（因为居民收入的统计值并未包含这些来自未被观测经济的部分收入），本部分对混合收入的估算主要基于第二种思路。

白重恩和钱震杰（2009）提出了估算 2004 年个体经济营业盈余的方法，李琦（2012）在此基础上结合个体经济内部结构和劳动生产率变化对营业盈余的影响，将上述估算方法拓展到非经济普查年份，提出如下估算公式②：

$$2014 \text{ 年个体经济营业盈余} = \text{营业收入} - \text{营业支出} - \text{固定资产原价} \times 5\% \quad (8-18)$$

$$2015 \text{ 年个体经济营业盈余} = 2004 \text{ 年个体经济人均营业盈余} \times 2015 \text{ 年个体经济从业人数} \quad (8-19)$$

估算数据来源包括《中国经济普查年鉴 2004》中的"按地区分组的个体经济户经营情况"、《中国统计年鉴 2005》中的"就业基本情况"和《中国统计年鉴 2016》中的"就业基本情况"。

---

① 正规部门资本收益为 169896 亿元。
② 个体经济营业盈余（非正规部门混合要素收入）为 53433 亿元。

5. 生产税净额

以表 8-14 中生产税净额 107444 亿元为总控制数，将生产税净额进一步划分为农业部门生产税净额、正规部门生产税净额和非正规部门生产税净额三项。构成我们估算的数据来源包括《中国经济普查年鉴 2004》的"按地区分组的个体经营户经营情况"、《中国统计年鉴 2005》的"就业基本情况"和 2015 年投入产出基本流量表（中间使用部分）、《中国统计年鉴 2015》"就业基本情况"。

（1）农业部门生产税净额。根据 2015 年投入产出基本流量表（中间使用部分）得到，2015 年农业部门生产税净额为 -39300200 万元，约 -3930 亿元。

（2）非正规部门生产税净额。我们以 2004 年个体经营户缴纳税费额作为非正规部门生产税净额的近似估计（为 1996.93 亿元），并假设非正规部门人均生产税净额变化较为稳定，则 2015 年非正规部门生产税净额按以下公式进行估算①：

$$\text{非正规部门生产税净额} = 2004 \text{ 年非正规部门生产税净额} \\ \times \frac{2015 \text{ 年个体经济从业人数}}{2004 \text{ 年个体经济从业人数}} \quad (8-20)$$

（3）正规部门生产税净额。我们采用"剩余法"对正规部门生产税净额进行估算，具体估算公式为②：

$$\text{正规部门生产税净额} = \text{生产税净额总控制数} - \text{农业部门生产税净额} \\ - \text{非正规部门生产税净额} \quad (8-21)$$

（三）细化宏观 ISAM-2015 生产要素账户具体编制

1. 劳动收入

该账户并不需要进一步细分，其值依然保持原值，即 346159 亿元。

2. 资本收入

以表 8-14 中资本收入 24909 亿元为总控制数，将年财产性收入总额作为分配依据，以此得到农业部门和正规部门资本收入以及非正规部门混合收入中资本收入部分。根据表《城镇居民人均收支情况》和《农村居民人均收支情况》可得，2015 年城镇居民平均每人年财产净收入为 3041.9 元，农村居民平均每人年财产净收入为 251.5 元，资本收入分配过程见表 8-27。构成我们估

---

① 非正规部门生产税净额为 5086 亿元。
② 正规部门生产税净额为 106288 亿元。

算的数据来源包括《中国统计年鉴2016》的"就业基本情况""城镇居民人均收支情况""农村居民人均收支情况"。

表8-27　　　　　　　　　　　资本收入分配过程

项　目	农业部门和正规部门	非正规部门
城镇就业人数（万人）	32610	7800
农村就业人数（万人）	33159	3882
年财产性收入总额（万元）	107535848	24703143
资本收入分配比例（%）	81.32	18.68
资本收入（亿元）	20256	4653

3. 混合收入

表8-27中非正规部门资本收入即为混合收入，数值为4653亿元。

4. 营业盈余

营业盈余在资本要素账户和混合要素账户中的分配按以下公式估算：

$$企业账户混合要素的营业盈余 = 混合要素收入 - 混合收入$$
$$= 53433 - 4653 = 48780(亿元) \quad (8-22)$$

$$企业账户资本要素的营业盈余 = 197438 - 48780 = 148658(亿元)$$
$$(8-23)$$

5. 国外资本投资收益

由于非正规部门是住户部门的子部门，因此其他国家和地区账户中的国外资本投资收益不需要分配进入混合要素账户。

（四）细化宏观ISAM-2015居民账户具体编制

1. 劳动收入

以表8-14中劳动收入346159亿元为总控制数，通过对城镇居民和农村居民总劳动收入的测算，获得不同等级城镇居民劳动收入和不同等级农村居民劳动收入的估计数。构成我们估算的数据来源包括《中国统计年鉴2016》的"就业基本情况""城镇居民人均收支情况""农村居民人均收支情况"，《中国统计年鉴2011/2013》的"按收入五等份分农村居民家庭基本情况（2010/2012年）"，高校财经数据库中《中国城市（镇）生活与价格年鉴2009/2011》的"中国年最高收入户城镇居民现金收支统计""中国高收入户城镇居民现金收支统计""中国中等偏上户城镇居民现金收支统计""中国中等收入户城镇居民现金收支统计""中国中等偏下户城镇居民现金收支统计""中国低收入户城镇居民现金收支统计""中国最低收入户城镇居民现金收支统计"。

（1）城镇居民和农村居民劳动收入总额估算。以劳动收入 346159 亿元作为总控制数，以农业部门和正规部门居民年工资性收入总额作为分配依据，估算得到城镇居民劳动收入和农村居民劳动收入，如表 8-28 所示。

表 8-28　　　　　　　城镇居民和农村居民劳动收入分配过程

项　目	城镇居民	农村居民
农业部门和正规部门就业人数（万人）	32610	33159
平均每人年工资性收入（元）	19337.1	4600.3
农业部门和正规部门居民年工资性收入总额（万元）	630582831	152541348
劳动收入分配比例（%）	80.52	19.48
劳动收入（亿元）	278727	67432

（2）不同等级城镇居民劳动收入估算。以城镇居民劳动收入 278727 亿元为控制数，以城镇居民工薪收入总额作为分配依据，得到不同收入等级城镇居民的劳动收入，如表 8-29 所示。

表 8-29　　　　　　　城镇居民劳动收入分配过程

城镇居民	平均每人工薪收入（元）(1)	(1)×1 或 (1)×2	权重	不同收入等级城镇居民劳动收入（亿元）
最高收入户	59621	59621	0.24	66894
较高收入户	38297	38297	0.15	41809
中等偏上收入户	28251	56502	0.22	61320
中等收入户	21809	43618	0.17	47384
中等偏下收入户	16033	32066	0.13	36234
较低收入户	14445	14445	0.06	16724
最低收入户	8404	8404	0.03	8362

注：2015 年城镇居民平均每人工薪收入 = 2011 年城镇居民平均每人工薪收入 × (1 + 年增长率)[4]。2009~2011 年，城镇居民平均每人工薪收入年增长率从最低收入组到最高收入组依次为 13.82%、16.35%、11.52%、11.60%、10.80%、11.11%、10.62%。城镇居民按照收入等级从高到低排序的人数比为 1∶1∶2∶2∶2∶1。

（3）不同等级农村居民劳动收入估算。以农村居民劳动收入 67432 亿元为控制数，以农村居民工资性收入总额作为分配依据，得到不同收入等级农村居民的劳动收入，如表 8-30 所示。

表 8-30　　　　　　　　农村居民劳动收入分配过程

农村居民	平均每人年工资性收入（元）	权重	不同收入等级农村居民劳动收入（亿元）
高收入户	13132	0.41	27647
中等偏上收入户	8412	0.26	17532
中等收入户	5451	0.17	11463
中等偏下收入户	3529	0.11	7418
低收入户	1772	0.05	3372

注：2015 年农村居民平均每人工资性收入 = 2012 年农村居民平均每人工资性收入 ×（1 + 年增长率）[3]。2010~2012 年，农村居民平均每人工资性收入年增长率从低收入组到高收入组依次为 21.28%、19.77%、19.47%、20.66%、17.43%。农村居民按照收入等级从高到低排序的人数比为 1:1:1:1:1。

2. 资本收入

以资本收入 20256 亿元为总控制数，通过城镇居民和农村居民的资本收入总额的估算，获得不同等级城镇居民资本收入和不同等级农村居民资本收入的估算。估算的数据来源同"劳动收入"。

3. 混合收入

以混合收入 4653 亿元为总控制数，通过城镇居民混合收入和农村居民混合收入的估算，测算不同收入等级城镇居民和农村居民的混合收入。数据来源同"劳动收入"。

4. 企业转移支付

以企业转移支付 36611 亿元为总控制数，通过城镇居民企业转移支付总额和农村居民企业转移支付总额的测算，进一步估算得到不同等级城镇居民转移支付额和不同等级农村居民企业转移支付额。估算的数据来源同"劳动收入"。

5. 政府转移支付

以政府转移支付 22832 亿元为总控制数，通过城镇居民政府转移支付总额和农村居民政府转移支付总额的估算，获得不同收入等级城镇居民政府转移支付额和农村居民政府转移支付额的估算。估算的数据来源同"劳动收入"。

6. 居民国外收益

以居民国外收益 -487 亿元为总控制数，通过对城镇居民国外收益总额和农村居民国外收益总额的测算，进一步估算不同收入等级城镇居民国外收益额和不同收入等级农村居民国外收益额。估算数据来源包括《中国统计年鉴

2016》的人口数及构成，《中国统计年鉴 2014》城镇居民人均收入与支出、农村居民家庭基本情况，《中国统计年鉴 2011/2013》的按收入等级分城镇居民家庭基本情况（2010/2012 年）和按收入五等份分农村居民家庭基本情况（2010/2012 年）。

7. 居民消费

商品账户中我们已对居民消费进行初步细分，即农业部门居民消费 18102 亿元，正规部门居民消费 202522 亿元，非正规部门居民消费 44134 亿元。在此基础上，我们需要对居民消费做进一步细分，测算不同收入等级城镇居民农业部门消费额、正规部门消费额、非正规部门消费额，以及农村居民农业部门消费额、正规部门消费额、非正规部门消费额。构成估算的主要数据来源包括 2015 年投入产出基本流量表（最终使用部分）、《中国统计年鉴 2011/2013》的按收入等级分城镇居民家庭平均每人全年现金消费支出（2010/2012 年）和按收入五等份分农村居民家庭平均每人消费支出（2010/2012 年）等相关资料。

（1）分部门的城镇居民消费额和分部门的农村居民消费额估算。我们首先根据 2015 年投入产出基本流量表（最终使用部分）的商品使用部门相关数据，算得分产业的城镇居民消费额和分产业的农村居民消费额，具体结果见表 8 - 31。我们发现，城镇居民和农村居民对第一产业商品的消费之比接近于 2∶1，而对第二、第三产业商品的消费之比接近于 4∶1，我们据此对分部门的城镇居民消费比例和分部门的农村居民消费比例做出假设（如表 8 - 32 所示）。

表 8 - 31　　　　2015 年城镇居民和农村居民分产业消费情况

产　业	城镇居民消费（万元）	农村居民消费（万元）
第一产业	117669296	63351858
第二、第三产业	1950702628	528080993

表 8 - 32　　　　城镇居民和农村居民对三部门商品的消费份额假设

项　　目	城镇居民消费	农村居民消费
农业部门权重	0.65	0.35
正规部门权重	0.88	0.12
非正规部门权重	0.35	0.65

我们以农业部门居民消费 18102 亿元为总控制数、以正规部门居民消费

第八章　非正规部门影响居民收入的理论机制与乘数效应研究

202522 亿元为总控制数、以非正规部门居民消费 44134 亿元为总控制数，估算出分部门的城镇居民消费额和分部门的农村居民消费额，如表 8-33 所示。

表 8-33　　　　　　　城镇居民和农村居民三部门消费测算值

项目	城镇居民消费（亿元）	农村居民消费（亿元）
农业部门居民消费测算值	11766	6336
正规部门居民消费测算值	178219	14303
非正规部门居民消费测算值	15447	28687

（2）不同收入等级城镇居民农业部门消费、正规部门消费和非正规部门消费估计。在《按收入等级分城镇居民家庭平均每人全年现金消费支出（2010/2012）》中[①]，我们假设食品指标既对应于农业部门，又对应于正规部门和非正规部门，而衣着、居住、家庭设备及用品、交通通信、文教娱乐、医疗保险和其他指标仅对应于正规部门和非正规部门，同时对不同收入等级城镇居民的食品指标中农产品所占份额进行了估计，并对不同收入等级城镇居民正规部门消费与非正规部门消费的比例做出假设，最终计算得到不同收入等级城镇居民的平均每人年三部门消费支出，具体见表 8-34。

表 8-34　　　　　　　不同收入等级城镇居民三部门消费　　　　　　　单位：元/人年

城镇居民	食品指标	农产品权重	农产品消费	正规部门和非正规部门消费	非正规部门权重	非正规部门消费	正规部门消费
最高收入户	13730.93	0.05	686.55	47942.42	0.01	479.42	47463.00
较高收入户	12211.58	0.10	1221.16	33900.75	0.05	1695.04	32205.71
中等偏上收入户	9852.45	0.15	1477.87	25527.26	0.10	2552.73	22974.53
中等收入户	8672.15	0.20	1734.43	20147.42	0.15	3022.11	17125.31
中等偏下收入户	7233.99	0.25	1808.50	15824.72	0.20	3164.94	12659.78
较低收入户	5987.78	0.30	1796.33	12542.81	0.25	3135.70	9407.11
最低收入户	4968.55	0.30	1490.57	9763.53	0.40	3905.41	5858.12

结合表 8-33 和表 8-34 中数据，分别把城镇居民农产品消费支出总额、

---

① 中国统计年鉴. 2011-2013.

正规部门商品消费支出总额和非正规部门商品消费支出总额作为分配依据,得到不同收入等级城镇居民三部门消费,见表 8-35。

表 8-35　　　　按部门分的城镇居民消费额估算结果

城镇居民	平均每人年消费农产品支出（元）（1）	(1)×1 或 (1)×2	权重	农产品消费（亿元）
最高收入户	686.55	686.55	0.05	471
较高收入户	1221.16	1221.16	0.08	941
中等偏上收入户	1477.87	2955.74	0.19	2235
中等收入户	1734.43	3468.86	0.23	2706
中等偏下收入户	1808.50	3617.00	0.24	2824
较低收入户	1796.33	1796.33	0.12	1412
最低收入户	1490.57	1490.57	0.10	1177

城镇居民	平均每人年消费正规部门商品支出	(1)×1 或 (1)×2	权重	正规部门商品消费（亿元）
最高收入户	47463.00	47463.00	0.24	42773
较高收入户	32205.71	32205.71	0.16	28515
中等偏上收入户	22974.53	45949.06	0.23	40990
中等收入户	17125.31	34250.62	0.17	30297
中等偏下收入户	12659.78	25319.56	0.13	21386
较低收入户	9407.11	9407.11	0.05	8911
最低收入户	5858.12	5858.12	0.03	5347

城镇居民	平均每人年消费非正规部门商品支出	(1)×1 或 (1)×2	权重	非正规部门商品消费（亿元）
最高收入户	479.42	479.42	0.02	309
较高收入户	1695.04	1695.04	0.06	927
中等偏上收入户	2552.73	5105.46	0.19	2935
中等收入户	3022.11	6044.22	0.23	3553
中等偏下收入户	3164.94	6329.88	0.24	3707
较低收入户	3135.70	3135.70	0.12	1854
最低收入户	3905.41	3905.41	0.15	2162

(3) 不同收入等级城镇居民农业部门消费、正规部门消费和非正规部门消费估计。在《按收入五等份分农村居民家庭平均每人消费支出（2010/2012）》[①] 中，假设食品指标既对应于农业部门，又对应于正规部门和非正规部门，而衣着、居住、家庭设备及用品、交通通信、文教娱乐、医疗保险和其他指标仅对应于正规部门和非正规部门，同时对不同收入等级农村居民的食品指标中农产品所占份额进行了估计，并对不同收入等级农村居民正规部门消费与非正规部门消费的比例做了假设，最终计算得到不同收入等级农村居民的平均每人年的三部门消费支出，具体结果见表8-36。

表8-36　　　　　　不同收入等级农村居民三部门消费　　　　单位：元/人年

城镇居民	食品指标	农产品权重	农产品消费	正规部门和非正规部门消费	非正规部门权重	非正规部门消费	正规部门消费
高收入户	5043.30	0.15	756.50	13417.15	0.12	1610.06	11807.09
中等偏上收入户	3756.02	0.20	751.20	10257.26	0.16	1641.16	8616.10
中等收入户	2859.58	0.25	714.90	7719.27	0.20	1543.85	6175.42
中等偏下收入户	2523.45	0.30	757.04	6270.85	0.30	1881.26	4389.60
低收入户	2266.05	0.40	906.42	5775.59	0.45	2599.02	3176.57

分别把农村居民农产品消费支出总额、正规部门商品消费支出总额和非正规部门商品消费支出总额作为分配依据，得到不同收入等级农村居民三部门消费（见表8-37）。

表8-37　　　　　　　　农村居民三部门消费

农村居民	平均每人年消费农产品支出（元）	权重	农产品消费（亿元）
高收入户	756.50	0.20	1267
中等偏上收入户	751.20	0.19	1204
中等收入户	714.90	0.18	1141
中等偏下收入户	757.04	0.20	1267
低收入户	906.42	0.23	1457

---

① 中国统计年鉴. 2011-2013.

续表

农村居民	平均每人年消费正规部门商品支出（元）	权重	正规部门商品消费（亿元）
高收入户	11807.09	0.35	5006
中等偏上收入户	8616.10	0.25	3576
中等收入户	6175.42	0.18	2575
中等偏下收入户	4389.60	0.13	1859
低收入户	3176.57	0.09	1287

农村居民	平均每人年消费非正规部门商品支出（元）	权重	非正规部门商品消费（亿元）
高收入户	1610.06	0.17	4877
中等偏上收入户	1641.16	0.18	5164
中等收入户	1543.85	0.17	4877
中等偏下收入户	1881.26	0.20	5737
低收入户	2599.02	0.28	8032

8. 个人所得税

以表 8-14 中个人所得税 8617 亿元为总控制数，通过城镇居民个人所得税总额和农村居民个人所得税总额的估算，进一步测算不同收入等级城镇居民和农村居民的个人所得税。估算的数据来源同"劳动收入"。

9. 居民储蓄

以居民储蓄 156649 亿元作为总控制数，城镇居民可支配收入与城镇居民消费支出的差额、农村居民纯收入与农村居民生活消费支出的差额作为分配依据，得到城镇居民储蓄和农村居民储蓄的估算结果。

（五）细化宏观 ISAM-2015 编制结果

根据细化 ISAM 的账户设计和数据获取过程，同时将商品账户与活动账户合并为一个商品/活动账户，可以得到 2015 年包含非正规部门的未平衡细化 ISAM。同时，我们应用 RAS 方法通过对行与列的"双比例"操作对细化社会核算矩阵进行调平。实现平衡后的细化 ISAM 如表 8-38（A）、8-38（B）、8-38（C）、8-38（D）所示。

第八章 非正规部门影响居民收入的理论机制与乘数效应研究

表 8-38（A） 平衡细化的 ISAM-2015

单位：亿元

	1	2	3	4	5	6	7	8	9	10	11	12
1	118729	55185	7613				460	913	2290	2788	3041	1460
2	26529	2473505	147391				42089	27860	42316	31443	23196	9279
3	4043	180200	456313				315	940	3144	3826	4172	2003
4	59817	256099	30243									
5	3344	169875										
6			53433									
7				70708	8666	1088						
8				44385	2649	346						
9				61204	3735	460						
10				46865	1939	375						
11				34286	674	307						
12				16391	350	132						

表 8-38（B） 平衡细化的 ISAM-2015

单位：亿元

	13	14	15	16	17	18	19	20	21	22	23	合计
1	1122	1452	1415	1232	1210	1136		1109	3229	-32	895	215247
2	5136	5781	4233	2802	1788	1011		96654	285844	-2802	138187	3362242
3	2155	5844	6343	5505	5726	6544		12888		-126		699835
4												346159
5												173219
6												53433

续表

	13	14	15	16	17	18	19	20	21	22	23	合计
7							4822	2928			-75	88137
8							4304	2614			-49	54249
9							6323	3840			-71	75491
10							4512	2740			-52	56379
11							3597	2185			-38	41011
12							993	603			-15	18454

表 8-38（C） 平衡细化的 ISAM-2015

单位：亿元

	1	2	3	4	5	6	7	8	9	10	11	12	合计
13	-2452			8892	379	58					987		437
14		118608		25179	874	763	1655	1026	1591	1236	9615		5275
15			4842	15437	224	338							
16				10759	141	263							
17				7731	79	201							
18				4322	77	68							
19					148804	49034							
20							43618	23510	26150	17086			
21													
22													
23	5237	98770			4628								
合计	215247	3362242	699835	346159	173219	53433	88137	54249	75491	56379	41011		18454

表 8-38 （D） 平衡细化的 ISAM-2015

单位：亿元

	13	14	15	16	17	18	19	20	21	22	23	合计
13							1078	654			-13	11048
14							3110	1888			-45	31769
15							1741	1058			-22	18776
16							1433	870			-17	13449
17							1217	739			-13	9954
18							1153	703			-16	6307
19								9125				206963
20	202	723	470	282	162	59	28460				-51	158237
21	2433	17969	6315	3628	1068	-2443	144220	30300			-29473	299001
22									-2960			-2960
23						6307		227	299001	-2960	108862	108862
合计	11048	31769	18776	13449	9954	6307	206963	158237				6045262

第三节　非正规部门影响居民收入的乘数效应分析

一、分析方法：ISAM-2015 乘数分析

（一）ISAM-2015 乘数分析假设条件

自皮亚特（Pyatt）和朗德（Round）于 1979 年首次深入而系统地探讨了如何利用 SAM 表开展收入分配的乘数分析，SAM 乘数分析方法便作为一种十分有效的分析方法被广泛地应用于政策分析领域（Defourny and Thorbecke，1984；Roland-Holst and Sancho，1997；Llop and Manresa，2004；Miguel and Perezmayo，2006；魏巍贤，2008；张晓芳和石柱鲜，2011；曾硕，2018）。与投入产出乘数分析相比，SAM 乘数分析是一种更为全面与合理的方法，该法将经济系统中所有部门集结于一个统一的框架，不仅可以考察生产领域的收入初次分配效应，还可以将分析延伸至各部门的收入再分配效应，极大地拓展了投入产出的分析功能。我们也将基于 ISAM-2015 运用乘数分析法考察非正规部门对居民收入的影响力度。

为更客观地开展非正规部门影响居民收入的乘数分析，我们提出了一系列假设条件：（1）经济系统受到外生冲击引起收入变化的同时却维持价格的稳定；（2）经济系统具有充足的生产能力，能满足外生需求的扩张；（3）经济系统中的收入来自生产活动部门支付给生产要素的报酬，经济主体的注入引发了乘数效应并参与了价值增值过程；（4）外生账户对内生账户的支出合计与内生支出合计之间呈线性比例关系。

（二）ISAM-2015 内生账户和外生账户划分

为确定外生冲击的来源及保证乘数矩阵的可逆性，我们将 ISAM-2015 账户划分为内生账户和外生账户两类。具体地，将宏观 ISAM-2015 中的商品/活动账户、生产要素账户、机构部门账户中的居民账户和企业账户定义为内生账户，将资本账户、机构部门账户中的政府账户、其他国家和地区账户归入外生账户，具体划分结果如表 8-39 所示。之所以这样区分主要出于两方面原因：一方面，政府账户、其他国家和地区账户的收支行为具有不受经济系统控制的显著特征，而对于静态 SAM 而言投资亦是外生确定的；另一方面，将内生账

第八章 非正规部门影响居民收入的理论机制与乘数效应研究　239

户局限于产品（活动）账户、生产要素账户和部分机构部门账户，便于考察两大主体（尤其是非正规部门和居民之间）通过商品市场和要素市场的经济交易所体现出的收入分配关系。

表 8-39　　　　对 ISAM-2015 内生账户和外生账户的归类

账户类型	账户细分		账户归属
生产活动/商品账户	农业部门（农产品）		内生账户
	正规部门（正规部门商品）		
	非正规部门（非正规部门商品）		
生产要素账户	劳动力		
	资本		
	混合要素		
机构部门账户	居民部门	（1）最高收入组城镇居民	
		（2）较高收入组城镇居民	
		（3）中等偏上收入组城镇居民	
		（4）中等收入组城镇居民	
		（5）中等偏下收入组城镇居民	
		（6）较低收入组城镇居民	
		（7）最低收入组城镇居民	
		（8）高收入组农村居民	
		（9）中等偏上收入组农村居民	
		（10）中等收入组农村居民	
		（11）中等偏下收入组农村居民	
		（12）低收入组农村居民	
	企业部门		
	政府部门		外生账户
	资本账户		
	其他国家和地区账户		

（三）ISAM-2015 账户矩阵蕴含的核算关系

分析 ISAM-2015 账户乘数矩阵的直接意义在于揭示外生账户的注入对内生账户的影响程度，即经济系统的外生冲击对内生账户收入水平变化的影响程度。本质上看，经济系统的外生冲击是指外生账户的冲击作用于内生账户内部，直接影响各生产部门的生产活动并通过复杂的相互联系传导至各部门，最终对居民的收入分配产生影响。这种传导机制隐含于 ISAM-2015 账户矩阵之间的核算关系中,如表8-40所示。

表8-40　　　　ISAM-2015 矩阵账户蕴含的平衡关系

账户类型	内生账户	外生账户	合计
内生账户	$N = A_n \hat{y}_n$	X	$y_n = A_n y_n + x$ 　(1)
外生账户	$L = A_l \hat{y}_n$	R	$y_x = A_l y_n + R_i$ 　(2)
合计	$y'_n = (i'A_n + i'A_l)\hat{y}_n$ 　(3)	$y'_x = i'X + i'R$ 　(4)	$\lambda'_a y_n = x'i$ 　(5)

其中,A_n 为内生账户的平均支出倾向矩阵,A_l 为外生账户的平均漏出倾向矩阵,N 为内生账户交易矩阵,R 为外生账户交易矩阵,X 为由外生账户到内生账户的注入矩阵,L 为由内生账户到外生账户的漏出矩阵。y_n 为内生账户收入列向量,$\hat{y}_n$ 是其对角矩阵,y_x 为外生账户收入列向量,x 为矩阵 X 的行和向量,l 为矩阵 L 的行和向量,λ'_a 为矩阵 $i'A_l$ 的列和向量,即加总的平均漏出倾向向量。

表8-40 中,方程(1) 和方程(2) 分别刻画了决定内生账户收入 y_n 与外生账户收入 y_x 的函数关系,方程(3) 和方程(4) 则刻画了内生账户支出 y'_n 和外生账户支出 y'_x 的函数关系。由方程(3) 得出:

$$i' = i'A_n + i'A_l \qquad (8-24)$$

即矩阵 A_n 的各列之和与矩阵 A_l 的各列之和相加得到单位行向量。由方程(2) 和方程(4) 可得:

$$A_l y_n - X'i = (R' - R)i \qquad (8-25)$$

据此可推导出:

$$\lambda'_a y_n = x'i \qquad (8-26)$$

式(8-26)向我们阐释了一个平衡的经济系统必然保持"加总的注入与加总的漏出相等"的平衡关系。在 $(I - A_n)^{-1}$ 存在的前提下,由表8-40 中方程(1) 可推导出:

$$y_n = (I - A_n)^{-1} x \qquad (8-27)$$

矩阵 $(I - A_n)^{-1}$ 即为 ISAM-2015 的账户乘数矩阵 M_a,这一矩阵反映了 SAM 数据流之间的基本关联。类似于 Leontief 逆矩阵在投入产出模型中的地位,账户乘数矩阵是 SAM 分析方法的核心,M_a 中的第 (j, i) 个元素 M_{aji} 反映了来自外生账户 X_i 的冲击对内生账户 Y_j 产生的总效应。

(四) ISAM-2015 乘数矩阵分解模式

对乘数矩阵进行分解是乘数分析的核心过程。令 SAM 的账户乘数矩阵为：

$$(I - A_n)^{-1} = M_a \tag{8-28}$$

则

$$y_n = M_a x \tag{8-29}$$

又因为

$$\begin{aligned} y_n &= A_n y_n + x = (A_n - \tilde{A}_n) y_n + \tilde{A}_n y_n + x \\ &= (I - \tilde{A}_n)^{-1} (A_n - \tilde{A}_n) y_n + (I - \tilde{A}_n)^{-1} x \\ &= A^* y_n + (I - \tilde{A}_n)^{-1} x \end{aligned} \tag{8-30}$$

在 $(1 - A^{*3})^{-1}$ 存在的前提下，可以得到：

$$\begin{aligned} y_n &= A^{*4} y_n + (I + A^* + A^{*2}) + (I - \tilde{A}_n) x \\ &= (I - A^{*3})^{-1} (I + A^* + A^{*2}) (I - \tilde{A}_n)^{-1} x \end{aligned} \tag{8-31}$$

我们 $M_{a1} = (I - \tilde{A}_n)^{-1}$、$M_{a2} = (I + A^* + A^{*2})$、$M_{a3} = (I - A^{*3})^{-1}$，则

$$M_a = M_{a1} M_{a2} M_{a3} \tag{8-32}$$

据此，乘数效应可分解为三个部分，分别为 M_{a1}、M_{a2}、M_{a3}，其中，M_{a1} 表示某一大类内生账户的内部通过直接转移产生的效应，如产业部门之间的商品转移、要素到住户部门的利润分配等，称为自转移效应；M_{a2} 表示不同大类账户间发生的乘数效应，突出了某类账户对其他账户的作用，如外生的机构收入对要素收入和生产活动收入的影响，称为开环效应；M_{a3} 则刻画了外生账户的注入所导致的整体循环效应，称为闭环效应。为使乘数分解结果更具实用性，斯通 (Stone, 1978) 对账户乘数矩阵进行了加法模式的拆分，其结果可表示为：

$$M_a = I + (M_{a1} - I) + (M_{a2} - I) M_{a1} + (M_{a3} - I) M_{a2} M_{a1} = I + T + O + C \tag{8-33}$$

其中，I 表示初始注入量，T 表示转移乘数效应的净贡献，O 表示开环效应的净贡献，C 表示闭环效应的净贡献。

二、非正规部门影响居民收入的乘数总效应分析

(一) 非正规部门影响城镇居民收入的乘数总效应分析

1. 非正规部门影响城镇居民群体的乘数总效应分析

当经济系统外生冲击的注入对非正规部门生产活动产生影响时,通过内生账户之间的传递最终对城镇居民的收入分配产生影响。表 8-41 列示了非正规部门受到外生冲击后对城镇居民收入的影响乘数。从总体上看,由工资性收入途径和混合收入途径构成的直接途径和由关联效应、城镇化效应、产业结构变迁效应构成的间接途径对城镇居民收入带来的综合影响为正。并且,非正规部门对城镇居民收入水平的综合乘数效应较大,非正规部门每受到 10000 单位的外生冲击,将使城镇居民收入提高 5933 个单位。

2. 非正规部门影响不同收入城镇居民群体的乘数效应比较分析

表 8-41 数据显示,非正规部门对不同群体城镇居民收入的影响力度并非一致,基本呈现"收入水平越高,受非正规部门影响力度越大"的特征。具体地,非正规部门对最高收入城镇居民收入水平的影响力度最大,非正规部门每受到 10000 个单位的外生冲击,将使最高收入城镇居民的收入水平增加 1524 个单位,占其对城镇居民收入总影响效应的 25.69%。非正规部门对中等偏上收入城镇居民收入水平的影响力度居次,非正规部门每受到 10000 个单位的外生冲击,将使中等偏上收入城镇居民的收入水平增加 1291 个单位,占其对城

表 8-41　　　　非正规部门影响城镇居民收入的乘数效应

注入作用始端	受影响终端	乘数总效应	乘数总效应排名	百分比 (%)	合计百分比
非正规部门	城镇最高收入户	0.1524	1	25.69	41.36
	城镇较高收入户	0.0930	4	15.67	
	城镇中等偏上收入户	0.1291	2	21.76	50.04
	城镇中等收入户	0.0970	3	16.35	
	城镇中等偏下收入户	0.0708	5	11.93	
	城镇较低收入户	0.0322	6	5.43	8.60
	城镇最低收入户	0.0188	7	3.17	
	城镇居民收入总影响	0.5933			

镇居民收入总影响效应的 21.76%。非正规部门对中等收入城镇居民收入水平的影响力度位居第三位，非正规部门每受到 10000 个单位的外生冲击，将使中等收入城镇居民的收入水平增加 970 个单位，占其对城镇居民收入总影响效应的 16.35%。相比之下，非正规部门对较低收入城镇居民收入水平的影响力度较小，非正规部门每受到 10000 个单位的外生冲击，将使较低收入城镇居民的收入水平增加 322 个单位，占其对城镇居民收入总影响效应的 5.43%。非正规部门对最低收入城镇居民收入水平的影响力度最小，非正规部门每受到 10000 个单位的外生冲击，将使最低收入城镇居民的收入水平增加 188 个单位，占其对城镇居民收入总影响效应的 3.17%。

如果将最高收入户和较高收入户视为城镇高收入居民群体，将中等偏上收入户、中等收入户和中等偏下收入户视为城镇中等收入居民群体，将较低收入户和最低收入户视为城镇低收入居民群体，那么非正规部门对城镇居民收入的影响则主要集中在中高收入居民群体，对低收入居民群体的影响效应仅占其总效应的 8.60%。

（二）非正规部门影响农村居民收入的乘数总效应分析

1. 非正规部门影响农村居民群体的乘数总效应分析

当经济系统外生冲击的注入对非正规部门生产活动产生影响时，通过内生账户之间的传递最终对农村居民的收入分配产生影响。表 8-42 列示了非正规部门受到外生冲击后对农村居民收入的影响乘数。从总体上看，由工资性收入途径和混合收入途径构成的直接途径和由关联效应、城镇化效应、产业结构变迁效应构成的间接途径对农村居民收入带来的综合影响为正。并且，与城镇居民相比，非正规部门对农村居民收入水平的综合乘数效应较小，非正规部门每受到 10000 单位的外生冲击，将使得农村居民收入提高 1415 个单位，比城镇居民收入水平的提高幅度小 4518 个单位。

2. 非正规部门影响不同收入农村居民群体的乘数效应比较分析

表 8-42 数据显示，非正规部门对不同群体农村居民收入的影响力度并不一致并呈现"收入水平越高，受非正规部门影响力度越大"的特征。具体地，非正规部门对高收入农村居民收入水平的影响力度最大，非正规部门每受到 10000 个单位的外生冲击，将使最高收入城镇居民的收入水平增加 565 个单位，占其对农村居民收入总影响效应的 39.93%。非正规部门对中等偏上收入农村居民收入水平的影响力度居次，非正规部门每受到 10000 个单位的外生冲击，将使中等偏上收入农村居民的收入水平增加 331 个单位，占其对农村居民

表 8-42　　非正规部门影响农村居民收入的乘数效应

注入作用始端	受影响终端	乘数总效应	乘数总效应排名	百分比（%）	合计百分比（%）
非正规部门	农村高收入户	0.0565	1	39.93	39.93
	农村中等偏上收入户	0.0331	2	23.39	
	农村中等收入户	0.0237	3	16.75	52.51
	农村中等偏下收入户	0.0175	4	12.37	
	农村低收入户	0.0107	5	7.56	7.56
	农村居民总影响			0.1415	

收入总影响效应的 23.39%。非正规部门对中等收入农村居民收入水平的影响力度位居第三位，非正规部门每受到 10000 个单位的外生冲击，将使中等收入农村居民的收入水平增加 237 个单位，占其对农村居民收入总影响效应的 16.75%。相比之下，非正规部门对中等偏下收入农村居民收入水平的影响力度较小，非正规部门每受到 10000 个单位的外生冲击，将使较低收入农村居民的收入水平增加 175 个单位，占其对农村居民收入总影响效应的 12.37%。非正规部门对最低收入农村居民收入水平的影响力度最小，非正规部门每受到 10000 个单位的外生冲击，将使最低收入农村居民的收入水平增加 107 个单位，占其对农村居民收入总影响效应的 7.56%。

如果将中等偏上收入户、中等收入户和中等偏下收入户视为农村中等收入居民群体，那么非正规部门对城镇居民收入的影响则主要集中在中高收入居民群体，对低收入居民群体的影响效应仅占其总效应的 7.56%。

三、非正规部门影响居民收入结构的比较分析

为进一步考察非正规部门受外生冲击而对居民的收入结构带来的影响，我们采用科恩（Cohen，1988）提出的相对分配测度（relative distributive measure，RDM）指标进行比较分析。RDM 公式如下：

$$RDM = \frac{P_{csxy}^{ij}}{P_{sjsr}^{ij}} \qquad (8-34)$$

其中，P_{csxy}^{ij} 表示各类居民受到的乘数效应占乘数总效应的百分比，P_{sjsr}^{ij} 表示各类居民的实际收入百分比。如果 RDM>1，表示非正规部门具有扩大该类居民群体收入比例的推动作用；如果 RDM<1，表示非正规部门具有缩小该类居民

第八章 非正规部门影响居民收入的理论机制与乘数效应研究

群体收入比例的抑制作用；如果 RDM = 1，则表示非正规部门具有维持该类居民群体收入比例的中性作用，计算结果如表 8-43 所示。

表 8-43　　　　　非正规部门影响居民收入的 RDM 值

居民分类	实际收入份额	乘数效应份额	RDM¹	RDM²	RDM³
城镇最高收入户	0.2063	0.2074	1.0053	1.0216	0.9979
城镇较高收入户	0.1206	0.1266	1.0495		
城镇中等偏上收入户	0.1771	0.1757	0.9921	0.9807	
城镇中等收入户	0.1343	0.1320	0.9829		
城镇中等偏下收入户	0.1006	0.0964	0.9578		
城镇较低收入户	0.0465	0.0438	0.9424	0.9887	
城镇最低收入户	0.0237	0.0256	1.0795		
农村高收入户	0.0796	0.0769	0.9660	0.9660	1.0089
农村中等偏上收入户	0.0491	0.0450	0.9174	0.9923	
农村中等收入户	0.0321	0.0323	1.0048		
农村中等偏下收入户	0.0207	0.0238	1.1505		
农村低收入户	0.0094	0.0146	1.5491	1.5491	

数据显示，城镇居民整体 RDM 值小于 1，而农村居民整体 RDM 值大于 1，表明非正规部门的发展总体上有利于扩大农村居民的收入份额，尽管这一促进力度并不十分强劲。观察各收入等级的城镇居民，城镇较低收入户的 RDM 值相对较小，为 0.9424，城镇最低收入户和较高收入户的 RDM 值则相对较大，为 1.0759 和 1.0495。同时，农村低收入户的 RDM 值相对较大，为 1.5491，农村中等偏上收入户和农村最高收入户的 RDM 值则相对较小，为 0.9174 和 0.9660。这表明非正规部门的发展对城镇居民收入结构的影响与对农村居民收入结构的影响并不一致。对于城镇居民收入结构，非正规部门的发展倾向于扩大高收入户和最低收入户的收入份额；对于农村居民收入结构而言，非正规部门的发展则倾向于扩大中低等收入户的比例。

四、非正规部门影响居民收入的乘数效应：基于正规部门的比较

（一）非正规部门影响城镇居民收入的乘数效应比较

为考察非正规部门和正规部门对居民收入影响力度的差异，我们同时计算

了正规部门影响居民收入的乘数效应，如表 8-44 和表 8-45 所示。

表 8-44　非正规部门与正规部门影响居民收入的乘数效应比较

注入作用始端	正规部门	非正规部门
受影响终端	乘数总效应	乘数总效应
城镇最高收入户	0.1538	0.1524
城镇较高收入户	0.0930	0.0930
城镇中等偏上收入户	0.1291	0.1291
城镇中等收入户	0.0966	0.0970
城镇中等偏下收入户	0.0699	0.0708
城镇较低收入户	0.0322	0.0322
城镇最低收入户	0.0187	0.0188
农村高收入户	0.0537	0.0565
农村中等偏上收入户	0.0319	0.0331
农村中等收入户	0.0226	0.0237
农村中等偏下收入户	0.0165	0.0175
农村低收入户	0.0101	0.0107

表 8-45　非正规部门与正规部门影响居民收入的乘数效应差

	受影响终端	乘数效应差		
城镇居民	城镇最高收入户	-0.0014	-0.0014	0
	城镇较高收入户	0		
	城镇中等偏上收入户	0		
	城镇中等收入户	0.0004	0.0013	
	城镇中等偏下收入户	0.0009		
	城镇较低收入户	0	0.0001	
	城镇最低收入户	0.0001		
农村居民	农村高收入户	0.0028	0.0028	0.0067
	农村中等偏上收入户	0.0012	0.0033	
	农村中等收入户	0.0011		
	农村中等偏下收入户	0.0010		
	农村低收入户	0.0006	0.0006	

注：乘数效应差＝非正规部门乘数总效应－正规部门乘数总效应。

比较正规部门和非正规部门对居民收入的影响力度，正规部门影响城镇居民收入的乘数总效应为 0.5933，影响农村居民收入的乘数总效应为 0.1348，不及城镇居民乘数总效应的四分之一。尽管非正规部门影响城镇居民收入的乘数总效应也较农村居民收入的乘数总效应大，但差异并不如正规部门悬殊。从受影响终端来看，城镇居民的收入受正规部门影响与受非正规部门影响相当；农村居民的收入则受非正规部门的影响较大，其乘数总效应为 0.1415，受正规部门影响相对较小，其乘数总效应为 0.1348，效应差为 0.0067。

数据显示，各收入等级的城镇居民受正规部门的乘数效应力度和非正规部门的乘数效应力度呈现一定差异，总体呈现"高收入户受正规部门乘数效应的影响力度较大、低收入户受非正规部门乘数效应的影响力度较大"的特征。具体地，最高收入户和中等偏上收入户的城镇居民收入受正规部门的乘数效应影响较大。特别是最高收入户，其受正规部门和非正规部门的乘数效应差为 -0.0014。对于城镇中等收入户、中等偏下收入户、城镇较低收入户和城镇最低收入户而言，非正规部门对其乘数效应基本已反超正规部门，其正规部门和非正规部门的乘数效应差分别为 0.0004、0.0009、0 和 0.0001。

（二）非正规部门影响农村居民收入的乘数效应比较分析

不同于城镇居民，各收入等级的农村居民受非正规部门乘数效应的影响力度均大于正规部门的乘数效应，总体呈现"收入越高，受非正规部门乘数效应影响越大，正规部门和非正规部门乘数效应差越大"的特征。具体地，最高收入户农村居民收入受非正规部门的乘数效应影响较大，其正规部门和非正规部门的乘数效应差达 0.0028，中等偏上收入户受正规部门和非正规部门的乘数效应差为 0.0012，中等收入户受正规部门和非正规部门的乘数效应差为 0.0011，中等偏下收入户受正规部门和非正规部门的乘数效应差为 0.0010，低收入户受非正规部门乘数效应影响力度相对较小，其正规部门和非正规部门的乘数效应差为 0.0006。

第九章 非正规部门影响居民收入的传导路径识别

第一节 非正规部门影响居民收入的路径定义与分类

一、非正规部门影响居民收入的路径定义

(一) 基本假设

索贝克 (Thorbecke, 1984) 指出, SAM 路径分析提供了一种反映内生变量和外生变量之间相互作用的模型。对于我们设计的 ISAM-2015 而言, 当外生注入作用到非正规部门之后, 起始于非正规部门的基础路径首先对正规部门和农业部门账户产生影响, 然后传导至生产要素账户, 体现为对要素之间增加值分配的影响, 接着传导至机构部门, 体现为要素收入在各机构部门之间分配的影响。与此同时, 机构部门之间发生相互转移并通过最终消费将影响又传递回生产活动账户。

如果将 ISAM-2015 中任意一个内生账户视作一个节点, 那么账户之间的联系就可用节点之间的弧得以刻画。记非正规部门账户、其他生产部门账户、混合要素账户、劳动要素账户、其他生产部门要素账户、居民部门账户和企业部门账户分别为节点 f、节点 z、节点 h、节点 c、节点 l、节点 j 和节点 q, 那么弧 (f, j) 就表示非正规部门账户与居民部门账户的联系。非正规部门账户对居民部门账户的影响力度就体现为弧 (f, j) 的强度, 其数值由 ISAM-2015 内生账户平均支出倾向矩阵 A_n 中对应的元素 a_{jf} 来测度。

(二) 影响路径和路径长度

连接结点 f, ……, 结点 j 将形成一系列弧, 我们将所形成的连续弧, 如

第九章 非正规部门影响居民收入的传导路径识别

弧 (f, z), 弧 (f, h) ……, 弧 (i, j) 等称为影响路径, 各路径所包含的弧个数则被称为路径长度。

二、非正规部门影响居民收入的路径分类

结构化路径分析方法有效反映了非正规部门账户 f 受到外生冲击的影响后, 经过路径 p 最终对居民部门账户 j 产生作用的全过程, 这种作用影响可用 $(f \to j)_p$ 来表示。同时, 我们将从路径始点 (即非正规部门账户 f) 到路径终点 (即居民部门账户 j) 的影响分为三类, 分别为非正规部门对居民收入的直接影响、非正规部门对居民收入的完全影响和非正规部门对居民收入的总体影响。

(一) 非正规部门影响居民收入的直接路径

所谓非正规部门对居民收入的直接影响指当其他账户保持不变时, 非正规部门账户受外生冲击变动而直接引起居民部门账户的变动, 其影响力为 ISAM-2015 内生账户平均支出倾向矩阵 A_n 中对应的元素 a_{jf}, 记为:

$$I^D_{(f \to j)} = a_{jf} \tag{9-1}$$

如图 9-1 所示, 如果当以 f、j 为端点的一条基础路径经过多个节点时, 非正规部门账户对居民部门账户的基础路径为 f→z→l→j, 那么非正规部门对居民收入的直接影响值就是构成该路径各段弧的强度之积, 即:

$$I^D_{(f \cdots j)} = a_{af} \times a_{lz} \times a_{jl} \tag{9-2}$$

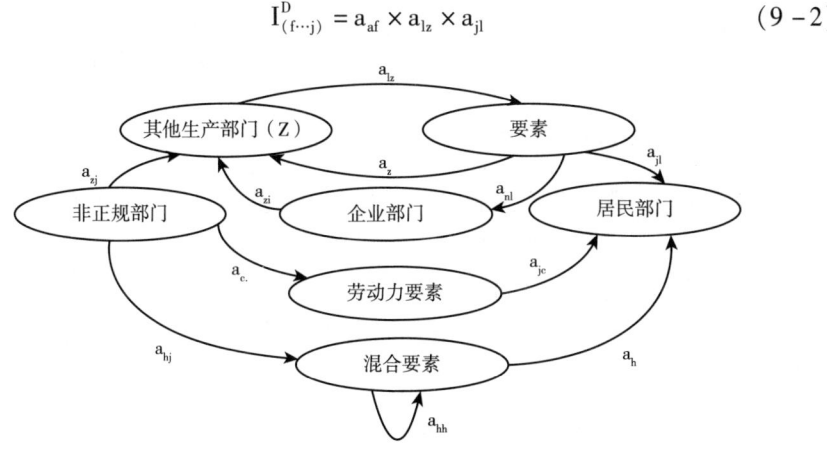

图 9-1　ISAM-2015 内生账户路径示意

（二）非正规部门影响居民收入的完全路径

然而，两个节点之间并不仅存在基础路径，还存在大量因反馈效应而形成的回路。图 9-1 中，非正规部门账户节点 f 与居民部门账户节点 j 之间并不止基础路径"f→z→l→j"，还存在回路"l→q→z"，这一回路无疑将扩大非正规部门对居民收入的影响力度。将回路产生的所有间接影响一并纳入非正规部门对居民收入影响力度的考察范围就形成了非正规部门对居民收入的完全影响。

计回路"l→q→z"产生的间接影响为 $a_{af}a_{lz}(a_{ql} \times a_{zq})$，假设该间接影响在结点 z 和结点 l 之间不断循环，我们最终得到非正规部门对居民收入的完全影响值为：

$$I^T_{(f \to j)} = a_{zf} \times a_{lz} \times a_{jl}[1 - a_{lz}(a_{ql} \times a_{zq})]^{-1} \quad (9-3)$$

其中，$a_{zf} \times a_{lz} \times a_{jl}$ 为非正规部门对居民收入的直接影响值，$[1 - a_{lz}(a_{ql} \times a_{zq})]^{-1}$ 反映了沿着基础路径传递的直接影响通过反馈回路被扩大的程度，我们称其为非正规部门影响居民收入的路径乘数，用 M_p 表示。因此，式（9-3）式转化为：

$$I^T_{(f \to j)} = I^D_{(f \cdots f)} \times M_p \quad (9-4)$$

$$I^D_{(f \cdots j)} / I^T_{(f \to j)} = 1/M_p \quad (9-5)$$

$1/M_p$ 表示直接影响占一条基础路径完全影响的比重，它反映了路径的长度和反馈强度，同时也在一定程度上刻画了外生冲击的传播速度。路径乘数越大，说明基础路径节点的反馈效应较大，直接影响占完全影响的比重就越小，外生冲击的传播速度相对就越慢；相反，路径乘数越小，则说明基础路径节点的反馈效应小，直接影响比重就越大，外生冲击传播的也就越快。

（三）非正规部门影响居民收入的总体路径

将非正规部门账户节点到居民部门节点所有基础路径产生的完全影响予以加总即可得到非正规部门对居民收入的总体影响。如图 9-1 中，非正规部门账户节点和居民部门节点之间并不只存在单一的基础路径"f→z→l→j"，"f→c→j"与"f→h→j"同样构成两节点间的基础路径，非正规部门对居民收入的总体影响可以表示为：

$$\begin{aligned} I^G_{(f \to j)} &= m_{ajf} = I^T_{(f,z,l,j)} + I^T_{(f,c,j)} + I^T_{(f,h,j)} \\ &= I^D_{(f \to j)1} M_1 + I^D_{(f \to j)2} M_2 + I^D_{(f \to j)3} M_3 \end{aligned} \quad (9-6)$$

第九章　非正规部门影响居民收入的传导路径识别

其中，M_1，M_2 和 M_3 为账户乘数矩阵 M_a 中的对应元素值。因此，对于 ISAM-2015 中所有账户而言，从起始节点 f 到终点节点 j 的总体影响即可归纳为以下公式：

$$I^G_{(f \to j)} = \sum_{p=1}^{n} I^T_{(f \to j)p} = \sum_{p=1}^{n} I^D_{(f \to j)p} M_p \qquad (9-7)$$

由此可见，直接影响是与某一条同整个结构独立的特定的路径相关联的。而完全影响包含了沿着连接两个节点的所有基础路径的直接影响，同时，总体影响累积了图中存在的所有环路导致的反馈效应，并且等于连接节点 i、j 的所有基础路径的总体影响之和（Lantner，1972；Gazon，1979）。

第二节　非正规部门影响城镇居民收入的传导路径识别

一、非正规部门影响高收入城镇居民群体的传导路径识别

（一）非正规部门影响最高收入组城镇居民群体的路径识别

我们将最高收入组城镇居民和较高收入组城镇居民一并视为高收入城镇居民，一并考察非正规部门对高收入组城镇居民的传导路径。数据表明，当 10000 个单位的外生注入投入到非正规部门，通过账户间的相互作用将使最高收入组城镇居民的收入提高 1524 个单位。从众多的影响路径中，我们选取了完全影响占总体影响的比重大于 4% 的基础路径，如表 9-1 所示。我们发现，非正规部门对最高收入城镇居民收入的影响主要基于五条基础路径传递。第一

表 9-1　非正规部门影响最高收入城镇居民群体的结构化路径分析

路径始端	路径终端	总体影响	基础路径	路径乘数	直接影响	完全影响	$I^T_{(i \to j)p} / I^G_{(i-j)}$
I	J	$I^G_{(i \to j)}$	$(i \to j)_p$	M_p	$I^D_{(i-j)p}$	$I^T_{(i \to j)p}$	%
非正规部门 fzg	城镇最高收入户 cz1	0.1524	fzg-ldl-cz1	4.7703	0.00882576	0.04210152	27.6257
			fzg-h-cz1	4.0148	0.00155856	0.00625731	4.1058
			fzg-ny-ldl-cz1	10.8730	0.00061885	0.00672876	4.4152
			fzg-ny-zb-cz1	9.8819	0.00000845	0.00008350	0.0548
			fzg-zg-ldl-cz1	18.7460	0.00327855	0.06145970	40.3279
			fzg-zg-zb-cz1	18.2594	0.00053177	0.00970980	6.3713

条基础路径是工资性收入途径——fzg-ldl-cz1，即非正规部门规模的扩大吸纳非正规部门雇员就业直接增加了非正规部门劳动要素报酬，进而增加最高收入组城镇居民的收入，该路径影响占总体影响的 27.6257%。第二条基础路径是混合收入途径——fzg-h-cz1，即非正规部门规模的扩大直接增加混合要素收益，进而增加最高收入组城镇居民的收入，该路径的影响占总体影响的比例为 4.1058%。第三条基础路径是生产关联途径——fzg-ny-ldl-cz1，即由于非正规部门与农业部门存在生产关联，非正规部门规模的增加带动农业部门规模的同步增加，促使农业部门劳动要素报酬的提升，从而增加最高收入组城镇居民的收入，该路径的影响占总体影响的比例为 4.4152%。第四条基础路径是生产关联途径——fzg-zg-ldl-cz1，即由于非正规部门与正规部门存在生产关联，非正规部门规模的增加带动正规部门规模的同步增加，促使正规部门劳动要素报酬的提升，从而增加最高收入组城镇居民的收入，该路径的影响占总体影响的比例为 40.3279%。第五条基础路径是生产关联途径——fzg-zg-zb-cz1，即非正规部门规模的增加促进正规部门规模的增加，进而使正规部门的资本要素报酬提升，从而增加最高收入组城镇居民的收入，其完全影响占总体影响的 6.3713%。

根据完全影响占总体影响的比重大小，在非正规部门影响最高收入组城镇居民收入的过程中，第四条基础路径发挥第一主导作用，第一条基础路径发挥第二主导作用，第二、第三、第五基础路径发挥辅助作用。根据基础路径的路径乘数大小，第四条和第五条基础路径的路径乘数较大，表明外生冲击影响居民收入的传播速度较慢，第一条和第二条基础路径的路径乘数较小，意味着外生冲击影响居民收入的传播速度较快，第三条基础路径的路径乘数处于中等水平，意味着外生冲击影响居民收入的传播速度稍快。

（二）非正规部门影响较高收入组城镇居民群体的路径识别

数据表明，当 10000 个单位的外生注入投入到非正规部门，通过账户间的相互作用将使较高收入组城镇居民的收入提高 930 个单位。从众多的影响路径中，我们选取了完全影响占总体影响的比重大于 4% 的基础路径，如表 9-2 所示。我们发现，非正规部门对较高收入组城镇居民收入的影响主要基于三条基础路径传递。第一条基础路径是工资性收入途径——fzg-ldl-cz2，即非正规部门规模的扩大吸纳非正规部门雇员就业增加了非正规部门劳动要素报酬，进而增加较高收入组城镇居民的收入，该路径影响占总体影响的 28.3141%。第二条基础路径是生产关联途径——fzg-ny-ldl-cz2，即由于非正规部门与农业部

表 9-2　　非正规部门影响较高收入城镇居民群体的结构化路径分析

路径始端	路径终端	总体影响	基础路径	路径乘数	直接影响	完全影响	$I^T_{(i\rightarrow j)p}/I^G_{(i\rightarrow j)}$
I	J	$I^G_{(i\rightarrow j)}$	$(i\rightarrow j)_p$	M_p	$I^D_{(i-j)p}$	$I^T_{(i-j)p}$	%
非正规部门 fzg	城镇较高收入户 cz2	0.0930	fzg-ldl-cz2	4.7546	0.00553824	0.02633212	28.3141
			fzg-h-cz2	3.9507	0.00049660	0.00196192	2.1096
			fzg-ny-ldl-cz2	10.8383	0.00038833	0.00420884	4.5256
			fzg-ny-zb-cz2	9.7810	0.00000258	0.00002523	0.0271
			fzg-zg-ldl-cz2	18.7461	0.00205732	0.03856673	41.4696
			fzg-zg-zb-cz2	18.2721	0.00016272	0.00297324	3.1970

门存在生产关联，非正规部门规模的增加带动农业部门规模的同步增加，促使农业部门劳动要素报酬的提升，从而增加较高收入组城镇居民的收入，该路径的影响占总体影响的比例为 4.5256%。第三条基础路径是生产关联途径——fzg-zg-ldl-cz2，即由于非正规部门与正规部门存在生产关联，非正规部门规模的增加带动正规部门规模的同步增加，促使正规部门劳动要素报酬的提升，从而增加较高收入组城镇居民的收入，该路径的影响占总体影响的比例为 41.4696%。

根据完全影响占总体影响的比重大小，在非正规部门影响较高收入组城镇居民收入的过程中，第三条基础路径发挥第一主导作用，第一条基础路径发挥第二主导作用，第二条基础路径发挥辅助作用。第三条基础路径的路径乘数较大，表明外生冲击影响居民收入的传播速度较慢，第一条和第二条基础路径的路径乘数较小，意味着外生冲击影响居民收入的传播速度较快。

二、非正规部门影响中等收入城镇居民群体的传导路径识别

(一) 非正规部门影响中等偏上收入组城镇居民群体的路径识别

数据表明，当 10000 个单位的外生注入投入到非正规部门，通过账户间的相互作用将使中等偏上收入组城镇居民的收入提高 1291 个单位。从众多的影响路径中，我们选取了完全影响占总体影响的比重大于 4% 的基础路径，如表 9-3 所示。我们发现，非正规部门对中等偏上收入组城镇居民收入的影响主要基于三条基础路径传递。第一条基础路径是工资性收入途径——fzg-ldl-cz3，即非正规部门规模的扩大吸纳非正规部门雇员就业直接增加了非正规部门劳动要素报酬，进而增加中等偏上收入组城镇居民的收入，该路径影响占总体影响

表9-3　非正规部门影响中等偏上收入城镇居民群体的结构化路径分析

路径始端	路径终端	总体影响	基础路径	路径乘数	直接影响	完全影响	$I^T_{(i\to j)p}/I^G_{(i\to j)}$
I	J	$I^G_{(i\to j)}$	$(i\to j)_p$	M_p	$I^D_{(i\to j)p}$	$I^T_{(i\to j)p}$	%
非正规部门 fzg	城镇中等偏上收入户 cz3	0.1291	fzg-ldl-cz3	4.7644	0.00763776	0.03638934	28.1869
			fzg-h-cz3	4.0265	0.00065704	0.00264557	2.0492
			fzg-ny-ldl-cz3	10.8589	0.00053555	0.00581548	4.5046
			fzg-ny-zb-cz3	9.8869	0.00000365	0.00003609	0.0280
			fzg-zg-ldl-cz3	18.7467	0.00283724	0.05318889	41.1998
			fzg-zg-zb-cz3	18.3094	0.00022972	0.00420604	3.2580

的28.1869%。第二条基础路径是生产关联途径——fzg-ny-ldl-cz3，即由于非正规部门与农业部门存在生产关联，非正规部门规模的增加带动农业部门规模的同步增加，促使农业部门劳动要素报酬的提升，从而增加中等偏上收入组城镇居民的收入，该路径的影响占总体影响的比例为4.5046%。第三条基础路径是生产关联途径——fzg-zg-ldl-cz3，即由于非正规部门与正规部门存在生产关联，非正规部门规模的增加带动正规部门规模的同步增加，促使正规部门劳动要素报酬的提升，从而增加中等偏上收入组城镇居民的收入，该路径的影响占总体影响的比例为41.1998%。

根据完全影响占总体影响的比重大小，在非正规部门影响中等偏上收入组城镇居民收入的过程中，第三条基础路径发挥主导作用，第一条基础路径发挥第二主导作用，第二条基础路径发挥辅助作用。第三条基础路径的路径乘数较大，表明外生冲击影响居民收入的传播速度较慢，第一条和第二条基础路径的路径乘数较小，意味着外生冲击影响居民收入的传播速度较快。

（二）非正规部门影响中等收入组城镇居民群体的路径识别

数据表明，当10000个单位的外生注入投入到非正规部门，通过账户间的相互作用将使中等收入组城镇居民的收入提高970个单位。从众多的影响路径中，我们选取了完全影响占总体影响的比重大于4%的基础路径，如表9-4所示。我们发现，非正规部门对中等收入组城镇居民收入的影响主要基于三条基础路径传递。第一条基础路径是工资性收入途径——fzg-ldl-cz4，即非正规部门规模的扩大吸纳非正规部门雇员就业，增加了非正规部门劳动要素报酬，进而增加中等收入组城镇居民的收入，该路径影响占总体影响的28.6717%。第二条基础路径是生产关联途径——fzg-ny-ldl-cz4，即由于非正规部门与农业部门存在生产关联，非正规部门规模的增加带动农业部门规模的同步增加，促

表 9-4　　非正规部门影响中等收入城镇居民群体的结构化路径分析

路径始端	路径终端	总体影响	基础路径	路径乘数	直接影响	完全影响	$I^T_{(i\to j)p}/I^G_{(i\to j)}$
I	J	$I^G_{(i\to j)}$	$(i\to j)_p$	M_p	$I^D_{(i-j)p}$	$I^T_{(i\to j)p}$	%
非正规部门 fzg	城镇中等收入户 cz4	0.0970	fzg-ldl-cz4	4.7547	0.00584928	0.02781157	28.6717
			fzg-h-cz4	3.9824	0.00053480	0.00212979	2.1957
			fzg-ny-ldl-cz4	10.8376	0.00041014	0.00444493	4.5824
			fzg-ny-zb-cz4	9.8117	0.00000189	0.00001854	0.0191
			fzg-zg-ldl-cz4	18.7467	0.00217286	0.04073395	41.9938
			fzg-zg-zb-cz4	18.3248	0.00011912	0.00218285	2.2504

使农业部门劳动要素报酬的提升，从而增加中等收入组城镇居民的收入，该路径的影响占总体影响的比例为 4.5824%。第三条基础路径是生产关联途径——fzg-zg-ldl-cz4，即由于非正规部门与正规部门存在生产关联，非正规部门规模的增加带动正规部门规模的同步增加，促使正规部门劳动要素报酬的提升，从而增加中等收入组城镇居民的收入，该路径的影响占总体影响的比例为 41.9938%。

根据完全影响占总体影响的比重大小，在非正规部门影响中等收入组城镇居民收入的过程中，第三条基础路径发挥主导作用，第一条基础路径发挥第二主导作用，第二条基础路径发挥辅助作用。第三条基础路径的路径乘数较大，表明外生冲击影响居民收入的传播速度较慢，第一条和第二条基础路径的路径乘数较小，意味着外生冲击影响居民收入的传播速度较快。

（三）非正规部门影响中等偏下收入组城镇居民群体的路径识别

数据表明，当 10000 个单位的外生注入投入到非正规部门，通过账户间的相互作用将使中等偏下收入组城镇居民的收入提高 708 个单位。从众多的影响路径中，我们选取了完全影响占总体影响的比重大于 4% 的基础路径，如表 9-5 所示。我们发现，非正规部门对中等偏下收入组城镇居民收入的影响主要基于三条基础路径传递。第一条基础路径是工资性收入途径——fzg-ldl-cz5，即非正规部门规模的扩大吸纳非正规部门雇员就业，增加了非正规部门劳动要素报酬，进而增加中等偏下收入组城镇居民的收入，该路径影响占总体影响的 28.6860%。第二条基础路径是生产关联途径——fzg-ny-ldl-cz5，即由于非正规部门与农业部门存在生产关联，非正规部门规模的增加带动农业部门规模的同步增加，促使农业部门劳动要素报酬的提升，从而增加中等偏下收入组城镇居民的收入，该路径的影响占总体影响的比例为 4.5849%。第三

表9-5　非正规部门影响中等偏下收入城镇居民群体的结构化路径分析

路径始端	路径终端	总体影响	基础路径	路径乘数	直接影响	完全影响	$I^T_{(i \to j)p}/I^G_{(i \to j)}$
I	J	$I^G_{(i \to j)}$	$(i \to j)_p$	M_p	$I^D_{(i-j)p}$	$I^T_{(i \to j)p}$	%
非正规部门 fzg	城镇中等偏下收入户 cz5	0.0708	fzg-ldl-cz5	4.7488	0.00427680	0.02030967	28.6860
			fzg-h-cz5	3.9466	0.00043548	0.00171867	2.4275
			fzg-ny-ldl-cz5	10.8248	0.00029988	0.00324614	4.5849
			fzg-ny-zb-cz5	9.7497	0.00000066	0.00000643	0.0091
			fzg-zg-ldl-cz5	18.7467	0.00158872	0.02978326	42.0667
			fzg-zg-zb-cz5	18.3324	0.00004148	0.00076043	1.0741

条基础路径是生产关联途径——fzg-zg-ldl-cz5，即由于非正规部门与正规部门存在生产关联，非正规部门规模的增加带动正规部门规模的同步增加，促使正规部门劳动要素报酬的提升，从而增加中等偏下收入组城镇居民的收入，该路径的影响占总体影响的比例为42.0667%。

根据完全影响占总体影响的比重大小，在非正规部门影响中等偏下收入组城镇居民收入的过程中，第三条基础路径发挥主导作用，第一条基础路径发挥第二主导作用，第二条基础路径发挥辅助作用。第三条基础路径的路径乘数较大，表明外生冲击影响居民收入的传播速度较慢，第一条和第二条基础路径的路径乘数较小，意味着外生冲击影响居民收入的传播速度较快。

三、非正规部门影响低收入城镇居民群体的传导路径识别

（一）非正规部门影响较低收入组城镇居民群体的路径识别

数据表明，当10000个单位的外生注入投入到非正规部门，通过账户间的相互作用将使较低收入组城镇居民的收入提高322个单位。从众多的影响路径中，我们选取了完全影响占总体影响的比重大于4%的基础路径，如表9-6所示。我们发现，非正规部门对较低收入组城镇居民收入的影响主要基于三条基础路径传递。第一条基础路径是工资性收入途径——fzg-ldl-cz6，即非正规部门规模的扩大吸纳非正规部门雇员就业，增加了非正规部门劳动要素报酬，进而增加较低收入组城镇居民的收入，该路径影响占总体影响的30.1505%。第二条基础路径是生产关联途径——fzg-ny-ldl-cz6，即由于非正规部门与农业部门存在生产关联，非正规部门规模的增加带动农业部门规模的同步增加，促使农业部门劳动要素报酬的提升，从而增加较低收入组城镇居民的收入，该路

表 9-6　　非正规部门影响较低收入城镇居民群体的结构化路径分析

路径始端	路径终端	总体影响	基础路径	路径乘数	直接影响	完全影响	$I^T_{(i \to j)p} / I^G_{(i \to j)}$
I	J	$I^G_{(i \to j)}$	$(i \to j)_p$	M_p	$I^D_{(i-j)p}$	$I^T_{(i \to j)p}$	%
非正规部门 fzg	城镇较低收入户 cz6	0.0322	fzg-ldl-cz6	4.7412	0.00204768	0.00970846	30.1505
			fzg-h-cz6	3.8732	0.00019100	0.00073978	2.2975
			fzg-ny-ldl-cz6	10.8088	0.00014358	0.00155193	4.8197
			fzg-ny-zb-cz6	9.6471	0.00000034	0.00000328	0.0102
			fzg-zg-ldl-cz6	18.7461	0.00076066	0.01425941	44.2839
			fzg-zg-zb-cz6	18.2906	0.00002127	0.00038904	1.2082

径的影响占总体影响的比例为 4.8197%。第三条基础路径是生产关联途径——fzg-zg-ldl-cz6，即由于非正规部门与正规部门存在生产关联，非正规部门规模的增加带动正规部门规模的同步增加，促使正规部门劳动要素报酬的提升，从而增加较低收入组城镇居民的收入，该路径的影响占总体影响的比例为 44.2839%。

根据完全影响占总体影响的比重大小，在非正规部门影响较低收入组城镇居民收入的过程中，第三条基础路径发挥主导作用，第一条基础路径发挥第二主导作用，第二条基础路径发挥辅助作用。第三条基础路径的路径乘数较大，表明外生冲击影响居民收入的传播速度较慢，第一条和第二条基础路径的路径乘数较小，意味着外生冲击影响居民收入的传播速度较快。

（二）非正规部门影响最低收入组城镇居民群体的路径识别

数据表明，当 10000 个单位的外生注入投入到非正规部门，通过账户间的相互作用将使最低收入组城镇居民的收入提高 188 个单位。从众多的影响路径中，我们选取了完全影响占总体影响的比重大于 4% 的基础路径，如表 9-7 所示。我们发现，非正规部门对最低收入组城镇居民收入的影响主要基于三条基础路径传递。第一条基础路径是工资性收入途径——fzg-ldl-cz7，即非正规部门规模的扩大吸纳非正规部门雇员就业，增加了非正规部门劳动要素报酬，进而增加最低收入组城镇居民的收入，该路径影响占总体影响的 27.9999%。第二条基础路径是生产关联途径——fzg-ny-ldl-cz7，即由于非正规部门与农业部门存在生产关联，非正规部门规模的增加带动农业部门规模的同步增加，促使农业部门劳动要素报酬的提升，从而增加最低收入组城镇居民的收入，该路径的影响占总体影响的比例为 4.4759%。第三条基础路径是生产关联途径——fzg-zg-ldl-cz7，即由于非正规部门与正规部门存在生产关联，非正规部

表9-7 非正规部门影响最低收入城镇居民群体的结构化路径分析

路径始端	路径终端	总体影响	基础路径	路径乘数	直接影响	完全影响	$I^T_{(i→j)p}/I^G_{(i→j)}$
I	J	$I^G_{(i→j)}$	$(i→j)_p$	M_p	$I^D_{(i-j)p}$	$I^T_{(i→j)p}$	%
非正规部门 fzg	城镇最低收入户 cz7	0.0188	fzg-ldl-cz7	4.7413	0.00111024	0.00526398	27.9999
			fzg-h-cz7	3.8498	0.00008404	0.00032354	1.7209
			fzg-ny-ldl-cz7	10.8089	0.00007785	0.00084147	4.4759
			fzg-ny-zb-cz7	9.6093	0.00000037	0.00000356	0.0189
			fzg-zg-ldl-cz7	18.7462	0.00041243	0.00773150	41.1250
			fzg-zg-zb-cz7	18.2773	0.00002340	0.00042769	2.2749

门规模的增加带动正规部门规模的同步增加，促使正规部门劳动要素报酬的提升，从而增加最低收入组城镇居民的收入，该路径的影响占总体影响的比例为41.1250%。

根据完全影响占总体影响的比重大小，在非正规部门影响最低收入组城镇居民收入的过程中，第三条基础路径发挥主导作用，第一条基础路径发挥第二主导作用，第二条基础路径发挥辅助作用。第三条基础路径的路径乘数较大，表明外生冲击影响居民收入的传播速度较慢，第一、第二条基础路径的路径乘数较小，意味着外生冲击影响居民收入的传播速度较快。

四、非正规部门影响城镇居民收入的路径归纳

总体而言，在非正规部门影响不同收入等级城镇居民收入的过程中，第一条基础路径"非正规部门—正规部门—劳动力要素—城镇居民"始终发挥第一主导作用，其外生冲击影响传播速度始终较慢。第二条基础路径"非正规部门—劳动力要素—城镇居民"始终发挥第二主导作用，其外生冲击影响传播速度始终较快。第三条基础路径"非正规部门—农业部门—劳动力要素—城镇居民"始终发挥辅助作用，其外生冲击影响传播速度始终较快。因此，关于非正规部门促进城镇居民收入的政策偏向性需要在两条基础路径之间进行权衡，若更偏重短期效果，则政策需更偏向于第二条基础路径，若更偏重长期效果，则政策需更偏向于第一条基础路径。此外，第四条基础路径"非正规部门—正规部门—资本要素—城镇居民"和第五条基础路径"非正规部门—混合要素—城镇居民"只对最高收入组城镇居民有发挥辅助作用。

按城镇居民收入从高到低的顺序，第一条基础路径产生的完全影响在总体影响中占比依次为40.3279%、41.4696%、41.1998%、41.9938%、42.0667%、

44.2839%、41.2150%，较低收入组城镇居民的比重最高，最高收入组城镇居民的比重最低，第一条基础路径在提升较低收入组城镇居民收入的过程中发挥的作用最大，在提升最高收入组城镇居民收入的过程中发挥的作用最小，对提升其他收入组城镇居民收入均起到较显著的作用。第二条基础路径产生的完全影响在总体影响中占比依次为 27.6257%、28.3141%、28.1869%、28.6717%、28.6860%、30.1505%、27.9999%，该基础路径影响城镇居民收入的程度随城镇居民收入等级的提高而减弱，因此第二条基础路径在提升中低档收入组城镇居民收入的过程中发挥的作用较大，尤其是较低收入组城镇居民。第三条基础路径产生的完全影响在总体影响中占比依次为 4.4152%、4.5256%、4.5046%、4.5824%、4.5849%、4.8197%、4.4759%，该基础路径在提高各收入阶层城镇居民收入的过程中发挥的作用较为均衡，且与前两条路径相比其影响程度显著变低。结合前文所述，政府应该更偏向于第一条基础路径，这就意味着非正规部门促进低收入组城镇居民收入的效果最为显著，政府可以在提升收入水平比较低的城镇居民收入的过程中，首先把重点放在城镇较低收入户上，先提高这部分城镇居民的收入，然后再着重考虑收入提升较为困难的城镇最低收入户。

第三节 非正规部门影响农村居民收入的传导路径识别

一、非正规部门影响高收入农村居民群体的传导路径识别

数据表明，当 10000 个单位的外生注入投入到非正规部门，通过账户间的相互作用将使高收入组农村居民的收入提高 565 个单位。从众多的影响路径中，我们选取了完全影响占总体影响的比重大于 4% 的基础路径，如表 9-8 所示。我们发现，非正规部门对高收入组农村居民收入的影响主要基于四条基础路径传递。第一条基础路径是工资性收入途径——fzg-ldl-nc1，即非正规部门规模的扩大吸纳非正规部门雇员就业，直接增加了非正规部门劳动要素报酬，进而增加高收入组农村居民的收入，该路径影响占总体影响的 26.3564%。第二条基础路径是混合收入途径——fzg-h-nc1，即非正规部门规模的扩大直接增加混合要素收益，进而增加高收入组农村居民的收入，该路径的影响占总体影响的比例为 7.4537%。第三条基础路径是生产关联途径——fzg-ny-ldl-nc1，即由于非正规部门与农业部门存在生产关联，非正规部门规模的增加带动农业部门规模的同步增加，促使农业部门劳动要素报酬

表 9-8　非正规部门影响高收入农村居民群体的结构化路径分析

路径始端	路径终端	总体影响	基础路径	路径乘数	直接影响	完全影响	$I^T_{(i\to j)p}/I^G_{(i\to j)}$
I	J	$I^G_{(i\to j)}$	$(i\to j)_p$	M_p	$I^D_{(i-j)p}$	$I^T_{(i\to j)p}$	%
非正规部门 fzg	农村高收入户 nc1	0.0565	fzg-ldl-nc1	4.7415	0.00314064	0.01489134	26.3564
			fzg-h-nc1	3.8547	0.00109252	0.00421134	7.4537
			fzg-ny-ldl-nc1	10.8092	0.00022022	0.00238040	4.2131
			fzg-ny-zb-nc1	9.6134	0.00000084	0.00000808	0.0143
			fzg-zg-ldl-nc1	18.7463	0.00116667	0.02187075	38.7093
			fzg-zg-zb-nc1	18.2857	0.00005318	0.00097243	1.7211

的提升，从而增加高收入组农村居民的收入，该路径的影响占总体影响的比例为 4.2131%。第四条基础路径是生产关联途径——fzg-zg-ldl-nc1，即由于非正规部门与正规部门存在生产关联，非正规部门规模的增加带动正规部门规模的同步增加，促使正规部门劳动要素报酬的提升，从而增加高收入组农村居民的收入，该路径的影响占总体影响的比例为 38.7093%。

根据完全影响占总体影响的比重大小，在非正规部门影响高收入组农村居民收入的过程中，第四条基础路径发挥主导作用，第一条基础路径发挥第二主导作用，第二、第三条基础路径发挥辅助作用。第一、第二、第三条基础路径的路径乘数较小，表明外生冲击影响居民收入的传播速度较快，第四条基础路径的路径乘数较大，意味着外生冲击影响居民收入的传播速度较慢。

二、非正规部门影响中等收入农村居民群体的传导路径识别

（一）非正规部门影响中等偏上收入组农村居民群体的路径识别

数据表明，当 10000 个单位的外生注入投入到非正规部门，通过账户间的相互作用将使中等偏上收入组农村居民的收入提高 331 个单位。从众多的影响路径中，我们选取了完全影响占总体影响的比重大于 4% 的基础路径，如表 9-9 所示。我们发现，非正规部门对中等偏上收入组农村居民收入的影响主要基于四条基础路径传递。第一条基础路径是工资性收入途径——fzg-ldl-nc2，即非正规部门规模的扩大吸纳非正规部门雇员就业，直接增加了非正规部门劳动要素报酬，进而增加中等偏上收入组农村居民的收入，该路径影响占总体影响的 27.5917%。第二条基础路径是混合收入途径——fzg-h-nc2，即非正规部门规模的扩大直接增加混合要素收益，进而增加中等偏上收入组农村

表9-9　非正规部门影响中等偏上收入农村居民群体的结构化路径分析

路径始端	路径终端	总体影响	基础路径	路径乘数	直接影响	完全影响	$I^T_{(i\to j)p}/I^G_{(i\to j)}$
I	J	$I^G_{(i\to j)}$	$(i\to j)_p$	M_p	$I^D_{(i-j)p}$	$I^T_{(i\to j)p}$	%
非正规部门 fzg	农村中等偏上收入户 nc2	0.0331	fzg-ldl-nc2	4.7401	0.00192672	0.00913285	27.5917
			fzg-h-nc2	3.8481	0.00048132	0.00185217	5.5957
			fzg-ny-ldl-nc2	10.8064	0.00013510	0.00145994	4.4107
			fzg-ny-zb-nc2	9.6033	0.00000022	0.00000211	0.0064
			fzg-zg-ldl-nc2	18.7462	0.00071573	0.01341722	40.5354
			fzg-zg-zb-nc2	18.2861	0.00001383	0.00025290	0.7640

居民的收入，该路径的影响占总体影响的比例为5.5957%。第三条基础路径是生产关联途径——fzg-ny-ldl-nc2，即由于非正规部门与农业部门存在生产关联，非正规部门规模的增加带动农业部门规模的同步增加，促使农业部门劳动要素报酬的提升，从而增加中等偏上收入组农村居民的收入，该路径的影响占总体影响的比例为4.4107%。第四条基础路径是生产关联途径——fzg-zg-ldl-nc2，即由于非正规部门与正规部门存在生产关联，非正规部门规模的增加带动正规部门规模的同步增加，促使正规部门劳动要素报酬的提升从而增加中等偏上收入组农村居民的收入，该路径的影响占总体影响的比例为40.5354%。

根据完全影响占总体影响的比重大小，在非正规部门影响中等偏上收入组农村居民收入的过程中，第四条基础路径发挥主导作用，第一条基础路径发挥第二主导作用，第二、第三条基础路径发挥辅助作用。第一、第二、第三条基础路径的路径乘数较小，表明外生冲击影响居民收入的传播速度较快，第四条基础路径的路径乘数较大，意味着外生冲击影响居民收入的传播速度较慢。

(二) 非正规部门影响中等收入组农村居民群体的路径识别

数据表明，当10000个单位的外生注入投入到非正规部门，通过账户间的相互作用将使中等收入组农村居民的收入提高237个单位。从众多的影响路径中，我们选取了完全影响占总体影响的比重大于4%的基础路径，如表9-10所示。我们发现，非正规部门对中等收入组农村居民收入的影响主要基于四条基础路径传递。第一条基础路径是工资性收入途径——fzg-ldl-nc3，即非正规部门规模的扩大吸纳非正规部门雇员就业，直接增加了非正规部门劳动要素报酬，进而增加中等收入组农村居民的收入，该路径影响占总体影响的26.8681%。

表 9 – 10　非正规部门影响中等收入农村居民群体的结构化路径分析

路径始端	路径终端	总体影响	基础路径	路径乘数	直接影响	完全影响	$I^T_{(i \to j)p}/I^G_{(i \to j)}$
I	J	$I^G_{(i \to j)}$	$(i \to j)_p$	M_p	$I^D_{(i-j)p}$	$I^T_{(i \to j)p}$	%
非正规部门 fzg	农村中等收入户 nc3	0.0237	fzg-ldl-nc3	4.7396	0.00134352	0.00636775	26.8681
			fzg-h-nc3	3.8399	0.00037436	0.00143750	6.0654
			fzg-ny-ldl-nc3	10.8053	0.00009421	0.00101797	4.2952
			fzg-ny-zb-nc3	9.5919	0.00000014	0.00000134	0.0057
			fzg-zg-ldl-nc3	18.7461	0.00049908	0.00935580	39.4760
			fzg-zg-zb-nc3	18.2801	0.00000851	0.00015556	0.6564

第二条基础路径是混合收入途径——fzg-h-nc3，即非正规部门规模的扩大直接增加混合要素收益，进而增加中等收入组农村居民的收入，该路径的影响占总体影响的比例为 6.0654%。第三条基础路径是生产关联途径——fzg-ny-ldl-nc3，即由于非正规部门与农业部门存在生产关联，非正规部门规模的增加带动农业部门规模的同步增加，促使农业部门劳动要素报酬的提升，从而增加中等收入组农村居民的收入，该路径的影响占总体影响的比例为 4.2952%。第四条基础路径是生产关联途径——fzg-zg-ldl-nc3，即由于非正规部门与正规部门存在生产关联，非正规部门规模的增加带动正规部门规模的同步增加，促使正规部门劳动要素报酬的提升，从而增加中等收入组农村居民的收入，该路径的影响占总体影响的比例为 39.4760%。

根据完全影响占总体影响的比重大小，在非正规部门影响中等收入组农村居民收入的过程中，第四条基础路径发挥主导作用，第一条基础路径发挥第二主导作用，第二、第三条基础路径发挥辅助作用。第一、第二、第三条基础路径的路径乘数较小，表明外生冲击影响居民收入的传播速度较快，第四条基础路径的路径乘数较大，意味着外生冲击影响居民收入的传播速度较慢。

（三）非正规部门影响中等偏下收入组农村居民群体的路径识别

数据表明，当 10000 个单位的外生注入投入到非正规部门，通过账户间的相互作用将使中等偏下收入组农村居民的收入提高 175 个单位。我们选取了完全影响占总体影响的比重大于 4% 的基础路径，如表 9 – 11 所示。我们发现，非正规部门对中等偏下收入组农村居民收入的影响主要基于四条基础路径传递。第一条基础路径是工资性收入途径——fzg-ldl-nc4，即非正规部门规模的

表 9-11　非正规部门影响中等偏下收入农村居民群体的结构化路径分析

路径始端 I	路径终端 J	总体影响 $I^G_{(i \to j)}$	基础路径 $(i \to j)_p$	路径乘数 M_p	直接影响 $I^D_{(i-j)p}$	完全影响 $I^T_{(i \to j)p}$	$I^T_{(i \to j)p}/I^G_{(i \to j)}$ %
非正规部门 fzg	农村中等偏下收入户 nc4	0.0175	fzg-ldl-nc4	4.7393	0.00096336	0.00456565	26.0894
			fzg-h-nc4	3.8350	0.00029032	0.00111338	6.3622
			fzg-ny-ldl-nc4	10.8044	0.00006755	0.00072984	4.1705
			fzg-ny-zb-nc4	9.5840	0.00000008	0.00000077	0.0044
			fzg-zg-ldl-nc4	18.7462	0.00035786	0.00670852	38.3344
			fzg-zg-zb-nc4	18.2786	0.00000532	0.00009724	0.5557

扩大吸纳非正规部门雇员就业直接增加了非正规部门劳动要素报酬，进而增加中等偏下收入组农村居民的收入，该路径影响占总体影响的 26.0894%。第二条基础路径是混合收入途径——fzg-h-nc4，即非正规部门规模的扩大直接增加混合要素收益，进而增加中等偏下收入组农村居民的收入，该路径的影响占总体影响的比例为 6.3622%。第三条基础路径是生产关联途径——fzg-ny-ldl-nc4，即由于非正规部门与农业部门存在生产关联，非正规部门规模的增加带动农业部门规模的同步增加，促使农业部门劳动要素报酬的提升，从而增加中等偏下收入组农村居民的收入，该路径的影响占总体影响的比例为 4.1705%。第四条基础路径是生产关联途径——fzg-zg-ldl-nc4，即由于非正规部门与正规部门存在生产关联，非正规部门规模的增加带动正规部门规模的同步增加，促使正规部门劳动要素报酬的提升，从而增加中等偏下收入组农村居民的收入，该路径的影响占总体影响的比例为 38.3344%。

根据完全影响占总体影响的比重大小，在非正规部门影响中等偏下收入组农村居民收入的过程中，第四条基础路径发挥第一主导作用，第一条基础路径发挥第二主导作用，第二、第三条基础路径发挥辅助作用。第一、第二、第三条基础路径的路径乘数较小，表明外生冲击影响居民收入的传播速度较快，第四条基础路径的路径乘数较大，意味着外生冲击影响居民收入的传播速度较慢。

三、非正规部门影响低收入农村居民群体的传导路径识别

数据表明，当 10000 个单位的外生注入投入到非正规部门，通过账户间的相互作用将使低收入组农村居民的收入提高 107 个单位。从众多的影响路径

中,我们选取了完全影响占总体影响的比重大于4%的基础路径,如表9-12所示。我们发现,非正规部门对低收入组农村居民收入的影响主要基于两条基础路径传递。第一条基础路径是工资性收入途径——fzg-ldl-nc5,即非正规部门规模的扩大吸纳非正规部门雇员就业直接增加了非正规部门劳动要素报酬,进而增加低收入组农村居民的收入,该路径影响占总体影响的23.9175%。第二条基础路径是生产关联途径——fzg-zg-ldl-nc5,即由于非正规部门与正规部门存在生产关联,非正规部门规模的增加带动正规部门规模的同步增加,促使正规部门劳动要素报酬的提升从而增加低收入组农村居民的收入,该路径的影响占总体影响的比例为35.1451%。

表9-12 非正规部门影响低收入农村居民群体的结构化路径分析

路径始端	路径终端	总体影响	基础路径	路径乘数	直接影响	完全影响	$I^T_{(i \to j)p}/I^G_{(i \to j)}$
I	J	$I^G_{(i \to j)}$	$(i \to j)_p$	M_p	$I^D_{(i-j)p}$	$I^T_{(i \to j)p}$	%
非正规部门 fzg	农村低收入户 nc5	0.0107	fzg-ldl-nc5	4.7392	0.00054000	0.00255917	23.9175
			fzg-h-nc5	3.8302	0.00009932	0.00038042	3.5553
			fzg-ny-ldl-nc5	10.8041	0.00003786	0.00040904	3.8228
			fzg-ny-zb-nc5	9.5776	0.00000007	0.00000067	0.0063
			fzg-zg-ldl-nc5	18.7464	0.00020060	0.00376053	35.1451
			fzg-zg-zb-nc5	18.2732	0.00000425	0.00007766	0.7258

根据完全影响占总体影响的比重大小,在非正规部门影响中等偏下收入组农村居民收入的过程中,第二条基础路径发挥主导作用,第一条基础路径发挥第二主导作用。第一条基础路径的路径乘数较小,表明外生冲击影响居民收入的传播速度较快,第二条基础路径的路径乘数较大,意味着外生冲击影响居民收入的传播速度较慢。

四、非正规部门影响农村居民收入的传导路径归纳

总体而言,在非正规部门影响不同收入等级农村居民收入的过程中,第一条基础路径"非正规部门—正规部门—劳动力要素—农村居民"始终发挥第一主导作用,第二条基础路径"非正规部门—劳动力要素—农村居民"始终发挥第二主导作用,其中第一条基础路径的外生冲击影响传播速度始终较慢,第二条基础路径的外生冲击影响传播速度始终较快。因此,非正规部门促进农

村居民收入的政策偏向性需要在第一条基础路径和第二条基础路径之间进行权衡，若更偏重短期效果，则政策需更偏向于第二条基础路径，若更偏重长期效果，则政策需更偏向于第一条基础路径。此外，第三条基础路径"非正规部门—混合要素—农村居民"和第四条基础路径"非正规部门—农业部门—劳动力要素—农村居民"也对提升农村居民收入具有一定影响，但对低收入组农村居民的作用相对较小。

按农村居民收入从高到低的顺序，第一条基础路径产生的完全影响在总体影响中占比依次为38.7093%、40.5354%、39.4760%、38.3344%、35.1451%，呈现倒"U"型趋势。非正规部门受到外生注入的冲击后，第一条基础路径在提升处于收入等级两端的农村居民收入的过程中发挥的作用相对较小，在提升处于收入等级中部的农村居民收入的过程中发挥的作用相对较大。第二条基础路径产生的完全影响在总体影响中占比依次为26.3564%、27.5917%、26.8681%、26.0894%、23.9175%，同样呈现倒"U"型趋势，其在提升农村居民收入方面与第一条路径十分相似。结合前文所述，政府应该更偏向于第一条基础路径，这就意味着非正规部门促进处于收入等级中部的农村居民收入的效果最为显著，但对提升低收入组农村居民收入仍有显著效果。

第十章 研究结论与研究拓展

第一节 研究总结

本书的主要结论如下。

第一,立足于我国 SNA 框架,非正规部门是住户部门下属的一个子部门,由主要从事个体工商业经营的个人和家庭组成,包括独立经营户和小规模雇主经营户两类机构单位。这两类经营户的从业人员一般低于 7 人,生产资料归个人或家庭所有,并以个体劳动为基础,劳动成果归劳动者个人或家庭占有和支配。我国的非正规部门主要以两种形式存在:(1)按照《民法通则》和《城乡个体工商户管理暂行条例》规定,经各级行政管理机关登记注册、领取营业执照的个体工商户;(2)没有领取营业执照,但有相对固定场所、实际从事个体经营活动三个月以上的个体经营户和为住户部门提供服务的独立劳动者。所有由独立经营户和小规模雇主经营户从事的合法非农货物生产和用于市场交换的服务生产就构成了非正规部门的生产范围,但不包括农民家庭以辅助劳力或利用农闲时间进行的兼营性的工业、商业及其他活动。

第二,关于非正规部门的形成机制存在三种主要观点。二元理论的市场分割假说仍是解释非正规部门形成和发展的主导理论,认为非正规部门就业者为维持家庭的最低生活标准而被迫接受工作,广大政策制定者正积极采取措施引导非正规部门"正规化",当经济发展到一定阶段,非正规部门就会消失。比较优势假说认为非正规部门和正规部门是相辅相成的,劳动者对非正规部门的选择是为了最大化其就业效用,正规部门与非正规部门的就业规模和报酬变化应该是同步的,应体现"顺经济周期"的发展规律。内部分化假说认为非正规部门就业者的内部职业选择原因以及其收入均存在显著的差异,非正规部门尽管在一定程度上象征着居民艰难的生产生活方式,但同时也是成功企业家的孵化器,此假说并不能为非正规部门勾勒出具有范式的整体动态发展规律。国内学者并不认为中国的非正规部门形成完全契合国外非正规部门形成的三大理论，但主流观点仍然遵从市场分割假说，视中国的非正规部门是正规部门不足以吸收农村剩余劳动力与释放原有过剩劳动力的结果。

第三，非正规就业者专项调查结果显示，非正规部门就业者具有如下特征：(1) 主要由"较年轻的农村户籍劳动力"构成；(2) 学历呈"钟型"分布，较高学历的人数比例较高；(3) 收入为一般水平且存在十分显著的身份差异和产业差异；(4) 工作时间较长但灵活性较大；(5) 几乎所有的非正规部门就业者均从业于第二、第三产业，批发零售业和制造业吸纳了一半以上的就业者；(6) 大部分非正规部门就业者未签订劳动合同也未办理社会保障。非正规部门生产单位具有如下特征：(1) 大部分非正规部门单位用人规模较小，但不乏规模超过20人的大单位存在；(2) 非正规部门单位用人规模和投资规模均存在显著的产业差异；(3) 雇佣者对非正规部门单位经营效益以及对雇员工作情况的整体满意度较高。

第四，就业满意度评价方法归为单一整体评价法和要素综合评分法两类，单一整体评价法是通过单一问题考察被调查者的总体就业满意程度，要素综合评分法是指通过对满意度各构成维度的调查最终得出被调查者就业满意度的一种方法。此外，评价就业满意度还离不开满意度评价工具，较常见的评价工具包括工作描述指数、明尼苏达满意度调查表、盖洛普咨询公司员工满意度调查问卷和薪酬组合/员工满意度状态管理方格。

第五，本书将非正规部门就业者满意度的概念界定为"非正规部门就业者基于自身参考框架对非正规部门工作特性加以解释后得到的结果"。非正规部门就业者满意度综合评价结果显示：(1) 非正规就业者的工作态度积极度、当前工作社会认可度和社会地位满意度对其工作现状的整体满意程度的影响是最主要的；(2) 非正规部门就业者满意度总指数为51.99，处于满意度评价等级表的D级，非正规就业者对其工作现状满意度一般；(3) 非正规部门就业者对"人际关系融洽度""工作态度积极度""工作环境舒适度"三项指标的满意度较高，非正规部门就业者对"社会地位满意度"和"个人收入满意度"两项指标的满意度较低。

第六，针对不同特征的非正规部门就业者满意度比较分析结果显示：(1) 女性非正规部门就业者整体满意度略高于男性，而男性非正规部门就业者满意度分布的峰度大于女性非正规部门就业者满意度分布；(2) 60岁以上的非正规部门就业者的整体满意度较高，20岁以下、50~60岁的非正规就业者的整体满意度较低，20~30岁、30~40岁和40~50岁的非正规就业者满意度均为一般；（3）城市户口非正规就业者整体满意度略高于农村户口的非正规就业者整体满意度；（4）本地的非正规部门就业者满意度高于非本地的非正规部门就业者满意度；（5）对除"小学及以下"学历以外的非正规部门就业者，非正规部门就业者满意度呈现"学历越高，满意度越高"的分布特征；（6）非正规部门就业者满意度呈现"工作年限越长，满意度越高"的分布特征，其中工作年限20年以上群体内部的满意度差异较大；（7）不同职业的非正规部门的就业者中，事业单位的非正规就业者对工作的满意度最低，个体工商户对工作的整体满意度最高，但其组内差异较大，这是由于涵盖的工种较多，而不同工种的工作压力、工作环境、工作时间、个人收入等较为分散不一所导致的；（8）不同行业工作类型的非正规就业者的工作满意度由高到低的排序为：金融业，房地产业，建筑业，食品、服装、纺织品等制造业，住宿与餐饮业，交通运输业，居民服务与其他服务业，批发零售业，其他行业，农林牧渔业文化体育与娱乐业；（9）非正规部门就业者整体满意度与月薪成正比。

第七，非正规就业者职业选择因素初步考察结果显示：（1）非正规部门就业者选择进入非正规部门的原因并非出于"被迫"，而较多地集中于个人兴趣爱好、收入水平较高和工作时间较为自由灵活等积极因素；（2）正规部门非正规就业者选择目前工作的原因较多地集中于进入门槛比较低、个人兴趣爱好和规章制度少等积极因素；（3）非正规部门就业者职业选择的消极因素集中于没有较强的社会关系、学历达不到要求和工作经验不足三个方面；（4）正规部门非正规就业者职业选择的消极因素集中于学历达不到要求、工作经验不足和没有较强的社会关系三个方面。

第八，非正规就业者的职业预期调查结果显示，绝大多数非正规部门雇佣者愿意继续在非正规部门工作，接近半数雇佣者明确表示打算同时扩大雇员规模和追加投资，还有一部分雇佣者打算只扩大雇员数量或增加投资，这预示着在未来一段时间内非正规部门仍具有较强的发展势头。非正规部门的被雇佣者不打算长期就业于非正规部门的比例超过半数，其中大部分劳动者打算今后在非正规部门自主创业，由此可见，非正规部门雇佣者存在强烈的"职业身份转换"而并非"就业部门转换"，成为非正规部门雇佣者是大部分非正规部门被雇佣者的追求。而大部分正规部门非正规就业者，由于在正规部门中工作更容易与所在单位签订正式劳动合同和获得办理社会保险的机会，所以并不愿意离开正规部门。

第九，Logit模型构建结果显示：（1）婚姻状况、在杭生活时间和每小时工资对非正规就业者职业选择的稳定性具有正效应，受教育年限、是否是本地人、是否签订劳动合同和职业培训机会对其具有负效应；（2）婚姻状况、在杭生活时、每小时工资和工作时间自由灵活程度对非正规就业者选择成为非正规部门就业者（而不是正规部门非正规就业者）具有正效应，年龄、受教育年限、是否签订劳动合同、职业培训机会和是否办理社会保险对其选择具有负效应；（3）每小时工资、工作时间自由灵活程度、是否签订劳动合同和是否办理社会保险，对非正规就业者选择成为非正规部门雇佣者（而不是非正规部门被雇佣者）的影响具有正效应，职业培训机会对其选择具有负效应；（4）年龄、户口、受教育年限、是否签订劳动合同对稳定非正规就业者选择进入第三产业（而非第二产业）的影响具有正效应，性别、婚姻状况、在杭生活时间、每小时工资和职业培训机会对其选择具有负效应；（5）年龄、受教育年限、是否为杭州本地人和是否签订劳动合同对潜在正规就业者进入第三产业（而非第二产业）具有正效应，性别、婚姻状况、每小时工资和职业培训机会对其选择具有负效应；（6）户口、受教育年限、工作时间自由灵活程度和是否签订劳动合同，对非正规部门就业者选择进入第三产业（而非第二产业）的影响具有正效应，性别、在杭生活时间和每小时工资对其选择具有负效应。（7）户口、受教育年限、是否是杭州本地人、工作时间自由灵活程度和是否签订劳动合同，对非正规部门被雇佣者选择进入第三产业（而非第二产业）的影响具有正效应，性别、在杭生活时间和每小时工资对其选择具有负效应。

  第十，中国的城市化经历了1979~1987年迅速推进阶段、1988~1995年的调整阶段、1996~2017年的加速阶段，现正处于诺瑟姆城市化的第二阶段、叶裕民城市化的第四阶段，即初步实现城市化。伴随着全国城市化水平的不断提升，宽口径城镇非正规就业人数占城镇就业人数的比例总体呈现"基本稳定—急剧提升—缓慢下降"的倒"U"型发展态势，窄口径城镇实际非正规就业人数占城镇就业人数的比例总体基本呈现"基本稳定—急剧提升—缓慢下降"的倒"U"型发展态势。在城市化进程与城镇非正规部门规模关系的面板模型构建中，上述结论再次被证实，同时发现，城镇非正规部门就业比重开始下降的城市化率转折点为60%左右。

  第十一，核密度模型构建结果显示，非正规部门总体规模在不断扩张，其规模结构的变迁具有时间维度上的阶段性，实际宽口径的全国城镇非正规部门就业规模区域分布均呈偏态分布，且随着时间整体向右偏移，呈现"单峰—多峰"动态变化。实际窄口径的全国城镇非正规部门就业规模区域分布也同样呈偏态分布，但主要呈现"单峰"状态，随着时间推移，各省份非正规就业份额逐渐趋于均衡。

第十二，非正规部门就业规模在空间上存在"先东进后向西、向北发展"的空间结构变迁模式，其空间分布格局呈现先极化后分散的发展趋势，这与中国区域性经济发展战略的演变进程相一致——东部沿海地区逐步向内陆延伸，使各地区在吸纳农村剩余劳动力和出现部门分化的过程中呈现出时空阶段性特征。不过随着改革开放的深入和各地区经济振兴计划的实施，各地区非正规部门规模占比已经逐渐稳定，显示出各地区非正规部门就业规模的时空变化已经处于一个动态的均衡之中。从各省份与其相邻近省份的非正规部门规模间的空间关系变迁角度来看，发生空间模式转变的省份往往是那些处于两种空间模式位置交接的地方，即各省份非正规部门就业规模的空间扩散模式往往不是跳跃式的演进模式，而是按渐进渗透式的方式来实现的，具有空间上的阶梯性特征。

第十三，非正规部门主要通过直接途径、间接途径两类途径对居民收入产生影响。其中，非正规部门影响居民收入的直接途径区有两条：一是工资性收入途径，即劳动者通过非正规部门就业的形式获得工资性收入，据此增加居民收入；二是混合收入途径，该途径也可称为经营净收入途径，即劳动者通过自雇佣或经营家庭企业的形式获得经营净收入，以此增加居民收入。区分两条途径的主要标准是对劳动者就业身份的判断，如果劳动者的就业身份是非正规雇员，非正规部门对其收入的影响主要以工资性收入途径为主；如果劳动者的就业身份是非正规雇主、非正规企业合伙人或自雇佣就业者，则非正规部门对其收入的影响以经营净收入途径为主。另外，非正规部门影响居民收入的间接途径有三个视角。一是与正规部门关联视角，也称为"生产关联效应"，即非正规部门通过与正规部门的生产关联，进而共同影响两部门就业者收入水平。二是内部城镇化视角，即非正规部门通过内部城镇化进而影响其部门就业者的收入水平，也称为"城镇化效应"。三是产业结构变迁视角，即非正规部门通过内部产业结构的不断优化进而影响其部门就业者的收入水平，我们称这种影响为"产业结构变迁效应"。

第十四，当经济系统中外生冲击的注入对非正规部门生产活动产生影响时，通过内生账户之间的传递最终对城镇、农村居民的收入分配产生的综合影响均为正。其中，非正规部门对城镇居民收入水平的总乘数效应较大，非正规部门每受到 10000 单位的外生冲击，将使得城镇居民收入提高 5933 个单位，而农村居民收入只提高 1415 个单位。相对分配测度结果显示，城镇居民的总 RDM 值小于 1，而农村居民的总 RDM 值大于 1，表明非正规部门的发展总体上有利于扩大农村居民的收入份额，尽管这一促进力度并不十分强劲。但需要特别指出，非正规部门的发展对扩大低收入农村居民收入份额效果十分显著。

第十五，乘数分析结果表明，非正规部门对不同群体城镇居民收入的影响力度并不一致，基本呈现"收入水平越高，受非正规部门影响力度越大"的特征。非正规部门每受到10000个单位的外生冲击，将使最高收入组、较高收入组、中等偏上收入组、中等收入组、中等偏下收入组、较低收入组、最低收入组城镇居民的收入水平分别增加1524个、930个、1291个、970个、708个、322个、188个单位，分别占其对城镇居民收入总影响效应的25.69%、15.67%、21.76%、16.35%、11.93%、5.43%、3.17%；非正规部门对不同群体农村居民收入的影响力度也同样呈现"收入水平越高，受非正规部门影响力度越大"的特征。非正规部门每受到10000个单位的外生冲击，将使高收入组、中等偏上收入组、中等收入组、中等偏下收入组、低收入组农村居民的收入水平分别增加565个、331个、237个、175个、107个单位，分别占其对城镇居民收入总影响效应的39.93%、23.39%、16.75%、12.37%、7.56%。

第十六，比较正规部门和非正规部门对居民收入的影响力度，城镇居民的收入受正规部门影响较大和非正规部门影响相当，各收入等级的城镇居民受正规部门与非正规部门的乘数效应力度差异总体呈现"高收入户受正规部门乘数效应的影响力度较大、低收入户受非正规部门乘数效应的影响力度较大"的特征。与城镇居民不同的是，各收入等级的农村居民受非正规部门乘数效应的影响力度均大于正规部门的乘数效应，其乘数总效应为0.1415，受正规部门影响相对较小，其乘数总效应为0.1348，效应差为0.0067，总体呈现"收入越高，受非正规部门乘数效应影响越大，正规部门和非正规部门乘数效应差越大"的特征。

第十七，路径分析结果表明，在非正规部门影响不同收入等级城镇居民收入的过程中，基础路径"非正规部门—正规部门—劳动力要素—城镇居民"始终发挥第一主导作用，其外生冲击影响传播速度始终较小；基础路径"非正规部门—劳动力要素—城镇居民"始终发挥第二主导作用，其外生冲击影响传播速度始终较大；基础路径"非正规部门—农业部门—劳动力要素—城镇居民"始终发挥辅助作用，其外生冲击影响传播速度始终较快。在非正规部门影响不同收入等级农村居民收入的过程中，基础路径"非正规部门—正规部门—劳动力要素—农村居民"始终发挥第一主导作用，其外生冲击影响传播速度始终较小；基础路径"非正规部门—劳动力要素—农村居民"始终发挥第二主导作用，其外生冲击影响传播速度始终较大。

第二节 研究不足及未来展望

一、研究不足

非正规部门的形成与演化研究仍是国民经济核算领域的重大问题，从宏微观层面对非正规部门的形成与演化展开系统研究并量化非正规部门发展引致的收入效应，需具有深厚的经济学、统计学、计量经济学等学科知识，需要积累丰富的中国经济发展背景知识，需要具备扎实的实践调查能力和软件操作能力。尽管主观上做了多年筛选和消化工作，但依然受制于多种主客观因素，本书仍存在若干问题与不足亟待完善与提高。

（一）实地调查方面

为实现从微观层面具体考察非正规部门的形成机制，我们于2014年7~9月组织开展了非正规就业者专项调查。由于人、财、物的限制，此次专项调查范围设定为杭州市八大区且并未在近两年内展开后续追踪调查，虽采取了科学的抽样方式保证了样本针对杭州市的较高代表性，但相对于全国或经济较为低下的城市而言，在代表性仍有所欠缺。

（二）数据使用方面

在本书的论述中，数据的可获得性及质量高低直接影响研究结果的合理性。本书所使用的数据主要源自两方面：一方面是官方公布的数据系统，主要包括各类统计年鉴和大型专项调查的最终汇总数据；另一方面是估算数据，主要包含相关研究成果中的结论和根据现有资料推算的数据。在两类数据运用过程中，存在如下问题。

首先，官方统计数据质量不高，对研究结果的合理性产生一定影响。由于我国统计体系尚不完善，统计调查方法相对落后，核算制度经常进行变革，诸多原因导致官方数据质量有待提高。一方面，不同年鉴数据并不一致，如《中国统计年鉴》和《浙江统计年鉴》中的部分指标数据尚未完全统一，不同年份的《浙江统计年鉴》以及地方统计年鉴中，同一年份同一指标尚未完全统一。数据搜集、处理、调整模式不同，对本书中引自不同类型年鉴且合并生成的面板数据稳定性带来较大的影响，直接影响到面板模型的可靠性。另一方面，不同年鉴统计口径并不一致（主要体现在不同省份统计年鉴对同一指标的核算口径有所不同），使本书中我国各省份宽窄口径非正规部门就业规模与份额的计算结果出现一定误差。

其次，数据来源匮乏，使得实证研究产生一定的局限性。在论证我国城市化进程与非正规部门发展的倒"U"型关系过程中，由于无法获得西藏、香港、澳门、台湾地区生产总值指数等部分指标数据，我们无法将其纳入面板模型构建中，对面板模型的准确性产生部分影响。ISAM-2015 的编制须建立在大量宏观数据和微观数据基础之上，虽然大部分账户间的流量可以通过查阅官方的统计资料获得，但仍有相当一部分账户的数据需要估算。我们运用了种类较多的估算方法获得相关数据（如同比例扩大法、回归估计法、工资份额法等），估算结果不可避免带有误差，对 SAM-2015 的准确性具有较大影响。除此之外，由于部分数据的不可得性，设置 ISAM-2015 框架时未涉及金融账户，实体账户也仅从活动/商品账户和生产要素账户进行农业部门、正规部门和非正规部门的划分。

最后，参考其他研究中的相关数据，对测算结果的准确性也造成了一定的影响。如在测算各省份全要素生产率中，借助了相关研究中以 2000 年现价计算的资本存量数据并使用了相同的折旧率。显然，测算结果的质量将直接影响到最终结论的合理性。

（三）实证分析方面

虽然本书在非正规部门形成机制、动态演化和影响效应的研究过程中均从理论、方法和应用角度尝试构建一个相对完整的研究框架，然而这只是探索性研究，仍存在许多欠缺。例如，在采用核密度模型和 ESDA 技术得出我国非正规部门的时空演化特征后，虽然我们结合了一些具体的发展背景对非正规部门的规模结构演变做出了简要解释，但是这些解释稍显肤浅，并未对影响非正规部门就业规模变迁的动因做进一步研究。在细化 SAM-2015 形成各细分账户时，我们借助了系列假设，如我们假设农业部门局限于第一产业、正规部门和非正规部门则涉及第二和第三产业、政府消费支出仅针对农业部门和正规部门、非正规部门商品仅供国内消费并不用于出口且并不能从国外进口等，此类假设条件的可靠性与包含非正规部门的社会核算矩阵编制结果的准确性具有直接关系。在基于 ISAM-2015 路径分析识别非正规部门影响不同居民收入的具体路径时，我们无法有效识别部分非正规部门影响居民收入的间接路径，这便产生了非正规部门影响居民收入理论分析和 ISAM-2015 实证分析的非对称性问题。另外，本书仅研究了非正规部门对居民收入的影响，但这仅是非正规部门众多效应之一。由于作者时间、精力和理论知识有限，暂未对其他影响做探讨。例如，非正规部门对贫困缓解、资源环境等有何影响均可借助 ISAM 进行拓展研究。构建基于 ISAM 的 CGE 模型，可探究政府补贴等政策影响非正规部门的路径，进而识别非正规部门对各种经济变量的长期影响等等。

二、未来展望

针对以上研究不足，对于未来研究方向，可从以下角度进行拓展和深化。

第一是开展宏观、微观相结合的非正规部门专项调查。基于微观层面搜集非正规就业者和非正规部门基本特征信息，基于宏观层面搜集非正规部门中间消耗、增加值和要素分配等信息。这一方面能够验证本书关于非正规部门形成机制研究结论的精确性和可靠性，另一方面可为编制更加细化的 ISAM 提供可靠的数据支撑。比如针对非正规企业和非正规居民进行收支信息搜集，为编制更加全面和可靠的 ISAM 提供基础数据，使考察非正规生产和非正规消费对宏观经济的影响以及考察非正规经济和正规经济对非正规居民收入的影响成为可能，有助于拓宽 ISAM 研究视角和范围。

第二是探讨非正规部门内部分层及对居民收入的影响机制。探讨非正规部门整体对居民收入的影响机制只是基础，更重要的是深入了解不同类别非正规部门对居民收入的实际影响效应。鉴于非正规部门内部存在显著的异质性，究竟该如何识别高低层非正规部门，高层和低层非正规部门分别如何影响居民收入以及其影响的实际效应，这些问题尚需探讨，这对制定合理经济政策区别引导不同非正规部门发展具有重要的现实意义。

第三是探究非正规部门就业规模变迁的动因。非正规部门规模结构的变迁不但具有时间维度上的阶段性，而且还具有空间上的阶梯性特征，本书对非正规部门的动态演化特征的研究是最初步的探索，而深入洞察非正规部门影响非正规部门就业规模变迁的动因则更具研究价值。虽然在本书的论述中，我们结合了一些具体的发展背景对非正规部门的规模结构演变做出了简要解释，但这些解释稍显肤浅，需要我们就影响非正规部门就业规模变迁的动因做进一步研究。

第四是 ISAM-2015 账户更新问题。我国投入产出表逢 2、逢 7 年份编制基本表，逢 0、逢 5 年份编制延长表，我们须运用最新的数据进行宏观社会核算矩阵的编制和细化，而对于未发布投入产出表的年份，我们可采用趋势外推法等预测手段测算相关指标数据,进而开展非正规部门影响居民收入力度和路径的连续追踪研究。ISAM 编制年份数达到时间序列分析基本要求时,还可进一步结合现代计量经济分析方法,构建动态 ISAM 分析技术,预测非正规部门发展趋势及其在宏观经济运行过程中的作用。

第五是基于非正规部门影响效应的量化分析问题。在后续的研究中,我们还将进一步探索用比社会核算矩阵更有效的方法定量测度非正规部门影响居民收入方向和力度,同时拓宽非正规部门研究视野,开展非正规部门对国家财政收入、环境污染等方面的影响效应探究,为准确制定科学的经济政策提供理论依据。

参 考 文 献

[1] 白重恩,钱震杰. 谁在挤占居民的收入:中国国民收入分配格局分析 [J]. 中国社会科学,2009 (5):99-115,206.

[2] 蔡昉,王德文. 作为市场化的人口流动:第五次全国人口普查数据分析 [J]. 中国人口科学,2003 (5):15-23.

[3] 曾硕. 基于乘数模型的贵州省部门产出的减贫效应研究 [J]. 中国集体经济,2018 (4):70-71.

[4] 常进雄,王丹枫. 我国城镇正规就业与非正规就业的工资差异 [J]. 数量经济技术经济研究,2010,27 (9):94-106.

[5] 丁金宏,冷熙亮,宋秀坤,B. Hammer,徐月虎. 中国对非正规就业概念的移植与发展 [J]. 中国人口科学,2001 (6):8-15.

[6] 丁金宏,冷熙亮,宋秀坤,B. Hammer,徐月虎. 中国对非正规就业概念的移植与发展 [J]. 中国人口科学,2001 (6):8-15.

[7] 范剑勇. 产业集聚与地区间劳动生产率差异 [J]. 经济研究,2006 (11):72-81.

[8] 国家统计局. 中国国民经济核算体系 (2002) [M]. 北京:中国统计出版社,2003.

[9] 国民经济核算司. 中国非经济普查年度国内生产总值核算方法 [M]. 北京:中国统计出版社,2010.

[10] 韩雪. 进城务工人员就业选择行为的实证研究 [D]. 沈阳农业大学博士学位论文,2015.

[11] 胡鞍钢,杨韵新. 就业模式转变:从正规化到非正规化:我国城镇非正规就业状况分析 [J]. 管理世界,2001 (2):69-78.

[12] 胡凤霞,姚先国. 城镇居民非正规就业选择与劳动力市场分割:一个面板数据的实证分析 [J]. 浙江大学学报 (人文社会科学版),2011,41 (2):191-199.

[13] 胡凤霞, 姚先国. 农民工非正规就业选择研究 [J]. 人口与经济, 2011 (4): 23 - 28.

[14] 黄耿志, 薛德升, 张虹鸥. 中国城市非正规就业的发展特征与城市化效应 [J]. 地理研究, 2016, 35 (3): 442 - 454.

[15] 黄耿志, 薛德升. 国外非正规部门研究的主要学派 [J]. 城市问题, 2011 (5): 85 - 90.

[16] 黄乾, 原新. 非正规部门就业: 效应与对策 [J]. 财经问题研究, 2002 (4): 52 - 56.

[17] 贾丽萍. 非正规就业群体社会保障问题研究 [J]. 人口学刊, 2007 (1): 41 - 46.

[18] 贾宁. 市场经济条件下采取非正规就业的思考 [J]. 中国集体经济, 2006 (2): 31 - 33.

[19] 蒋萍. 也谈非正规就业 [J]. 统计研究, 2005 (6): 34 - 38.

[20] 金一虹. 女性非正规就业: 现状与对策 [J]. 河海大学学报 (哲学社会科学版), 2006 (1): 6 - 10, 91.

[21] 劳动和社会保障部规划财务司. 十城市下岗职工、失业人员、离退休人员基本情况抽样调查报告 [R]. 2001.9.

[22] 李金昌, 刘波, 徐蔼婷. 非正规部门、非正规就业与非正规经济研究的进展与展望 [J]. 经济统计学 (季刊), 2013 (1): 58 - 75.

[23] 李金昌, 刘波, 徐蔼婷. 中国贸易开放的非正规就业效应研究 [J]. 中国人口科学, 2014 (4): 35 - 45, 126 - 127.

[24] 李琦. 中国劳动份额再估计 [J]. 统计研究, 2012, 29 (10): 23 - 29.

[25] 李强, 唐壮. 城市农民工与城市中的非正规就业 [J]. 社会学研究, 2002 (6): 13 - 25.

[26] 李清华. 中国劳动收入份额的国际比较研究 [J]. 当代财经, 2013 (3): 5 - 15.

[27] 李晓春, 马轶群. 我国户籍制度下的劳动力转移 [J]. 管理世界, 2004 (11): 47 - 52, 155.

[28] 李郁. 非正规就业概念的界定及对策 [J]. 武汉理工大学学报 (信息与管理工程版), 2005 (3): 212 - 215.

[29] 连飞. 工业集聚与劳动生产率的空间计量经济分析: 来自我国东北34个城市的经验证据 [J]. 中南财经政法大学学报, 2011 (1): 108 - 114, 144.

[30] 刘波, 李金昌. 非正规经济对城镇居民收入的影响效应与路径研究

[J]. 经济学家, 2017 (11): 81-87.

[31] 刘波, 徐蔼婷. 我国非正规经济投入产出表编制与应用分析 [J]. 统计研究, 2018, 35 (2): 109-118.

[32] 刘波, 徐蔼婷. 家庭收入对居民非正规就业选择的影响研究: 基于 CHNS 数据的发现 [J]. 调研世界, 2014 (3): 22-27.

[33] 刘波, 徐蔼婷, 李金昌. 中国非正规部门社会核算矩阵编制研究 [J]. 经济统计学(季刊), 2014 (2): 51-67.

[34] 刘华军, 鲍振, 杨骞. 中国农业碳排放的地区差距及其分布动态演进: 基于 Dagum 基尼系数分解与非参数估计方法的实证研究 [J]. 农业技术经济, 2013 (3): 72-81.

[35] 陆铭, 田士超. 显性失业还是隐性就业: 来自上海家庭调查数据的证据 [J]. 管理世界, 2008 (1): 48-56.

[36] 陆铭, 欧海军. 高增长与低就业: 政府干预与就业弹性的经验研究 [J]. 世界经济, 2011 (12): 3-31.

[37] 吕光明. 中国劳动收入份额的测算研究: 1993—2008 [J]. 统计研究, 2011, 28 (12): 22-28.

[38] 彭志龙. 关于我国宏观收入分配的概念界定与核算 [N]. 中国信息报, 2011-8-19.

[39] 邱东, 杨仲山. 当代国民经济统计学主流 [M]. 大连: 东北财经大学出版社, 2004.

[40] 屈晓阳. 基于非参数核密度估计对我国城乡居民收入的分析 [J]. 商, 2016 (6): 203.

[41] 沈晓栋, 李金昌. 中国非正规部门指数的设计与测算: 兼论非正规部门与经济增长关系 [J]. 商业经济与管理, 2011 (8): 83-89.

[42] 谭琳, 李军峰, 刘丁. 非正规部门劳动者的就业问题与对策 [J]. 南方人口, 2000 (2): 44-48.

[43] 万向东. 农民工非正式就业的进入条件与效果 [J]. 管理世界, 2008 (1): 64-74.

[44] 万向东. 农民工非正式就业研究的回顾与展望 [J]. 中山大学学报(社会科学版), 2009, 49 (1): 159-170.

[45] 汪和建. 就业歧视与中国城市的非正式经济部门 [J]. 南京大学学报(哲学.人文科学.社会科学版), 1998 (1): 131-141.

[46] 王其文, 李善同. 社会核算矩阵: 原理、方法和应用 [M]. 北京:

清华大学出版社, 2008.

[47] 魏巍贤, 曾建武, 原鹏飞. 基于社会核算矩阵的厦门市产出与居民收入乘数分析 [J]. 统计研究, 2008 (2): 88-92.

[48] 魏下海, 余玲铮. 我国城镇正规就业与非正规就业工资差异的实证研究: 基于分位数回归与分解的发现 [J]. 数量经济技术经济研究, 2012, 29 (1): 78-90.

[49] 吴润生, 左颖. 关于中国开展非正规部门核算的几个问题 [J]. 统计研究, 2001 (5): 3-8.

[50] 吴要武. 非正规就业者的未来 [J]. 经济研究, 2009, 44 (7): 91-106.

[51] 武鹏, 金相郁, 马丽. 数值分布、空间分布视角下的中国区域经济发展差距 (1952-2008) [J]. 经济科学, 2010 (5): 46-58.

[52] 向攀, 赵达, 谢识予. 最低工资对正规部门、非正规部门工资和就业的影响 [J]. 数量经济技术经济研究, 2016, 33 (10): 94-109.

[53] 谢瑗, 王鹏. 对中国非正规部门就业的研究与思考 [J]. 职业技术教育, 2001, 22 (19): 8-11.

[54] 徐蔼婷. 非SNA生产核算方法研究 [M]. 杭州: 浙江工商大学出版社, 2011.

[55] 徐蔼婷. 非正规部门生产规模的估算——数据比较法: 以浙江省为例 [J]. 浙江社会科学, 2008 (6): 33-39, 126.

[56] 徐蔼婷. 非正规部门生产规模及其影响的统计研究 [M]. 杭州: 浙江工商大学出版社, 2014.

[57] 徐蔼婷, 李金昌. 非正规部门角色定位与发展机理: 基于机构部门的考察 [J]. 统计研究, 2012, 29 (6): 10-17.

[58] 徐蔼婷, 李金昌. 非正规部门生产规模的估算: 劳动力投入分析法 [J]. 经济学家, 2008 (6): 118-120.

[59] 徐蔼婷, 李金昌. 未被观测经济估算方法及评价 [J]. 浙江统计, 2004 (2): 13-15.

[60] 徐蔼婷, 李金昌. 中国未被观测经济规模: 基于MIMIC模型和经济普查数据的新发现 [J]. 统计研究, 2007 (9): 30-36.

[61] 徐蔼婷, 刘波, 李金昌. 居民收入分配如何影响非正规经济规模: 基于城镇中等收入阶层收入份额的考察 [J]. 经济学家, 2012 (4): 29-36.

[62] 徐蔼婷, 刘波. 贸易开放对非正规就业规模影响的实证研究: 来自

中国省级面板数据的证据［J］. 商业经济与管理，2014（6）：86-96.

［63］徐蔼婷. 劳动收入份额及其变化趋势［J］. 统计研究，2014，31(4)：64-71.

［64］徐蔼婷. 未被观测经济规模估算：收支差异法的适用性与创新性研究［J］. 统计研究，2008，25（12）：79-86.

［65］徐蔼婷. 未被观测经济估算方法与应用研究［M］. 北京：中国统计出版社，2009.

［66］徐蔼婷. 未被观测经济估算方法与应用研究［D］. 浙江工商大学，2008.

［67］徐蔼婷. 未被观测经济估算方法新论：以浙江省数据为例［J］. 浙江社会科学，2006（4）：43-48.

［68］徐林清. 劳动力市场分割对农村劳动供给行为的影响分析［J］. 经济体制改革，2008（3）：36-39.

［69］薛德升，林韬，黄耿志. 珠三角外向型制造业非正规部门的形成发展机制：以广州市狮岭镇皮具产业为例［J］. 地理研究，2014，33（4）：698-709.

［70］薛进军，高文书. 中国城镇非正规就业：规模、特征和收入差距［J］. 经济社会体制比较，2012（6）：59-69.

［71］薛昭鋆. 对我国发展非正规部门和鼓励非正规就业的几点认识和建议［J］. 中国劳动，2000（7）：15-16.

［72］薛昭鋆. 发展我国的非正规部门和非正规就业［J］. 中国就业，2000（10）：14-17.

［73］闫海波，陈敬良，孟媛. 非正规就业部门的形成机理研究：理论、实证与政策框架［J］. 中国人口·资源与环境，2013，23（8）：81-89.

［74］杨乃定. 员工满意度模型及管理［J］. 中国管理科学，2000，8(1)：61-65.

［75］杨宜勇. 中国转轨时期的就业问题［M］. 北京：中国劳动社会保障出版社，2002.

［76］姚宇. 中国非正规就业规模与现状研究［J］. 中国劳动经济学，2006，3（2）：85-109.

［77］姚裕群. 论我国的非正规就业问题［J］. 人口学刊，2005（3）：3-6.

［78］叶裕民. 中国城市化之路：经济支持与制度创新［M］. 北京：商务

印书馆, 2001.

[79] 尹晨. 对城市非正规部门的环境监管: 发展中国家的实践及对我国的启示 [J]. 生产力研究, 2005 (6): 152-154, 164.

[80] 尹晓颖, 闫小培, 薛德升. 国内外对非正规部门的政策 [J]. 城市问题, 2010 (8): 79-84.

[81] 张车伟, 张士斌. 中国初次收入分配格局的变动与问题: 以劳动报酬占 GDP 份额为视角 [J]. 中国人口科学, 2010 (5): 24-35, 111.

[82] 张峰, 黄玖立, 王睿. 政府管制、非正规部门与企业创新: 来自制造业的实证依据 [J]. 管理世界, 2016 (2): 95-111, 169.

[83] 张军, 吴桂英, 张吉鹏. 中国省际物质资本存量估算: 1952—2000 [J]. 经济研究, 2004 (10): 35-44.

[84] 张晓芳, 石柱鲜. 中国经济的收入分配和再分配结构分析: 基于社会核算矩阵的视角 [J]. 数量经济技术经济研究, 2011, 28 (2): 78-88.

[85] 张兴华, 刘建进. 我国非正规部门的发展与政策取向 [J]. 中国劳动, 2003 (11): 16-17.

[86] 张延吉, 秦波. 城镇正规就业与非正规就业的收入差异研究 [J]. 人口学刊, 2015, 37 (4): 92-103.

[87] 张延吉, 张磊. 中国非正规就业的形成机制及异质性特征: 兼论三大理论的适用性 [J]. 人口学刊, 2017, 39 (2): 88-99.

[88] 张彦. 社会转型期城市非正规就业政策调整和制度创新研究 [J]. 科学发展, 2010 (1): 47-59.

[89] 张智勇. 非正规部门中农民工就业替代效应分析 [J]. 湖北社会科学, 2010 (9): 95-98.

[90] 中国社科院"中国社会状况综合调查"课题组, 李培林, 刁鹏飞. 我国城乡居民社会支持状况调查 [J]. 中国经贸导刊, 2009 (8): 14-16.

[91] 朱宏泉, 卢祖帝, 汪寿阳. VALUE-AT-RISK 的核估计理论 [J]. 系统科学与数学, 2002 (3): 365-374.

[92] 朱晓妹, 王重鸣. 员工心理契约及其组织效果研究 [J]. 管理工程学报, 2006, 20 (3): 123-125.

[93] [美] 罗伯特·布莱克和简·莫顿. 新管理方格 [M]. 北京: 中国社会科学出版社, 1986: 208-210.

[94] Aglietta, Michel. Shareholder Value and Corporate Governance: Some Tricky Questions [J]. *Economy & Society*, 2000, 29 (1): 146-159.

[95] Alejandro Portes, Manuel Castells, Lauren Benton. The Informal Economy: Studies in Advanced and Less Developed Countries [J]. *Baltimore, Johns Hopkins University Press*, 1989.

[96] Aleman C B. The Effect of Trade Liberalization on Informality and Wages: Evidence From Mexico [J]. *Lse Research Online Documents on Economics*, 2006 (11).

[97] Alesina A, Fuchs-Schündeln, Nicola. Good-Bye Lenin (or Not?): The Effect of Communism on People's Preferences [J]. *American Economic Review*, 2007, 97 (4): 1507 – 1528.

[98] Altman M. What are the Policy Lmplications of the Informal Sector Becoming the Informal Economy? [J]. *World Bank Conference on Employment and Development*, 2007.

[99] Anderson E, Fornell C. Foundations of the American Customer Satisfaction Index [J]. *Total Quality Management*, 2000, 11 (7): 869 – 882.

[100] Andrew E. What Makes a Good Job? Evidence from OECD Countries [J]. *Delta Working Papers*, 2004.

[101] Anselin L. Local Indicators of Spatial Association—LISA [J]. *Geographical Analysis*, 1995, 27 (2): 93 – 115.

[102] Arimah B C. Nature and Determinants of the Linkages Between Informal and Formal Sector Enterprises in Nigeria [J]. *African Development Review*, 2001, 13 (1): 114 – 144.

[103] Arimah B. Nature and Determinants of the Linkages Between Informal and Formal Sector Enterprises in Nigeria [J]. *African Development Review*, 2001, 13 (1): 114 – 144.

[104] Arthur O'Sullivan. Urban Economics [M]. New York: McGraw-Hill Publisher, 2000.

[105] Banerjee A V, Newman A F. Occupational Choice and the Process of Development [J]. *Journal of Political Economy*, 1993, 101 (2): 274 – 298.

[106] Banerjee A, Duflo E. What Do Banks (Not) Do? [J]. *Economic & Political Weekly*, 2004, 39 (38): 4212 – 4213.

[107] Banerjee B. The Role of the Informal Sector in the Migration Process: A Test of Probabilistic Migration Models and Labour Market Segmentation for India [J]. *Oxford Economic Papers*, 1983, 35 (3): 399 – 422.

[108] Baran P A, Sweezy P M. ECONOMICS OF TWO WORLDS [J]. *On Political Economy & Econometrics*, 1965, 18 (10): 15-29.

[109] Becker K F. The Informal Economy: Fact Finding Study [M]. Stockholm: Sida, 2004.

[110] Blanchflower D, Oswald A. What Makes an Entrepreneur? [J]. *Journal of Labor Economics*, 1998, 16 (1): 26-60.

[111] Bosch M, Maloney W. Gross Worker Flows in the Presence of Informal Labor Markets: The Mexican Experience 1987-2002 [J]. *Policy Research Working Paper*, 2006, 6 (10): 1-51 (51).

[112] Bosch M, Maloney W. Comparative Analysis of Labor Market Dynamics Using Markov Processes: an Application to Informality [J]. *Labour Economics*, 2010, 17 (4): 621-631.

[113] Bowman A. An Alternative Method of Cross-Validation for the Smoothing of Density Estimates [J]. *Biometrika*, 1984, 71 (2): 353-360.

[114] Boyce J. The Philippines: The Political Economy of Growth and Impoverishment in the Marcos Era [M]. London: Macmillan, 1993.

[115] Brown S. A Meta-analysis and Review of Organization Research on Job Involvement [J]. *Psychological Bulletin*, 1996, 120 (9): 235-255.

[116] Calderón-Madrid A. Job Stability and Labor Mobility in Urban Mexico: A Study Based on Duration Models and Transition Analysis [M]. Washington: Inter-American Development Bank, 2000.

[117] Carneiro F, Henley A. Wage Determination in Brazil: The Growth of Union Bargaining Power and Informal Employment [J]. *Journal of Development Studies*, 1998, 34 (4): 117-138.

[118] Carneiro F. The Changing Informal Labour Market in Brazil: Cyclicality Versus Excessive Intervention [J]. *Labour*, 1997, 11 (1): 3-22.

[119] Castells M, Portes A. World Underneath: The Origins, Dynamics and Effects of the Informal Economy [J]. *The Informal Economy*, 1989: 11-37.

[120] Chen X, Harford J, Li K. Monitoring: Which Institutions Matter? [J]. *Journal of Financial Economics*, 2007, 86 (2): 279-305.

[121] Chen, Alter M, Carr, et al. Mainstreaming Informal Employment and Gender in Poverty Reduction: A Handbook for Policy-makers and Other Stakeholders [J]. *Commonwealth Secretariat*, 2004, 27 (100): 281-283.

[122] Cimoli M, Primi A., Pugno M. An Enclave-led Model of Growth: The Structural Problem of Informality Persistence in Latin America [J]. *Department of Economics Working Papers*, 2005.

[123] Clark W R, Reichert, Nair U., Lomas, Lynn S., et al. International and Domestic Constraints on Political Business Cycles in OECD Economies [J]. *International Organization*, 1998, 52 (1): 87–120.

[124] Cliff A, Ord J. Spatial Autocorrelation [M]. London: Pion, 1973.

[125] Cohen S. A Social Accounting Matrix Analysis for the Netherlands [J]. *De Economist*, 1988, 136 (2): 253–272.

[126] Cole W, Sanders R. Internal Migration and Urbanization In The Third World [J]. *American Economic Review*, 1985, 75: 481–493.

[127] Copestake J. Theorising the Links Between Social and Economic Development: the Sigma Economy Model of Adolfo Figueroa [J]. *Esd. mit. edu*, 2003.

[128] Correa N, Di Maio M. Informality, Tariffs and Wealth [J]. *The Journal of International Trade & Economic Development*, 2013, 22 (4): 477–508.

[129] De Mel, Suresh, Mckenzie D, Woodruff C. Returns to Capital in Microenterprises: Evidence from a Field Experiment [J]. *Quarterly Journal of Economics*, 2008, 123 (4): 1329–1372.

[130] De Soto H, Schmidheiny S. The New Rules of the Game: Towards Sustainable Development in Latin America [J]. Bogota, *Comobi: Fundacion Parael Desarrollo Sostenible*, 1991.

[131] Defourny J, Thorbecke E. Structural Path Analysis and Multiplier Decomposition Within a Social Accounting Matrix Framework [J]. *The Economic Journal*, 1984, 94: 111–136.

[132] Defourny J, Thorbecke E. Structural Path Analysis and Multiplier Decomposition Within a Social Accounting Matrix Framework [J]. *The Economic Journal*, 1984, 94 (373): 111–136.

[133] Dickens W, Lang K. A Test of Dual Labor Market Theory [J]. *American Economic Review*, 1985, 75 (2): 792–805.

[134] Dinardo J, Tobias J L. Nonparametric Density and Regression Estimation [J]. *Journal of Economic Perspectives*, 2001, 15 (4): 11–28.

[135] Elgin C, Oyvat C. Lurking in the Cities: Urbanization and the Informal Economy [J]. *Structural Change & Economic Dynamics*, 2013, 27 (14):

36 – 47.

[136] Fields G S. Dualism in the Labor Market: a Perspective on the Lewis Model After Half a Century [J]. *The Manchester School*, 2004, 72 (6): 724 – 735.

[137] Francois J, Reinert K. Applied Methods for Trade Policy Analysis: A Handbook [M]. Cambridge University Press, 1997: 94 – 121.

[138] Franks J. Macroeconomic Policy and the Informal Sector [J]. *Contrapunto: The Informal Sector Debate in Latin America*, 1994: 91 – 112.

[139] Friedlander F, Margulies N. Multiple Impacts of Organizational Climate and Individual Value Systems upon Job Satisfaction [J]. *Personnel Psychology*, 1969, 22: 171 – 183.

[140] Funkhouser E. Demand-Side and Supply-Side Explanations for Barriers to Labor Market Mobility in Developing Countries: The Case of Guatemala [J]. *Economic Development & Cultural Change*, 1997, 45 (2): 341 – 366.

[141] Funkhouser E. The Urban Informal Sector in Central America: Household Survey Evidence [J]. *World Development*, 1996, 24 (11): 1737 – 1751.

[142] Furtado C. Economic Development of Latin America: Historical Background and Contemporary Problems [M]. Cambridge: Cambridge University Press, 1976.

[143] Galor O, Zeira J. Income Distribution and Macroeconomics [J]. *Review of Economic Studies*, 1993, 60 (1): 35 – 52.

[144] Gasparini L, Tornarolli L. Labor Informality in Latin America and the Caribbean: Patterns and Trends From Household Survey Microdata [J]. *CEDLAS, Universidad Nacional de La Plata, Working Papers*, 2007, 63: 13 – 80.

[145] Gazon J. Une Nouvelle Methodologie: l'approche Structurale de l'influence Economique [J]. *Économie Appliquée*, 1979, 32 (2 – 3): 301 – 337.

[146] Gërxhani K. The Informal Sector in Developed and less Developed Countries: A Literature Survey [J]. *Public Choice*, 2004, 120 (3 – 4): 267 – 300.

[147] Ghosh A, Paul S. Opening the Pandora's Box? Trade Openness and Informal Sector Growth [J]. *Applied Economics*, 2008 (40): 1991 – 2003.

[148] Gindling T. Labor Market Segmentation and the Determination of Wages in the Public, Private-Formal, and Informal Sectors in San Jose, Costa Rica [J]. *Economic Development & Cultural Change*, 2000, 39 (3): 584 – 605.

[149] Goldberg P, Pavcnik N. The Response of The Informal Sector to Trade-Liberalization [J]. *Journal of Development Economics*, 2003, 72 (2): 463 – 496.

[150] Grimm M. Mortality Shocks and Survivors' Consumption Growth [J]. Oxford Bulletin of Economics & Statistics, 2010, 72 (2): 146 – 171.

[151] Grimm M, Krüger J, Lay J. Barriers To Entry And Returns To Capital In Informal Activities: Evidence From Sub-Saharan Africa [J]. Review of Income & Wealth, 2011, 57 (s1): S27 – S53.

[152] Harris J R, Todaro M P. Migration, Unemployment & Development: A Two-Sector Analysis [J]. American Economic Review, 1970, 60 (1): 126 – 142.

[153] Hart K. Informal Income Opportunities and Urban Employment in Ghana [J]. The Journal of Modern African Studies, 1973, 11 (1): 61 – 89.

[154] Heckman J, Hotz J. An Investigation of the Labor Market Earnings of Panamanian Males Evaluating the Sources of Inequality [J]. The Journal of Human Resources, 1986, 21 (4): 507 – 542.

[155] Heckman J, Sedlacek G. Heterogeneity, Aggregation, and Market Wage Functions: An Empirical Model of Self-Selection in the Labor Market [J]. Journal of Political Economy, 1985, 93 (6): 1077 – 1125.

[156] Herzberg F. The Motivation to Work [M]. New York: John Wily & Son, 1959.

[157] Hoppock R. Job Satisfaction [M]. New York: Harper & Row, 1935.

[158] House W. Nairobi's Informal Sector: Dynamic Entrepreneurs or Surplus Labor? [J]. Economic Development and Cultural Change, 1984, 32 (2): 277 – 302.

[159] Hymer S, Resnick S. A Model of an Agrarian Economy with Nonagricultural Activities [J]. American Economic Review, 1969, 59 (4): 493 – 506.

[160] ILO. Employment, Income and Equality: A Strategy For Increasing Productive Employment in Kenya [R]. Geneva: ILO, 1972.

[161] ILO. Resolution Concerning Statistics of Employment in the Informal Sector, Adopted by the Fifteenth International Conference of Labour Statisticians [C]. The Fifteenth International Conference of Labour Statisticians, 1993.

[162] ILO. Statistics on the Employment Situation of People with Disabilities: A Compendium of National Methodologies [C]. Geneva: ILO, 2004.

[163] ILO. The Dilemma of the Informal Sector, Report of the Director-General, Int-ernational Labour Conference [C]. 78th Session, Geneva, 1991.

[164] ILO. Statistics on the Employment Situation of People with Disabilities:

A Compendium of National Methodologies ILO Bureau of Statistics in Collaboration with the in Focus Programme on Skills, Knowledge and Employability [J]. Social Science Electronic Publishing, 2007.

[165] Janvry A D. The Role of Land Reform in Economic Development: Policies and Politics [J]. *American Journal of Agricultural Economics*, 1981, 63 (2): 384 - 392.

[166] Janvry A D, Barraclough S L. The Agrarian Question and Reformism in Latin America [J]. *Hispanic American Historical Review*, 1983, 63 (1): 157.

[167] Joshi H, Joshi V. Surplus labour and the City: A Study of Bombay [J]. *Journal of Asian Studies*, 1978, 38 (38).

[168] Karpat K. The Gecekondu: Rural Migration and Urbanization [M]. Cambridge: Cambridge University Press, 1976.

[169] Lantner R. Analyse De la Dominance économique [J]. *Revue d'Economie Politique*, 1972, 82 (2): 216 - 283.

[170] Lazear E. Entrepreneurship [J]. *Journal of Labor Economics*, 2005, 23 (4): 649 - 680.

[171] Lewis W. Economic Development with Unlimited Supplies of Labour [J]. *Manchester School*, 1954 (22): 139 - 191.

[172] Lipton M. Why Poor People Stay Poor: Urban Bias in World Development. [J]. *Cambridge, Massachusetts, Harvard University Press*, 1977, 40 (2): 521 - 524.

[173] Llop M, Manresa A. Income Distribution in a Regional Economy: A SAM Model [J]. *Journal of Policy Modeling*, 2004. 26 (6): 689 - 702.

[174] Loayza N. The Economics of the Informal Sector: a Simple Model and Some Empirical Evidence from Latin America [J]. *Carnegie-Rochester Conference Series on Public Policy*, 1996 (45): 29 - 162.

[175] Locke E. The Relationship of Intentions to Level of Performance [J]. *Journal of Applied Psychology*, 1966 (50): 60 - 66.

[176] Locke E, Henne D. Work Motivation Theory [J]. *International Review of Industrial and Organizational Psychology*, 1986 (1): 1 - 35.

[177] Lucas J. On the Size Distribution of Firms [J]. *Bell Journal of Economics*, 1978 (9): 508 - 523.

[178] Magnac T. Segmented or Competitive Labor Markets [J]. Econometri-

ca, 1991, 59 (2): 165 – 187.

[179] Maiti D, Marjit S. Trade Liberalization, Production Organization and Informal Sector of the Developing Countries [J]. *Journal of International Trade and Economic Development*, 2008, 17 (3): 453 – 461.

[180] Maloney W. Informality Revisited [J]. *World Development*, 2004, 32 (7): 1159 – 1178.

[181] Maloney W. Labor Market Structure in LDCs: Time Series Evidence on Competing Views [J]. *Social Science Electronic Publishing*, 1998.

[182] Maloney, W. Does Informality Imply Segmentation in Urban Labor Markets? Evidence from Sectoral Transitions in Mexico [J]. *The World Bank Economic Review*, 1999, 13 (2): 275 – 302.

[183] Marcouiller D, De Castilla, Ruiz V, Woodruff, Christopher. Formal Measures of the Informal-Sector Wage Gap in Mexico, El Salvador, and Peru [J]. *Economic Development & Cultural Change*, 1997, 45 (2): 367 – 392.

[184] Marjit S, Kar S, Beladi H. Trade Reform and Informal Wages [J]. *Review of Development Economics*, 2007, 11 (2): 313 – 320.

[185] Marjit S. Economic Reform and Informal Wage-A General Equilibrium Analysis [J]. *Journal of Development Economics*, 2003, 72 (1): 371 – 378.

[186] McKenzie David J, Woodruff C. Do Entry Costs Provide an Empirical Basis for Poverty Traps? Evidence from Mexican Microenterprises [J]. *Economic Development and Cultural Change*, 2006, 55 (1): 3 – 42.

[187] Miguel F, Perezmayo J. Linear SAM Models for Inequality Changes Analysis: An Application to the Extremad Urian Economy [J]. *Applied Economics*, 2006, 38 (20), 2393 – 2403.

[188] Moser C. Informal Sector or Petty Commodity Production: Dualism or Dependence in Urban Development? [J]. *World Development*, 1978, 6 (9 – 10): 1041 – 1064.

[189] Nopo H, Valenzuela P. Becoming an Entrepreneur [J]. *IZA Discussion Paper*, 2007.

[190] Northam R. Urban geography [M]. New York: John Wiley & Sons, 1979.

[191] Paz L. The Effect of Trade Liberalization on Payroll Tax Evasion and Labor Informality [J]. *MPRA Paper*, 2012.

[192] Pieters J, MorenoMonroy A I. , Erumban A A. Formal-informal Production Linkages and Informal Sector Heterogeneity: Evidence From Indian Manufacturing [OL]. www. iariw. org/papers/2010/poster2Pieters. pdf, 2010.

[193] Piore M J. Birds of Passage: Migrant Labor and Industrial Societies. [J]. *Cambridge England Cambridge Univ*, 1979, 15 (1/2): 404.

[194] Plackett R. The Application of the Chi-Squared Test [J]. *The Mathematical Gazette*, 1971, 55 (394): 363 – 366.

[195] Porta L A, Shleifer A. The Unofficial Economy and Economic Development [J]. *Brookings Papers on Economic Activity*, 2008 (2010): 275 – 352.

[196] Portes A, Schauffler R. Competing Perspectives on the Latin American, Informal Sector [J]. *Populations and Development Review*, 1993, 19 (1): 33 – 60.

[197] Pradhan M, Van Soest A. Formal and Informal Sector Employment in Urban Areas of Bolivia [J]. *Labour Economics*, 1995, 2 (3): 275 – 297.

[198] Pyatt F, Round J. Accounting and Fixed Price Multipliers in a Social Accounting Matrix Framework [J]. *Economic Journal*, 1979, 89 (356): 850 – 873.

[199] Ranis G, Stewart F. V-Goods and the Role of the Urban Informal Sector in Development [J]. *Economic Development and Cultural Change*, 1999, 47 (2): 259 – 288.

[200] Rauch J. Economic Development, Urban Underemployment, and Income Inequality [J]. *Canadian Journal of Economics*, 1993, 26 (4): 901 – 918.

[201] Ray D. Development Economic [M]. Princeton: Princeton University Press, 1998.

[202] Robinson R S, Lee, Ronald D, Kramer, Karen L. Counting Women's Labour: A Reanalysis of Children's Net Production Using Cain's Data from a Bangladeshi Village [J]. *Population Studies*, 2008, 62 (1): 25 – 38.

[203] Rosen S, Willis R. Education and Self-Selection [J]. *Journal of Political Economy*, 1979, 87 (87): 7 – 36.

[204] Rosen S. Substitution and Division of Labour [J]. *World Scientific Book Chapters*, 1978, 45 (179): 235 – 250.

[205] Rosenzweig M. Risk, Implicit Contracts and the Family in Rural Areas of Low-Income Countries [J]. *The Economic Journal*, 1988, 98 (12): 1148 – 1170.

[206] Rudemo M. Empirical Choice of Histograms and Kernel Density Estima-

tors [J]. *Scandinavian Journal of Statistics*, 1982, 9 (2): 65 - 78.

[207] Saavedra J, Torero M. Labor Market Reforms and Their Impact on Formal Labor Demand and Job Market Turnover: The Case of Peru [J]. *SSRN Electronic Journal*, 2000 (3095): 131 - 182.

[208] Saavedra J., Chong, Alberto. Structural Reform, Institutions and Earnings: Evidence from the Formal and Informal Sectors in Urban Peru [J]. *Journal of Development Studies*, 1999, 35 (4): 95 - 116.

[209] Sahin Z, Koymen H. The Design of a Wideband and Widebeam Piston Transducer in a Finite Closed Circular Baffle [J]. *Journal of the Acoustical Society of America*, 2008, 123 (5): 32 - 36.

[210] Seashore S, Taber T. Job Satisfaction and Their Correlation [J]. *American Behavior and Scientist*, 1975, 19 (2): 26 - 28.

[211] Sen, S. Developing an Automated Distributed Meeting Scheduler [J]. *IEEE Expert*, 1996, 12 (4): 41 - 45.

[212] Silverman B. Density Estimation For Statistics And Data Analysis [M]. London: Chapman & Hall, 1986.

[213] Slack T, Jensen L. Employment Adequacy in Extractive Industries: An Analysis of Underemployment, 1974 - 1998 [J]. *Society & Natural Resources*, 2004, 17 (2): 129 - 146.

[214] Smith P C, Kendall L M, Hulin C L. Measurement of Satisfaction in Work and Retirement [M]. Chicago, IL: Rand McNally, 1969.

[215] Stephen C J, Vroom V H. Division of Labor and Performance Under Cooperative and Competitive Conditions. [J]. *Journal of Abnormal Psychology*, 1964, 68 (68): 313.

[216] Stiglitz J E. The Efficiency Wage Hypothesis, Surplus Labor, and the Distribution of Income in L. D. C. s [J]. *Oxford Economic Papers*, 1976, 28 (2): 185 - 207.

[217] Stone R. The Disagreggation of the Household Sector in the National Acoounts [R]. Cambridge: World Bank Conference on Social Acoounting Methods in Development Planning, 1978.

[218] Temkin B. Informal Self-Employment in Developing Countries: Entrepreneurship or Survivalist Strategy? Some Implications for Public Policy [J]. *Analyses of Social Issues and Public Policy*, 2009, 9 (31): 135 - 156.

[219] Tickamyer A, Wood T. The Social and Economic Context of Informal Work [J]. *Communities of Work: Rural Restructuring in Local and Global Contexts*, 2003: 394 - 418.

[220] Todaro M P. A Model of Labor Migration and Urban Unemployment in Less Developed Countries [J]. *American Economic Review*, 1969, 59 (1): 138 - 148.

[221] Tokman V. An Exploration into the Nature of Informal-formal Sector Relationships [J]. *World Development*, 1978, 6 (9 - 10): 1065 - 1075.

[222] Triandis H C, Herzberg F. Work and the Nature of Man [J]. *Monthly Labor Review*, 1968, 20 (3).

[223] Udry C, Anagol, Santosh. The Return to Capital in Ghana [J]. *American Economic Review*, 2006, 96 (2): 388 - 393.

[224] UN, EC, IMF, OECD, World Bank. System of National Accounts 1993 [R]. Brussels/Luxembourg, New York, Paris, Washington, D. C., 1993.

[225] UNIFEM. Report of the United Nations Development Fund for Women on the Elimination of Violence against Women. [J]. *New York New York United Nations Economic & Social Council Dec*, 2005.

[226] Vaillant J, Grimm M, Lay J, et al. Informal Sector Dynamics in Times of Fragile Growth: The Case of Madagascar [J]. *European Journal of Development Research*, 2014, 26 (4): 437 - 455.

[227] Vroom V. Ego-involvement, Job Satisfaction and Job Performance [J]. *Personnel Psychology*, 1962, 15: 159 - 177.

[228] Weiss H. Deconstructing Job Satisfaction: Separating Evaluations, Beliefs and Affective Experiences [J]. *Human Resource Management Review*, 2002 (12): 73 - 194.

[229] Widerstrom A H, Jane L M, Robert J. Marzano. Sex and Race Differences in the Identification of Communicative Disorders in Preschool Children as Measured by the Miller Assessment for Preschoolers [J]. *Journal of Communication Disorders*, 1986, 19 (3): 219 - 226.

[230] Wuyts, M. Informal Economy, Wage Goods and Accumulation Under Structural Adjustment Theoretical Reflections Based on the Tanzanian Experience [J]. *Cambridge Journal of Economics*, 2001, 25 (3): 417 - 438.

[231] Yabuuchi S, Beladi H, Wei G. Foreign Investment, Urban Unemployment, and Informal Sector [J]. *Journal of Economic Integration*, 2005, 20 (1):

123 –138.

[232] Yamada G. Urban Informal Employment and Self-Employment in Developing Countries: Theory and Evidence [J]. *Economic Development and Cultural Change*, 1996, 44 (2): 289 –314.

[233] Yuki K. Urbanization, Informal Sector, and Development [J]. *Journal of Development Economics*, 2007, 84 (1): 0 –103.

后　记

本人的博士论文是《未被观测经济估算方法与应用研究》。所谓未被观测经济是指已经客观发生的经济活动中未被观测到的部分，是应该纳入 GDP 核算而实际尚未被合算的部分，通常又可以划分为非法经济、地下经济、非正规经济等几种类型。博士论文的主要目标是建立一个较完整的未被观测经济整体规模估算方法体系，研究内容自然围绕整体规模估算方法展开。在博士论文的第七章，以非正规部门未被观测生产为例，对非正规部门未被观测生产规模的估算方法进行了探讨，但总感觉浅尝辄止，意犹未尽。在研究过程以及大量外文文献的研读过程中，我们深刻地体会到，非正规部门非常值得研究。

我们高兴地看到，经过长达 10 年的修订工作，欧盟（EC）、国际货币基金组织（IMF）、联合国（UN）、经济合作发展组织（OECD）和世界银行（WB）五大国际机构联合推出了 2008 年版 SNA 框架。在 2008 年版 SNA 中，"非正规部门"作为独立的修订主题被列入了国民经济机构部门分类，并作为住户部门的子部门与政府部门、金融机构部门、非金融企业部门等其他机构部门共同构成了国民经济运行的主体，共同参与以产品实物运动和货币资金运动为表现形式的国民经济运行全过程。这无疑为基于国民经济系统开展非正规部门研究支起了新的框架。

十分幸运的是，2012 年本人申请的国家自然科学基金项目"城市化进程中的非正规部门形成与动态演化：中国经验"（71173190）顺利获批，于 2015 年按期结题。其间，项目发表了一系列论文，出版了2部专著，4项成果获得省部级二等奖3项，三等奖1项。更可喜的是，2018年3月，该项目在国家自然科学基金委员会管理科学部组织的结题绩效评估会上被评为优秀。本书是国家自然科学基金项目的最终成果，鉴于部分引用文献及数据较为陈旧，硕士研究生汪文璞同学承担了大量的文献更新与数据更新工作，其所更新的内容达两万字之多。同时，博士研究生程彩娟同学、硕士研究生周莹莹同学、孙思雨同学、盖英杰同学承担了大量的校对工作，一并感谢。本书出版得到浙江省"万人计划"青年拔尖人才项目（ZJWR0108041）、浙江省一流学科A类（浙江工商大学统计学）和浙江省重点建设高校优势特色学科（浙江工商大学统计学）联合资助。

感谢经济科学出版社崔新艳编审，正是由于她的悉心排编，使得本书得以在短时间内交印出版。对此，我深致谢意。还要感谢浙江财经大学党委书记李金昌教授和浙江工商大学副校长苏为华教授对本项研究的指导与帮助，感谢浙江工商大学统计与数学学院各位领导对本项研究的支持。

囿于主客观条件，本书仅仅是做了尝试性的、较为粗浅的探索，书中很多内容参考了他人已有的研究成果。当然，相应的参考及引用都尽力给出了标注和说明，若有疏漏在此表示真诚的歉意。另外，本书定有不够完善甚至是错误之处，敬请读者和学界同仁提出批评指正。

徐蔼婷

2019年7月于浙江工商大学综合楼